Ambroise-Marie Arnould

Système maritime et politique des Européens

Pendant le deux-huitieme siècle

Ambroise-Marie Arnould

Système maritime et politique des Européens
Pendant le deux-huitieme siècle

ISBN/EAN: 9783337073763

Printed in Europe, USA, Canada, Australia, Japan

Cover: Foto ©Suzi / pixelio.de

More available books at **www.hansebooks.com**

SYSTÊME

MARITIME ET POLITIQUE

DES

EUROPÉENS,

PENDANT LE DIX-HUITIEME SIECLE.

SYSTÊME
MARITIME ET POLITIQUE
DES
EUROPÉENS,

PENDANT LE DIX-HUITIEME SIECLE;

FONDÉ

SUR LEURS TRAITÉS

DE PAIX, DE COMMERCE ET DE NAVIGATION.

Par le citoyen ARNOULD, chef du Bureau du Commerce, et de la *Balance du Commerce.*

> La conséquence (*de ce systéme*) est de montrer à l'Europe, la marine anglaise comme un colosse menaçant et redoutable par sa propre force, qui même, sans secours continentaux, peut triompher de toute confédération maritime, si haine éternelle à sa tyrannie, n'est unanimement jurée par toutes les nations intéressées à la liberté des mers.
> *Chapitre* XIX, *page* 274.

A PARIS,

DE L'IMPRIMERIE D'ANTOINE BAILLEUL.

AN V DE LA RÉPUBLIQUE FRANÇAISE. (1797, v. st.)

Se vend chez LARAN, libraire, palais Egalité, galerie du côté de la rue des Bons-Enfans, n°. 181.

Et chez ANT. BAILLEUL, imprimeur, au Bureau du *Journal du Commerce*, rue Neuve Augustin, n°. 742.

AVERTISSEMENT.

La marine, ce double mobile de fortune et de puissance, chez les nations modernes, est parvenue au plus haut dégré de force et d'étendue. Les grandes rivalités qu'elle a fait naître, et qui nous ont valu quelques jouissances et de si nombreuses calamités, étaient inconnues des anciens. Les peuples même les plus célèbres, s'adonnaient à la navigation et au commerce extérieur, en conquérans et en Sybarites, plutôt qu'en politiques et en négocians.

Les historiens, justement estimés, qui ont tracé les divers tableaux du commerce maritime chez les modernes, sont trop généralement répandus, pour qu'il soit besoin de rappeler ici les voyages audacieux du quinzième siècle, les découvertes productives du seizième, et les établissemens fixes et lointains du dix-septième.

Dans le dix-huitième siècle, trois évènemens majeurs ont contribué aux développemens des facultés maritimes des Européens. 1°. La guerre de la succession d'Espagne, au commencement de cette période, mit en jeu toutes les ambitions des principales puissances maritimes, par l'espoir de recueillir quelques lambeaux de l'héritage colonial du Mexique et du Pérou. Les puissances des second et troisième ordres, reçurent, par contact, la même impulsion. 2°. L'indépendance des Américains, dans la dernière partie du même siècle, vint redoubler l'activité générale, en offrant aux plus habiles des concurrens, la forte part d'un grand commerce, le seul affranchi dans le nouveau monde. 3°. La mémorable révolution française, à l'expiration de la même période séculaire, semble se combiner avec l'indépendance du peuple américain, pour imprimer, dans le dix-neuvième, un nouveau mouvement aux liaisons des peuples des deux mondes.

Le développement de ces nouveaux rouages des sociétés modernes, fait l'objet du présent traité, sous le titre de SYSTÊME MARITIME ET

POLITIQUE DES EUROPÉENS, PENDANT LE DIX-HUITIÈME SIÈCLE, etc. Cette théorie n'a encore été exposée nulle part : elle est pour le plus grand nombre des hommes même instruits, ce qu'était, dans le dix-septième siècle, la doctrine DE LA BALANCE DU COMMERCE, soigneusement discutée et éclaircie dans le dix-huitième, par des écrivains expérimentés, tant en France qu'en Angleterre. Pour se convaincre de l'insuffisance de toute notion écrite jusqu'à ce jour, sur le SYSTÈME MARITIME MODERNE, il suffit de consulter le *Dictionnaire universel des sciences morale, économique, politique et diplomatique;* ou *Bibliothèque de l'homme d'état et du citoyen* (*). L'éditeur y passe en revue, au mot SYSTÈME, ces combinaisons de politique extérieure qui, d'âge en âge chez les différens peuples, ont signalé leur EXISTENCE RELATIVE. *Systéme d'agrandissement; systéme guerrier; systéme pacifi-*

(*) Londres 1783. 30 vol. in-4°. mis en ordre et publié par Robinet.

que ; *systéme des nations commerçantes; systéme d'abaissement des puissances formidables*. De ces cinq espèces, *le systéme des nations commerçantes* est le seul qui ait rapport à notre sujet : mais on ne trouve pas plus de vingt lignes consacrées à son analyse, dans la *Bibliothèque de l'homme d'état;* et elles ont été copiées littéralement, en 1788, dans la partie diplomatique de la nouvelle édition de l'Encyclopédie.

D'un autre côté, au nombre des divisions établies à ce sujet dans l'Encyclopédie, par ordre de matières, sont deux sections principales; 1°. *la science de la marine;* 2°. *la constitution ou le régime de la marine :* mais on y a omis *la politique de la marine*. Seulement, l'auteur du discours préliminaire mis en tête de cette partie de l'*Encyclopédie méthodique*, fait une remarque. « Il est aussi indispensable,
» dit-il, que les *marins* entendent la *politique;*
» ils sont souvent dans le cas de se trouver au
» milieu des nations étrangères, et de traiter

» avec elles ». C'est cette lacune dans la doctrine navale, prise ici dans le sens métaphysique, que nous essayons de remplir par ce traité, dont la contexture a pour base, la concordance, la corrélation et le but politique des actes diplomatiques, sur le commerce et la navigation des Européens dans le dix-huitième siècle.

Cette collection choisie, composée de pièces commentées et extraites des archives des nations, pendant le siècle présent, et des élémens de leur histoire économique, formerait plus de six volumes *in-quarto*. Le tems n'est pas propice pour les livrer aujourd'hui à l'impression: les frais d'une pareille entreprise seraient de difficile rentrée. D'un côté, l'activité nationale qui a tant à réparer, et de l'autre, les succès hâtifs qu'on se contente généralement de poursuivre a la tribune chez les peuples nouvellement promus à la liberté, retarderont l'époque où toute étude sérieuse et de longue haleine, servira de titre pour s'élever aux fonctions publiques.

D'ailleurs, le moment presse pour signaler clairement aux Européens les usurpations du gouvernement anglais, qui a combiné sa force et sa prospérité dans la création de son système maritime et politique, de manière à paralyser ou à engloutir tous principes d'industrie chez les autres peuples. (*)

Le plan de cet ouvrage est simple.

Chaque nation maritime de l'Europe y paraît successivement, avec un précis de son histoire politique, antérieure au dix-huitième siècle. Elle offre ensuite des développemens sur les moyens mis en œuvre pendant cette période, par les gouvernemens respectifs, pour créer, soutenir ou étendre leur système maritime et politique.

(*) Cet ouvrage était terminé avant l'ouverture des dernières négociations. On y verra que les vues ambitieuses de l'Angleterre se manifestent par la seule exposition raisonnée de ses actes publics. Nos preuves sont étrangères à cet esprit de déclamation, et même de diffamation, dirigé contre la nation française, dans les nouvelles lettres D'EDMOND BURKE, *sur les négociations de paix ouvertes avec le directoire.*

L'Espagne, comme fondatrice du système colonial chez les modernes, devait former le sujet du premier chapitre. Les puissances du midi et celles du nord, font successivement la matière d'autant d'analyses séparées. La France et l'Angleterre composent les deux derniers chapitres, et ferment en quelque sorte la marche de ce congrès européen, devant lequel les titres sont apportés, les projets discutés, les moyens analysés, les succès appréciés, et toutes les usurpations dénoncées aux contemporains et à la postérité.

Un semblable plan exigeait que ce qui est relatif à la France et à l'Angleterre, fût traité pour ainsi dire *de front*, afin de faciliter les rapprochemens dans les circonstances actuelles, et d'en faire jaillir les conséquences d'une manière plus frappantes. Nous osons nous flatter que ce voile sera déchiré, qui dérobe encore à des regards peu exercés, les funestes effets qui résulteraient incessamment pour les Européens, de l'esprit d'envahissement manifesté, sous tant de rapport, par le cabinet britannique.

Puissions-nous donc obtenir, de la publication de notre travail, ce triple avantage, 1°. que tous les cabinets se coalisent enfin, unanimement, contre celui de Londres; 2°. que tous les peuples soient convaincus qu'ils ont un même intérêt avec la France; 3°. et que celle-ci, dans l'histoire des erreurs de son ancienne administration, y puise des leçons d'expérience pour la conduite future de son système maritime et politique !

CHAPITRE PREMIER.

L'Espagne.

L'Espagne est la puissance de l'Europe qui rappelle le mieux le souvenir de la splendeur navale des anciens, en même temps qu'elle montre le berceau du système maritime et politique des modernes.

La destinée maritime de l'Espagne embrasse trois époques bien distinctes.

La première comprend les temps les plus reculés, jusqu'à la ruine de sa marine militaire, sous Philippe II, à la fin du 16e. siècle.

La seconde renferme l'existence de cette marine, pendant le 17e. siècle.

La troisième se rapporte à sa situation dans le dix-huitième, après la paix d'Utrecht, en 1713.

On ne retracera que les traits caractéristiques des deux premières époques, en réservant les développemens pour la dernière.

Les Phéniciens, les anciens Marseillais et les Grecs fondèrent successivement des colonies commerçantes en Espagne. Leur célébrité ne le céda qu'à la fortune maritime de ces Carthaginois qui, après avoir dominé dans cette contrée, disparurent eux-mêmes devant les conquérans du monde.

L'Espagne, du joug des Romains, passa, vers le milieu du 5e. siècle, sous la domination des rois Goths. Les Maures s'y étant établis au commencement du

8e. siècle, reléguèrent les anciens habitans, les uns vers les montagnes des Asturies, dans la Galice et dans la Biscaye, les autres dans les Pyrénées, en Navarre et dans l'Arragon. Cette situation politique de l'Espagne amena la puissance des Maures, appelés aussi *Sarrazins* ou *Arabes*. Ils occupèrent la partie méridionale et maritime, tandis que les parties septentrionales se réunirent sous l'autorité de deux princes goths, pour former les royaumes de Castille et d'Arragon.

Les Maures qui propagèrent en Espagne, avec toutes les sciences, les mathématiques et l'astronomie, ne négligèrent ni la navigation, ni le commerce qu'ils exerçaient avec succès dans tout l'Orient. L'esprit des combinaisons maritimes et commerciales se communiqua sans doute dans la suite aux anciens habitans restés sous la domination des comtes de Castille. On sait, en effet, que l'Espagne conclut avec les villes anséatiques, son plus ancien traité de commerce qui a servi de type à ceux des Anglais, des Hollandais et des Français.

On trouve également dans le *corps universel diplomatique*, un traité de 1351, entre Edouard III, roi d'Angleterre, et les députés des villes maritimes du royaume de Castille et du comté de Biscaye, pour le bien du commerce réciproque. Ce traité est suivi d'un autre de l'année 1353, ayant le même objet, entre les habitans de Bayonne et les députés des villes maritimes de Castille.

Ces deux actes, assez anciens pour l'Europe commerçante, prouvent l'importance que les princes de la couronne de Castille attachaient à la navigation, et l'on ne doit pas être étonné si, plus d'un siècle après, lorsque le génie des voyages et des découvertes maritimes tourmentait les Européens, Isabelle de Castille favorisa les projets de Christophe Colomb, en faisant équiper, en 1492, la flotte qui le conduisit dans le nouveau monde.

La réunion des maisons de Castille et d'Arragon entraîna la ruine de la domination des Maures, en Espagne, consommée par la prise de Grenade, en 1494. Des alliances successives contractées vers le milieu du 16°. siècle, avec la maison d'Autriche, furent les principes de la puissance colossale de l'Espagne, qui, dès-lors, s'étendit en Europe, soit par les conquêtes, soit par les droits d'hérédité, sur une partie de l'Italie, sur le Portugal, sur les dix-sept provinces des Pays-Bas, sur le comté de Bourgogne, et sur une immense territoire en Amérique.

C'est véritablement au 16°. siècle qu'il faut rapporter l'époque de la fondation du système maritime et politique des modernes dans l'établissement de leurs colonies lointaines. Dès que l'Espagne eut découvert un autre hémisphère, elle imagina un système inconnu aux peuples de l'antiquité. Le nom de colonie, chez les anciens, rappelait l'idée des sentimens de fraternité, d'hospitalité et de communauté de biens, de lumières et de forces. De pareilles affections ne pouvaient se trouver dans l'ame des dominateurs de l'Espagne, qui, devenus maîtres des mines du

Mexique et du Pérou, avaient des trésors à conserver, et des aventuriers à surveiller. Le cabinet espagnol crut devoir s'assurer de toutes les productions de ses colonies et de leur approvisionnement, afin d'en mieux maîtriser les habitans : d'ailleurs, dans le choix des moyens à employer pour la conservation de leurs domaines éloignés, les modernes dûrent adopter le seul système de gouvernement connu depuis long-temps en Europe, celui de la *force militaire*.

Peut-être la rigueur de ce système se serait-elle adoucie, à mesure que l'expérience en aurait prouvé les inconvéniens, si, dans le moment où la fortune de l'Espagne s'étendait par des découvertes et des conquêtes en Amérique, ses alliances sur le continent européen ne l'avaient jettée dans une carrière d'ambition qui ne permit plus de suivre avec discernement les affaires des Indes occidentales.

La réunion, sur la tête de Charles-Quint, de la couronne d'Espagne, avec sa qualité de chef de l'Empire, fit avorter, pour la première puissance, tout système raisonné de politique maritime.

En effet, l'esprit de domination ayant totalement subjugué ce prince, toutes ses conceptions administratives furent employées à combiner ses trésors d'Amérique et ses nombreuses recrues d'Allemagne, avec ses ressources industrieuses des Pays-Bas, pour se faire des moyens d'attaque contre tous les souverains de son temps.

Définitivement il n'obtint de tant d'efforts, qu'une renommée stérile, l'épuisement de ses états et l'ennui de sa propre existence. Philippe II, fidèle à ce même système d'aggrandissement, joignit aux ressorts extrêmement tendus par son prédécesseur, l'esprit de brouillerie et de corruption dont il empoisonna tous les cabinets de l'Europe.

La dureté de son gouvernement ayant fait révolter les provinces des Pays-Bas, soutenues dans leur défection, par l'Angleterre qui voulait déja rivaliser de puissance maritime avec l'Espagne, Philippe II s'en irrita, rassembla toutes ses forces dans les trois armemens de 1588, 1596 et 1597, au nombre desquels se trouva la flotte surnommée *l'Invincible;* mais elles échouèrent contre la fortune maritime naissante de l'Angleterre.

Philippe II, un an avant de mourir, vit s'anéantir la marine espagnole, et détacher de sa monarchie, par la révolte des Pays-Bas, des provinces étendues et fertiles, peuplées des sujets les plus laborieux et en même temps les plus industrieux de sa domination.

L'esprit de vertige qui s'empara de Charles-Quint et de Philippe II ne leur permit donc pas de rectifier les principes sur lesquels ils avaient basé leur système colonial; et l'ascendant de l'imitation ayant fait adopter les mêmes vues par les autres peuples de l'Europe, à mesure de leurs conquêtes, il en est résulté une foule d'erreurs et de conséquences funestes à la prospérité des nations modernes. La source en est toute entière dans cette fausse politique qui naquit des passions exaltées de Charles-Quint, et des idées ténébreuses de son fils.

Ainsi, l'Espagne qui, dans les temps anciens, avait tiré sa gloire et sa prospérité des colonies florissantes des Phéniciens et des Grecs, fut, dans les temps postérieurs, la propagatrice d'un système tout opposé dans la fondation des colonies modernes; et c'est une nouvelle preuve que l'expérience éclaire bien rarement les gouvernemens dans leurs déterminations. Le résultat d'aussi mauvaises combinaisons fut presque l'anéantissement, avant la fin du 16e. siècle, de toute la marine espagnole, qu'une foule d'évènemens heureux et extraordinaires avait concouru à former, et même à rendre florissante vers le commencement de la même époque.

Ce fut à la suite de ses pertes, que s'ouvrit, pour l'Espagne, le 17e. siècle.

L'impulsion qu'avaient donnée à sa politique extérieure, le caractère ardent de Charles-Quint, et l'humeur sombre de Philippe II, influa sur la conduite du cabinet de Madrid dans le siècle suivant. Il ne fut occupé que du soin de recouvrer les Pays-Bas, qu'il acheva de perdre; de conserver le Portugal, qui secoua son autorité, et d'agiter la France, en alimentant de son or, nos troubles domestiques.

Pendant ce temps, l'Angleterre, fière d'avoir été l'écueil où s'étaient brisés les armemens gigantesques de l'Espagne, sentit dès-lors plus vivement à quelle destinée pouvait l'appeler sa situation géographique, et s'efforça, dans le 17e. siècle, à nourrir sa marine des profits que son commerce interlope enlevait furtivement dans les colonies espagnoles.

La possession de la baie de Campéche, en apparence pour la coupe des bois de teinture, et dans le vrai, pour servir la contrebande anglaise, fut un objet interminable de discussions entre l'Angleterre et l'Espagne, jusqu'à ce qu'enfin, par le traité de Bréda, en 1667, les Anglais obtinrent le droit, confirmé par les traités subséquens, de former des établissemens à *Campéche*.

La vacance du trône d'Espagne, par la mort de Charles II, en 1700, et les dispositions faites par le testament de Charles, en faveur d'un prince de la maison de Bourbon, firent passer une grande partie du commerce de l'Amérique espagnole entre les mains des Français, en vertu du traité conclu en 1701, pour l'*Assiento*, ou privilège de la fourniture des noirs dans les colonies occidentales de l'Espagne. Par cet acte, et conformément à d'autres articles convenus en 1703, afin de faciliter le commerce entre les sujets respectifs, les côtes de Chili et du Pérou, et tous les ports de la mer du sud furent ouverts aux bâtimens français; ils en rapportèrent des sommes si considérables en piastres, qu'en 1709, époque fameuse des calamités de la France, les négocians de St. Malo versèrent dans les hôtels des monnaies, pour trente millions de piastres.

La paix d'Utrecht, en 1713, ferma aux Français, comme aux autres nations, la mer du sud et ses ports, ainsi que le porte une déclaration du conseil de France, du mois de janvier 1716, qui leur en défend le commerce et la navigation. C'est alors que l'affermissement de la monarchie espagnole sur la tête d'un prince de la maison de Bourbon, commença cette troisième époque du système maritime et politique de l'Espagne.

Le résultat de la guerre de treize années qui ouvrit le 18ᵉ. siècle, fut, pour cette puissance, le démembrement de sa riche succession, par la perte de Gibraltar, de l'île Minorque et de la Sicile; mais un préjudice encore plus sensible qui en fut la conséquence, a été le changement de dynastie, qui rendit la marche de son gouvernement incertaine et débile; et dès-lors il devint incapable de réparer des forces épuisées par de si longues calamités.

Philippe V, ami du repos, esclave de sa femme et de son confesseur, signala son long règne par les brouilleries que ses ministres, Albéroni et Ripperda, tous deux de race étrangère, lui suscitèrent en Europe. Leur administration intérieure fut remarquable par les exactions des Italiens, qui exploitaient alors l'Espagne, comme ils avaient travaillé la France dans le 17ᵉ. siècle, en y entrant à la suite des Médicis.

Dans cette position, le cabinet de Madrid fut particulièrement occupé, pendant la moitié du 18ᵉ. siècle, à fonder, pour les rejettons du trône, des établissemens en Italie. Il en dût résulter nécessairement de la tiédeur dans la poursuite d'un bon système de politique maritime. D'ailleurs, les étrangers qui eurent la plus grande part dans les affaires, après la paix d'Utrecht, neutralisèrent l'esprit national espagnol, et étouffèrent peut-être des conceptions heureuses qui eussent profité à son commerce et à sa marine.

Quoiqu'il en soit, cet ordre de choses ne fut guère avantageux qu'à l'Angleterre, qui fit dès-lors fermer à la France les mers du sud. Elle y fut substituée à cette dernière puissance par le nouveau traité de *l'Assiento*, qui assura aux armateurs anglais la fourniture des noirs dans les colonies espagnoles. Ce marché d'hommes dura 30 années, depuis le 1er. mai 1713, jusqu'à pareil jour de 1743. Un autre avantage de la Grande-Bretagne, fut de se ménager, par ce même pacte, des moyens sûrs de perpétuer son commerce interlope, par la stipulation d'un vaisseau, d'abord de 500 tonneaux, ensuite de 850, par la convention de 1717, et au moins de 1000 par abus. Ce vaisseau admis à l'approvisionnement de *Porto-Bello*, était alimenté sans cesse de marchandises anglaises, par une *patache* à son service, et rendait ainsi les cargaisons versées dans les colonies espagnoles, égales à celles qu'aurait portées une flotte entière. Toutes ces concessions obtenues ou extorquées, furent le résultat des traités de paix et de commerce de 1713, de conventions particulières explicatives ou restrictives de 1716, de 1721 et de 1728, entre l'Angleterre et l'Espagne.

Comme elles préjudiciaient non-seulement au commerce de l'Espagne; mais encore à celui de toutes les nations de l'Europe qui fournissaient à Cadix des marchandises de leurs crûs et de leurs fabriques, pour y être embarquées à la destination du golphe du Mexique, elles furent souvent l'occasion de rigueurs exercées par le gouvernement espagnol contre les marchands anglais, dans les colonies; rigueurs qui, devenant, en 1739, le principe d'une guerre maritime, furent encore fatales à la marine espagnole, ruinée par les Anglais, qui, à cette époque, obtinrent le succès le plus décidé. Ces démélés donnèrent lieu, dès 1738, à des explications qui furent suivies, au commencement de 1739, de huit diplomes entre les deux nations: mais toutes ces luttes polémiques n'empêchèrent pas la guerre d'éclater avant la fin de la même année; guerre funeste à l'Espagne! On connaît les succès de l'amiral Vernon, qui ruina Porto-Bello, et échoua cependant devant Carthagêne. L'histoire a transmis le récit des riches prises faites par l'amiral Anson sur les Espagnols, ainsi que le triomphe de son équipage, rentré à Londres, chargé de trophées, après avoir fait le tour du monde.

La paix d'Aix-la-Chapelle, de 1748, confirma, en faveur des Anglais le traité de *l'Assiento*, de 1713, ainsi que l'article relatif au vaisseau annuel, pour les 4 années pendant lesquelles la jouissance en avait été interrompue. Mais par un traité d'accommodement conclu à Buen-Retiro, le 5 octobre 1750, S. M. Brit. renonça entièrement à tous ces privilèges, et obtint en échange, des modérations de droits sur les marchandises importées dans les ports de la domination espagnole en Europe, et une diminution de taxes sur les laines qu'elle ferait entrer et sortir d'Espagne, par terre.

Quant à la position de celle-ci vis-à-vis les autres puissances dans ce siècle, la voici : l'Espagne avait accordé, en 1713, un traité de commerce à la Hollande, et un semblable à l'empereur des Romains, en 1725. Entraînée alors par la politique générale de l'Europe, autant que conduite par son propre intérêt, elle avait pris part aux démêlés relatifs à la compagnie d'Ostende (*), qui se prolongèrent de 1724 à 1728, et se terminèrent en 1731, par le traité de Vervins, entre l'empereur, la Grande-Bretagne et l'Espagne, traité portant suppression de la compagnie d'Ostende. La pacification de 1748, assura à la maison d'Espagne, en la personne de *Dom Carlos*, les Deux-Siciles ; et *Parme*, *Plaisance* et *Guastalle* demeurèrent à l'infant Dom Philippe.

Les évènemens qui avaient porté un prince de France au trône d'Espagne, déterminèrent la politique de son cabinet à l'égard du Portugal. Cette dernière puissance, en livrant, en 1703, son commerce entier à l'Angleterre, s'assura une protection contre les anciennes prétentions de l'Espagne, alors fortifiée de son union avec la maison de Bourbon. Les négociations d'Utrecht amenèrent, en 1715, un traité de paix entre les nations espagnole et portugaise, par lequel elles fixèrent les limites de leurs possessions, de leur commerce et de leur navigation dans les Indes occidentales ; elles s'attachèrent à régler particulièrement ce qui avait rapport à la

(*) Ces démêlés sur la *compagnie d'Ostende*, sont développés au chapitre XII, qui traite *de la maison d'Autriche*.

colonie portugaise du St. Sacrement, située sur le bord septentrional de la Plata, presque vis-à-vis Buenos-Ayres; mais de nouveaux démêlés sur cette possession, s'étant élevés entre les deux couronnes en 1777, les limites respectives furent réglées par un traité du 1er. octobre de la même année. Il fut suivi, en 1778, d'un autre de garantie de commerce et d'amitié entre les deux puissances.

Depuis le commencement jusque vers le milieu de ce siècle, l'Espagne avait plutôt affaibli son système maritime, qu'elle ne l'avait étendu et fortifié : l'Angleterre avait fatigué singulièrement la marine espagnole dans la guerre de 1739, occasionnée par les démêlés de son commerce interlope sur les côtes du Mexique, dont le traité de l'*Assiento* favorisait puissamment l'exercice.

On vient de voir comment, en 1750, l'Angleterre consentit à échanger les profits de la fourniture des noirs dans les colonies espagnoles, contre d'autres avantages commerciaux, tant en Amérique qu'en Europe; et ce fut encore un coup de politique de la part du cabinet britannique; car il sut bientôt, par d'ultérieures stipulations, s'assurer de nouveaux moyens d'interlope dans les mêmes possessions espagnoles, et perpétuer ainsi des causes de rupture dont l'issue amenait toujours quelques concessions favorables au commerce anglais.

En effet, la position respective des deux peuples en Amérique, a donné lieu à trois points principaux de discussions entre eux :

1°. Les anciens établissemens des Anglais dans la baye de Campêche, pour la coupe des bois de teinture ;

2°. Les privilèges de *l'Assiento*, obtenus en 1713, et annullés en 1750 ;

3°. Les nouveaux établissemens anglais dans le golphe de Honduras, obtenus par l'Angleterre, par le traité de Paris en 1763.

Les établissemens anglais dans la baye de Campêche intéressent moins le commerce de l'Espagne; les Anglais n'y peuvent couper que du bois. Le seul avantage qu'ils en tirent pour l'interlope, c'est d'avoir un entrepôt de navires et de marchandises pour la contrebande qu'ils exercent déjà dans le golphe du Mexique, et principalement sur les côtes de l'île de Cuba, d'où ces marchandises pénètrent par différentes voies, jusqu'à la Havanne. Mais cette contrebande exige une assez grande traversée, et ceux qui la font n'ayant pas d'établissement ni de prétexte pour en former sur les côtes de Cuba, ils ont beaucoup plus de frais, de difficultés et de dangers à essuyer, que dans la partie de Honduras, où l'interlope se fait, pour ainsi dire, de plein pied avec le Mexique.

Des trois principaux établissemens fixes des Anglais dans le golphe de Honduras, celui de *Mosquitos* est le plus important pour l'Angleterre, et le plus dangereux pour l'Espagne; non-seulement les Anglais, sous le prétexte des bois de teinture, font impunément et à main armée la contrebande sur toutes les côtes du golphe du Mexique, des îles adjacentes, et de la baye de Honduras; mais ils ont encore, comme moyen auxiliaire, la *chasse* et les établissemens qu'elle autorise pour la préparation des cuirs. Sous ces divers prétextes, des hangards qui se transportaient jadis à mesure que la chasse ou la coupe des bois étaient épuisés dans chaque canton, furent par eux transformés en établissemens fixes, et en magasins remplis et vuidés sans cesse par l'interlope.

Il résulta, de cette nouvelle cession, plusieurs inconvéniens graves pour l'Espagne :

1°. Ce grand commerce interlope dont on vient de parler.

2°. Des nids de corsaires, ou même de pirates, qui, en temps de guerre, renouvellent, sur ces côtes, les brigandages et les ravages affreux des anciens flibustiers.

3°. En temps de paix, de nouveaux empiétemens favorisés par la venale condescendance des préposés espagnols. De-là, nouvelles discussions et nouveaux sujets de rupture.

On doit penser que toutes ces considérations n'ont pas échappé au cabinet de Madrid; mais qu'en accédant à de nouvelles concessions, lors de la paix de 1763, il a cru trouver dans l'alliance étroite qu'il venait de contracter avec la France, par le pacte de famille, une balance de force assez efficace pour contenir ou repousser les empiétemens ou les aggressions des Anglais.

Cette circonstance du pacte de famille, celle de l'avénement, en 1759, de Dom Carlos, ont eu, ainsi qu'on va le voir, une influence assez remarquable dans la dernière partie de ce siècle, sur différens points principaux d'amélioration dans la politique de l'Espagne.

« On s'apperçut bientôt, dit Mirabeau, que cette
» succession, qui avait coûté tant de sang, n'assurait
» pas encore le repos des deux nations; les rois étaient
» parens, les peuples n'étaient pas unis, les ministres
» étaient rivaux; et l'Angleterre profitant de leurs
» divisions pour les affaiblir, s'emparait impunément
» du sceptre des mers et du commerce du monde.

» La guerre éclate en 1756. Ce fut après que la
» nation française eut perdu ses vaisseaux, ses ri-
» chesses et ses plus belles colonies, que nos malheurs
» fournirent au caractère espagnol une occasion glo-
» rieuse de se déployer, tel que depuis lors il n'a
» cessé d'être pour nous. Ce peuple généreux, dont
» la bonne foi a passé en proverbe, nous reconnut
» pour ses amis, quand il nous vit près de succom-
» ber. Il vint partager nos infortunes, relever nos
» espérances, affaiblir nos rivaux; et ses ministres
» signèrent, en 1761, un traité d'alliance avec nous,
» sur les tronçons brisés de nos armes, sur la ruine
» de notre crédit et sur les débris de notre marine.

» Quel fut le fruit de cette union? Seize années de
» paix et de tranquillité, qui n'auraient pas encore
» éprouvé d'interruption, si l'Angleterre eût respecté
» dans ses colonies les principes sacrés qu'elle adore

» chez elle, et si les Français, protecteurs de la liberté
» des autres, avant d'avoir su la conquérir pour eux-
» mêmes, n'avaient pressé le roi de défendre les Amé-
» ricains ».

C'est, en effet, avec l'Espagnol que nous acquîmes l'immortel honneur d'avoir fondé la liberté chez un peuple digne de la posséder.

Le traité de 1761, entre la France et l'Espagne, fut suivi,

1°. D'une convention du 2 janvier 1768, interprétative de l'article 24 du pacte de famille. Elle fut long-temps secrète entre les deux cours, et observée en France avant de l'être en Espagne; publiée enfin dans les ports de cette puissance, elle a rendu plus utile au commerce des deux peuples, le traité fondamental de leur alliance (*).

(*) Cette convention de 1768 contient 21 *articles;* voici l'analyse des principaux.

L'art. 1er. étend aux parties contractantes tous les privilèges dont jouissent dans les états respectifs les nations les plus favorisées, quoique ces privilèges ne soient pas exprimés dans l'art. 24 du pacte de famille.

L'art. 2 porte, que tous avantages commerciaux accordés postérieurement à quelque nation que ce soit, deviendront communs aux habitans des deux puissances; et que la franchise, quant à la navigation, sera la même pour les bâtimens français et espagnols dans leurs ports respectifs.

L'art. 3 établit que les pêches sur les côtes de France et de l'Espagne s'exerceront également par les deux nations, en se conformant aux lois et réglemens en usage dans les deux états.

2°.

2°. D'une autre convention du 13 mars 1769, relative aux fonctions des consuls et vice-consuls dans les ports respectifs;

3°. D'une convention fiscale stipulée en 1774 pour l'intérêt des douanes françaises et espagnoles, convention en partie abrogée par celle qui suit:

4°. Enfin, de la convention de 1786, par *La Vauguyon*, d'une part, et *Florida - Blanca* de l'autre; convention qui devait être enregistrée au conseil de Castille, et qui ne l'a point encore été; mais qui sert de titre à la plupart des plaintes de nos navigateurs commerçans.

L'exactitude historique place naturellement ici le souvenir de nos brouilleries récentes, causées par le faux apperçu de l'influence de notre révolution sur les intérêts de nos alliés; mais les cœurs français et espagnols doivent tressaillir d'espérance pour la splendeur future des deux nations, en relisant le traité du 22 juillet 1795, conclu par le bon esprit du cabinet de Madrid, comme base de la paix et gage de notre bonne intelligence.

L'art. 4 règle le mode de la visite des bâtimens dans les douanes, d'après les traités de 1767 et de 1713, entre l'Espagne et l'Angleterre.

Les 16 *articles suivans* développent ceux qui précèdent, pour mieux assurer *la liberté* et *le succès* des relations maritimes entre les deux peuples.

Enfin, *l'art. 21 et dernier* contient la clause expresse de tenir la présente convention secrète, en prenant des mesures administratives pour son exécution.

B

La cour d'Espagne n'a pas été long-temps sans s'appercevoir des funestes effets des nouvelles concessions faites en 1763 à l'Angleterre. Elle fut forcée, en 1771, de reconnaître les droits de cette puissance sur les îles de Falklan; et en 1790, l'Espagne, aidée de l'intervention et de la médiation de la France, régla, par une convention avec le cabinet britannique, son commerce sur les côtes de *Mosquitos*; des griefs respectifs étaient sur le point d'allumer la guerre dans toutes les parties du globe.

Le cabinet d'Espagne, toujours intéressé à réprimer les atteintes portées à la liberté de la navigation, accéda en 1780 aux déclarations de *neutralité armée* proposée aux puissances maritimes par les cours de Danemarck et de Russie. Egalement attentif à assurer, depuis la paix de 1783, la liberté de son pavillon sur la Méditerranée, il négocia et obtint enfin en 1782 un traité de paix et de commerce de la Porte. Les possessions des Turcs en Europe, menacées par la Russie, disposent aujourd'hui le divan à s'unir avec toutes les puissances intéressées à la liberté de la Méditerranée. Ce traité fut un acheminement à la conclusion, en 1784, d'un traité de paix avec Tripoli, et en 1786, d'un autre d'amitié avec Alger. La bonne intelligence se rétablit vers le même temps avec Maroc.

Tous ces développemens prouvent que la conduite du système maritime et politique de l'Espagne, dans le 18e. siècle, a été plus ou moins favorisé ou contrarié, soit par l'effet des concessions antérieures à ce siècle, au profit de la Grande-Bretagne, soit par la position européenne et coloniale de l'Espagne, soit enfin par la pression que la fortune navale toujours croissante de l'Angleterre, pendant cette période, a exercée sur toutes les puissances maritimes, et en particulier sur la marine espagnole.

Dans les temps antérieurs, la fureur des découvertes, l'esprit de domination et de conquêtes, et la haute fortune de la monarchie espagnole, ont dû imprimer au caractère de cette nation fière aujourd'hui de ses anciens succès, une sorte de gravité qui porte actuellement les descendans à jouir *avec dignité* (comme disait Mirabeau) de leurs richesses acquises, et de la renommée d'ancêtres illustres. De-là aussi un premier obstacle à l'activité indispensable pour maîtriser les évènemens nouveaux qui minent les anciens élémens de prospérité. Si, d'après cette disposition de l'esprit espagnol porté pour ainsi dire à la contemplation de sa bonne fortune, on apprécie ce qu'il faudrait de courage et de moyens pour suffire à l'exploitation de tous les élémens de sa puissance, on verra quelle difficulté l'Espagne, par sa seule position, doit trouver à soutenir le poids d'un si grand rôle.

Il est une considération qui, sans doute, n'a pas échappé aux observateurs, mais qui naît sur-tout des faits que nous venons d'esquisser; c'est que l'Espagne est la seule nation dont les membres se procurent en même temps leur subsistance par tous les genres de travaux qui marquent les différens dégrés de la civilisation.

L'Espagne, considérée sous les rapports de son existence collective dans les différentes parties du globe, présente le tableau unique et varié d'habitans *chasseurs* près le théâtre de carnage des anciens flibustiers; *pasteurs errans* dans les contrées des deux Castilles; *agriculteurs* dans les belles plaines de l'Andalousie; *manufacturiers* sous le beau ciel du royaume de Valence; *rentiers* par le tribut annuel de leurs mines du Mexique et du Pérou; et *marins* transportant d'un pôle à l'autre, sur l'immensité des mers, la richesse et l'industrie des deux mondes.

De cette variété de moyens qui procurent la subsistance à des millions d'hommes, naissent les obstacles considérables que doit éprouver le gouvernement espagnol pour centraliser l'opinion publique, et faire marcher toutes les volontés vers le genre d'amélioration que peut exiger la mobilité des circonstances.

L'état de prospérité de l'Espagne, dans la première partie du 18°. siècle, a été rétrograde. Il est devenu stationnaire dans la seconde partie; mais dans ces derniers temps, il a une tendance marquée vers l'amélioration, tant par le progrès des vues saines qu'a manifestées le conseil de Madrid, que par l'esprit public qu'il a su propager avec le secours des sociétés patriotiques ou des amis du pays.

Il faut encore le remarquer : l'Espagne possède tous les élémens des richesses réelles et conventionnelles. C'est de leur adroite combinaison que peut résulter, pour ses habitans, la plus grande masse de jouissances. Mais cette sagesse distributive ne suffit pas, s'ils ne parviennent à l'entière sécurité de leur existence européenne et coloniale, en tenant perpétuellement en *arrêt*, par la bonne réputation de leur système maritime, la convoitise anglicane.

C'est donc là le point capital de la politique maritime de l'Espagne. Elle ne doit cesser de réveiller les qualités belliqueuses dans l'ame des Espagnols, pour les porter à se tenir sur *la défensive*, et dans certains cas même, sur *l'offensive*, contre l'esprit d'envahissement de la Grande-Bretagne.

Le gouvernement a plus de ressorts qu'on ne pourrait le croire pour diriger dans ce sens l'esprit national, quoique Madrid, la capitale, bien loin d'être une ville maritime, ne soit pas même *riveraine*, le Mançanarès qui y coule, n'étant qu'un *filet d'eau*.

L'existence de ses habitans est assurée par les émolumens que distribue le gouvernement pour la direction générale des colonies orientales et occidentales; et par les salaires résultans des dépenses des colons, grands propriétaires. Ajoutons que l'Espagnol est naturellement sédentaire et peu expansif chez les autres nations; que d'un autre côté, les regards des habitans de Madrid demeurent continuellement frappés de la représentation majestueuse qui s'y déploie, comme au centre de l'autorité nationale dans les deux Indes. Toutes ces circonstances concourent à la formation de l'esprit public, et le disposent aux grandes entreprises pour le maintien des possessions nationales dans les diverses parties du globe. L'expérience justifie cette opinion. On se rappelle quelle faveur obtinrent la banque de Saint-Charles et la compagnie des Philippines, après la pacification de 1783; mais un fait bien plus décisif, c'est que la communauté des marchands de Madrid, associés sous le nom de *Gremios*, a fait plusieurs fois des armemens pour les îles Philippines, situées au bout du monde. Madrid est avancé, à cet égard, de plus d'un siècle par rapport à Paris. Qu'on y propose aux ci-devant marchands des six corps une semblable association qui place des capitaux pour en espérer la rentrée, avec les risques de la mer, à deux années de date, et vous les verrez à cette proposition, mettre une serrure de plus à leur coffre-fort. Pour les marchands parisiens, toutes colonies, toutes spéculations maritimes équivalent jusqu'ici, à des opérations de commerce dans une autre planète.

La capitale de l'Espagne, souveraine dans les deux mondes, n'a pas des idées aussi rétrécies. Elle sait sur-tout qu'elle ne parviendra à écarter toutes chances désastreuses pour sa monarchie, qu'en unissant ses moyens naturels et acquis, avec ceux que multipliera bientôt en France l'activité républicaine. Qu'elle forme un faisceau de sa puissance avec la nôtre, et l'indépendance des possessions espagnoles sera assurée contre les tentatives toujours renaissantes de la dévorante marine anglaise.

Les forces maritimes de l'Espagne, au moment de la révolution française, étaient estimées à 72 vaisseaux de ligne de 112 à 58 canons, 41 frégates et 109 autres bâtimens de toute grandeur, le tout armé de 10,000 canons. Les registres des classes des trois départemens du Frioul, de Carthagène et de Cadix, lui donnaient plus de 50 mille matelots.

En deux mots, le système maritime et politique de l'Espagne, par sa nature, est *défensif* contre les vues hostiles des Anglais; *passif* dans ses relations commerciales avec les autres Européens; *actif* dans les liaisons avec ses colonies; enfin *auxiliaire* dans une communauté d'efforts avec la France, pour s'opposer aux usurpations de l'ennemi commun.

CHAPITRE II.

Le Portugal.

Si les Européens pouvaient un jour effacer les forfaits dont ils se sont souillés après la découverte des deux Indes ; si les douceurs d'une communication fraternelle, fondée sur des besoins réciproques, pouvaient jamais être les seuls liens qui unissent les habitans de l'ancien et du nouveau monde, alors les générations futures, frappées d'étonnement au souvenir des conceptions hardies de leurs ancêtres, élèveraient un monument au génie de la navigation. Ce génie présenterait en attributs, au prince Henri de Portugal, un globe et une boussole, tandis que l'Indien, instituteur des peuples, l'Africain dégagé de ses fers, et le Péruvien échappé du trépas, s'inclineraient devant l'Européen, dont la puissance aurait enfin réuni leurs embrassemens de toutes les extrémités du globe.

Le spectateur d'un semblable monument serait peut-être moins frappé de ce qu'il offrirait d'imposant, que du contraste que lui présenterait le Portugais qui en serait le héros, avec ceux d'aujourd'hui, et de l'état de nullité où cette nation est enfin réduite dans la carrière de la navigation.

Le Portugais des seizième, dix-septième et dix-huitième siècles présente un grand objet de méditation à l'observateur qui parcourt les vicissitudes de l'existence des peuples.

Le Portugal ou l'ancienne Lusitanie, passa de la domination des Phéniciens et des Carthaginois, sous celle des Romains. Les Alains et les Visigoths s'en rendirent maîtres successivement dans le 5e. et dans le 6e. siècle. Les Maures et Sarrazins y firent une invasion dans le huitième. Ils en furent repoussés; mais ce ne fut qu'en 1139 qu'*Alphonse Henriquez*, fils d'un comte de Portugal, remporta une victoire signalée sur les Maures, et se fit reconnaître roi de cette contrée.

Sous le règne de Jean Ier, son successeur, et dès la fin du 14e. siècle, les Portugais formèrent des établissemens en Afrique, et découvrirent les Açores. Son petit-fils Jean II accueillit les Juifs dans ses états, et s'occupa beaucoup à perfectionner la navigation et à faire de nouvelles découvertes. Ces découvertes amenèrent un premier traité avec le roi d'Espagne, Ferdinand-le-Catholique, en 1492, et un second en 1494, par lequel le monarque portugais cédait à Ferdinand toutes les terres situées à l'ouest du Cap-Verd et des Açores, à la distance de 370 milles; il se réserva tous les pays qu'on découvrirait vers l'Orient.

On voit qu'avant le seizième siècle, le génie de la navigation faisait taire le démon de la superstition chez les Portugais, qui, d'un côté donnaient l'hospitalité aux Juifs, et de l'autre marchaient, sous la direction d'un héritier de la couronne, à la découverte de pays habités par les infidèles.

Cette impulsion donnée par les recherches assidues, les combinaisons savantes et les découvertes heureuses du prince Henri, fit aux Portugais du 16e. siècle, la destinée la plus brillante qu'ait jamais obtenue aucun peuple.

Dans cette période, audacieux sous Vasco de Gama, intrépide sous Améric Vespuce, prudent et brave sous Albuquerque, courageux et négociateur sous Ataïde, le Portugais étendit d'abord sa domination sur l'Asie, l'Afrique et l'Amérique, conserva ensuite, par des qualités réelles et une bonne administration, les pays immenses qu'il avait conquis, et suspendit la chûte de son vaste empire, en dissipant la ligue de tous les princes indiens que son autorité, devenue vexatoire, avait armés contre le Portugal.

L'empire asiatique devait être démembré par l'effet d'évènemens dont la cause se trouvait dans l'Europe, foyer unique chez les modernes, de toutes les vicissitudes qui arrivent dans les diverses parties du globe.

Vers le commencement du 17e. siècle, le défaut d'héritier au royaume de Portugal, par la mort du cardinal Henri, procura cette couronne aux rois d'Espagne; et par une fatalité remarquable, pendant que Philippe II acquérait pour ainsi dire par droit de succession les trois autres parties du monde, de malheureux pêcheurs, habitant quelques marais dans un coin de l'Europe, les Hollandais en un mot, secouaient son odieuse domination. Devenus conquérans par la nécessité d'une juste défense, ils attaquèrent avec succès les riches établissemens des Portugais en Asie et en Amérique. D'un autre côté, les Anglais et les Français, attirés successivement par l'exemple de la bonne fortune des Hollandais, et devenus belligérans contre l'Espagne, et auxiliaires des peuples qui s'insurgeaient contre son despotisme, prirent part dans l'Inde au riche butin que ne défendait plus la stupeur portugaise sous la domination espagnole.

Vers le milieu de ce même siècle, en 1640, les Portugais secouant le joug espagnol, élurent pour roi le duc de Bragance. Le Portugal redevint alors maître du Brésil, mais perdit l'île de Ceylan, et ne recouvra aucune de ses possessions dans l'Inde. Il conclut enfin, en 1688, avec l'Espagne, une paix qui le fit reconnaître royaume indépendant, et lui rendit en Europe et sur les côtes, son ancienne étendue, si l'on excepte la ville de *Ceuta* en Afrique, qui demeura aux Espagnols.

Le tableau que nous venons d'esquisser, présente le Portugais tour-à-tour guerrier sous Alphonse, leur premier roi; porté à l'héroisme sous Sébastien; navigateur sous Emmanuel, et militaire sous le duc de Bragance. Nous n'avons plus guère à le considérer, pendant près d'un siècle, que comme l'esclave de cette nation bretonne, si entreprenante et si heureuse dans ses combinaisons, pour obtenir le sceptre des mers, en combattant les puissans, intimidant les faibles et neutralisant les indolens. Nous le verrons ensuite, dans la dernière partie du 18e. siècle, sous le ministère plus que vigoureux du marquis de Pombal, rompre quelques anneaux de la chaîne politique dont le tenait garotté depuis si long-temps, la cupide Angleterre.

La Grande-Bretagne n'avait pas attendu ces derniers temps pour s'emparer de la puissance pécuniaire et maritime du Portugal. Ce royaume, en secouant le joug de l'Espagne, avait eu besoin de secours étrangers, pour l'aider à résister aux forces de son ennemi, beaucoup plus considérables que les siennes. Le cabinet de Londres, dirigé par la prévoyance de Cromwel, guettait dès-lors les moyens d'offrir et de faire payer ses services. Ce profond génie sentait bien que pour suppléer à la faiblesse de la population de son pays, il fallait obtenir les moyens de soudoyer des recrues en Allemagne, contre les ennemis ou les rivaux, sur le continent, de sa puissance maritime. Le Portugal, dans ce sens, et par la possession des mines du Brésil, était un riche domaine à exploiter; aussi conclut-il, en 1642, un traité de commerce avec le Portugal, que son successeur, Charles II, renouvela : exemple remarquable de la politique d'une nation qui suit son but avec une persévérance égale sous les usurpateurs ou les princes légitimes, lorsqu'ils donnent les uns et les autres une impulsion favorable à la prospérité publique !

Cependant, malgré les concessions faites alors par le Portugal à l'Angleterre, la conduite de la France envers la première de ces puissances, influa davantage sur l'exclusion donnée aux manufactures françaises, en faveur de celles d'Angleterre. Voici comment:

L'administration de Colbert, remarque judicieusement un écrivain moderne, en embrassant les moyens de faire fructifier toutes les branches du commerce français, crut nécessaire, pour améliorer nos possessions d'Amérique, de prohiber, en 1664, l'entrée en France des sucres et tabacs du Brésil. La cour de Lisbonne, aigrie, comme elle devait l'être, par cette prohibition, défendit, de son côté, l'entrée des objets de manufactures françaises; et c'étaient les seuls qui eussent, à cette époque, de la faveur dans le Portugal. Gênes s'empara aussi-tôt des soieries qu'elle a toujours conservées depuis; l'Angleterre s'appropria les étoffes de laine, mais avec un succès moins soutenu. Les Portugais, dirigés par des ouvriers appelés de toutes parts, commencèrent, en 1681, à mettre eux-mêmes en œuvre les toisons de leurs troupeaux; et les progrès de cette industrie furent assez rapides, pour qu'en 1684 on pût proscrire plusieurs espèces de draps étrangers, et bientôt après ceux de toute espèce.

La Grande-Bretagne vit cet état de choses avec chagrin. Elle s'occupa long-temps et vivement du projet de se r'ouvrir la communication qui lui avait été fermée. Ses soins lui promettaient quelquefois une issue favorable; mais l'instant d'après, il fallait renoncer aux espérances qu'on avait cru les mieux fondées. On ne pouvait prévoir où tant de mouvemens aboutiraient, lorsqu'il se fit, dans le système politique de l'Europe, un changement qui bouleversa toutes les idées.

Un petit-fils de Louis XIV fut appelé au trône de l'Espagne. Toutes les nations furent effrayées de l'agrandissement d'une maison qu'on trouvait déjà trop redoutable. Le Portugal en particulier, qui n'avait vu jusqu'alors qu'un appui dans la France, n'y voulut plus voir qu'un ennemi qui désirerait nécessairement l'opprimer, et qui peut-être l'entreprendrait. Cette inquiétude le précipita dans les bras de l'Angleterre, qui, accoutumée à faire tourner tous les événemens à l'avantage de son commerce, ne pouvait manquer de saisir avec chaleur une occasion si favorable à ses intérêts. Le Portugal avait d'abord reconnu Philippe V : bientôt, cédant aux instigations perfides des Hollandais et des Anglais, il entra dans la ligue qu'ils formèrent pour le renverser du trône. Ces derniers mirent le sceau à cette alliance, par le fameux traité de commerce de 1703. L'ambassadeur *Methuen*, négociateur profond et délié, signa le 27 décembre ce traité, par lequel la cour de Lisbonne s'engageait à permettre l'entrée de toutes les étoffes de laine de la Grande-Bretagne, sur le même pied qu'avant leur prohibition, à condition que les vins de Portugal paieraient un tiers de moins que ceux de France aux douanes d'Angleterre.

La pacification d'Utrecht, en 1713, vint calmer les inquiétudes du Portugal, en l'assurant des bonnes intentions de la France à son égard ; et ce royaume obtint pareille sécurité de la part de l'Espagne, par le traité de 1715, qui reconnut l'indépendance du Portugal en ratifiant le pacte de 1668.

La puissance portugaise, délivrée ainsi de tous soins extérieurs, son roi, Jean V, s'endormit près de quarante ans sous l'espèce de protectorat qu'il laissa exercer à milord Tirawley. Cet anglais était appuyé du crédit de la reine, née autrichienne, et favorisé par l'insignifiant ministère d'un frère Gaspard, récollet. Tirawley ne manqua pas d'inculquer au roi la plus haute estime pour la nation anglaise, et de lui inspirer du mépris pour la sienne. Gaspard ne vit pas même un peuple dans les Portugais : il gouverna le royaume comme un couvent de moines.

Pendant cette longue période, il ne fut pas tiré un seul coup de canon; aussi, aucun élan de ce patriotisme, que fait naître le besoin d'une juste défense, ne fut communiqué aux Portugais, presque oubliés du reste de l'Europe, tant était profonde leur inaction! Les Anglais travaillèrent à loisir, pendant cet anéantissement politique et économique, à leur forger des chaînes qu'ils ne pussent rompre de longtemps. Leur servitude fut telle à cette époque, que même les vaisseaux qui allaient au Brésil sortaient des chantiers d'Angleterre, ainsi que toutes les munitions de guerre et de bouche. L'Angleterre naviguait alors pour ce royaume, faisait son commerce des Indes, de la Chine, du Japon, de l'Afrique. Plus de 800 vaisseaux étrangers étaient employés aux différentes branches de sa navigation.

Un seul homme s'indigna pour toute sa nation de ce honteux assujétissement. Cet homme fut, pour l'honneur même du Portugal, le lusitanien Carvalho, depuis comte d'Oeyras, et successivement marquis de Pombal, d'abord ministre plénipotentiaire à Londres, sous la fin du règne de Jean V. C'est au sein de l'Angleterre, dit l'historien de son administration, qu'il apprit à détester le joug britannique ; il puisa dans l'étude de ses livres économiques, les moyens de briser les chaînes de son pays, et d'illustrer son futur ministère, en sapant enfin par ses fondemens la puissance maritime et commerciale de la Grande-Bretagne dans le royaume de Portugal. L'occasion se présenta bientôt pour Carvalho de commencer à réaliser ses projets à cet égard ; il devint premier ministre en 1750, lors de l'avénement de Joseph Ier. au trône.

Soit que le caractère bouillant du marquis de Pombal l'ait porté à entreprendre sans ménagement la régénération subite du Portugal, soit que les obstacles innombrables à vaincre aient redoublé son ardeur à les surmonter, ou qu'une sorte d'enthousiasme, pour le bien de sa nation, lui ait fait combattre à outrance les causes de la dégradation de sa patrie, soit enfin que toutes ces circonstances séparées ou réunies aient agi sur l'ame forte du premier ministre ; toujours est-il vrai qu'il existe peu d'exemples de la hardiesse de ses mesures pour ravir aux Anglais le sceptre maritime et commercial qu'ils
avaient

avaient usurpé sur les Portugais, à force de ruses et d'obsessions, sous le règne précédent.

Pendant les vingt-six années que dura le ministère du marquis de Pombal, il fit de nombreux changemens dans l'administration. Plusieurs furent essentiellement utiles ; quelques-uns durent échouer, parce qu'ils étaient outrés : mais presque toutes les mesures qu'il prit furent dirigées contre le commerce anglais, et l'on verra que ces continuelles attaques influèrent par la suite, et même après la mort du marquis de Pombal, sur le système maritime adopté depuis par la cour de Lisbonne.

Sans nous arrêter à toutes les améliorations provoquées par le ministre portugais dans cette seconde partie du dix-huitième siècle, nous dirons qu'il promulgua l'édit d'établissement d'une compagnie des Indes et de la Chine, une autre des vins de Porto. Cette dernière occasionna une révolte mémorable, dans laquelle le cabinet britannique ne joua pas sans doute le dernier rôle. Nous rapellerons aussi l'érection d'une autre compagnie du Maragnan et du Grand-Para, en Amérique, la construction du canal d'Oeyras, la permission accordée à chaque armateur d'envoyer en tout temps ses vaisseaux et ses marchandises, soit dans les ports de l'Amérique, soit dans tous ceux de la domination portugaise, en Europe. Il fallait auparavant attendre quelquefois deux ans le départ des flottes. Plusieurs de ces dispositions considérées sous le point de vue rigoureux des principes économiques, peuvent éprouver des critiques fondées ; mais elles avaient essentiellement pour but politique d'affaiblir la coalition des capitalistes anglais, en réunissant les ressources pécuniaires des nationaux, et les mettant ainsi à portée de se livrer avec avantage aux différentes branches du commerce des deux Indes portugaises.

Le marquis de Pombal, dans toute son administration, paraît donc avoir été constamment guidé par le désir de ruiner l'influence des capitalistes anglais en Portugal. C'est dans cette vue qu'il promulgua un édit qui ordonna d'arracher le tiers des vignes; moyen de haine, sans doute, plutôt que de sagesse, mais dont l'objet était de diminuer la récolte des vins en Portugal, livrés au monopole de l'Angleterre, par le traité de Méthuen, et d'y substituer la culture des grains que cette puissance lui fournissait, pour le tenir mieux dans sa dépendance.

C'est dans le même esprit que ce ministre prohiba la sortie du numéraire; ordonna que tous les marchands détailleurs fermassent leurs boutiques, s'ils ne justifiaient que la moitié des capitaux de leur commerce leur appartenait; prescrivit à tous les Anglais, grands magasiniers de grains, de les vendre publiquement sur les places; fit brûler diverses marchandises étrangères dont il avait défendu l'entrée et l'usage, pour favoriser celles du pays. Il n'y eut aucune de ces mesures qui n'attirât les réclamations de la cour de Londres par ses ambassadeurs, et elles ne furent pas écoutées.

Il n'est pas inutile de faire une remarque qui don-

nera la mesure du caractère du marquis de Pombal ;
c'est que mylord Tirawley, qui avait joui d'une si
grande prépondérance sur l'esprit du précédent roi,
Jean V, fut envoyé spécialement, mais inutilement,
en ambassade à Lisbonne, pour solliciter la suspension de l'édit de prohibition de la sortie du numéraire. Cet édit fut maintenu.

Voici un autre fait encore plus important.

Dans la guerre de 1757, l'Angleterre usant de son
autorité arbitraire sur les mers, avait brûlé sur la côte
de Lagos, plusieurs vaisseaux français. Cette violence
étant contraire au droit des gens, le marquis de Pombal en demanda satisfaction à la cour de Londres. Il
en exigea une proportionnée à la grandeur de l'offense. Comme on refusa de la lui faire telle qu'il la
désirait, il insista avec une fermeté inusitée jusqu'à
lui. Voici la teneur de trois dépêches du ministre
portugais au cabinet britannique. La dernière surtout est précieuse. Le tableau de la puissance de sa
nation et de celle de l'Angleterre, à différentes époques, est propre à fixer les idées sur les efforts qu'a
faits le Portugal pour secouer la servitude britannique.

« Je sais, écrivait, vers 1760, Pombal, au ministre
» des affaires étrangères (à Londres) *dans une pre-*
» *mière dépêche*, que votre cabinet a pris un empire
» sur le nôtre ; mais je sais aussi qu'il est temps de le
» finir. Si mes prédécesseurs ont eu la faiblesse de vous
» accorder toujours tout ce que vous vouliez, je ne

» vous accorderai jamais que ce que je vous dois.
» C'est mon dernier mot : réglez-vous là-dessus ».

Dans une autre, trouvant encore de la résistance à la satisfaction qu'il demandait, il s'exprimait ainsi :

« Je prie votre excellence de ne point me faire res-
» souvenir des condescendances que notre gouver-
» nement a eues pour le vôtre. Elles sont telles, que
» je ne sache pas qu'aucune puissance en ait jamais
» accordé de semblables à une autre. Il est juste que
» cet ascendant finisse une fois, et que nous fassions
» voir à toute l'Europe que nous avons secoué le joug
» d'une domination étrangère. Nous ne pouvons
» mieux le prouver, qu'en exigeant de votre gouver-
» nement une satisfaction qu'il n'est pas en droit de
» nous refuser. La France nous regarderait comme
» dans un état d'impuissance, si nous ne pouvions
» pas nous faire rendre raison de l'offense que vous
» nous avez faite, de venir brûler dans nos parages,
» des vaisseaux qui devaient y être en toute sûreté ».

La troisième dépêche était plus étendue et contenait des détails qui n'étaient pas dans les deux premières. Il s'y exprimait ainsi :

« Vous comptiez pour peu en Europe, lorsque
» nous comptions pour beaucoup : votre île ne for-
» mait qu'un point sur la carte géographique, tandis
» que le Portugal la remplissait de son nom ; nous
» dominions en Asie, en Afrique et en Amérique,
» tandis que vous ne dominiez que dans une petite
» île de l'Europe. Votre puissance était du nombre de
» celles qui ne peuvent aspirer qu'au second rang :

» par les moyens que nous vous avons donnés, vous
» vous êtes élevés au premier. Cette impuissance phy-
» sique vous mettait hors d'état d'étendre votre do-
» mination au-delà de votre île; car pour faire des
» conquêtes, il vous fallait une grande armée : or,
» pour avoir une grande armée, il faut avoir le moyen
» de la payer, et vous ne l'aviez pas. Le numéraire
» vous manquait. Ceux qui ont calculé vos facultés,
» lors de la grande révolution de l'Europe, ont trouvé
» que vous n'aviez pas de quoi entretenir six régi-
» mens. La mer, qu'on peut regarder comme votre
» élément, ne vous offrait pas de plus grandes res-
» sources ; à peine pouviez-vous équiper vingt vais-
» seaux de guerre.

» Depuis cinquante ans, vous avez tiré du Portu-
» gal plus de quinze cents millions, somme énorme
» dont l'histoire ne dit point que nation en ait jamais
» enrichi aucune d'une pareille. La manière d'ac-
» quérir ces trésors vous a été encore plus favorable
» que le trésor lui-même : c'est par les arts que l'An-
» gleterre s'est rendue maîtresse de nos mines; elle
» nous dépouille régulièrement tous les ans de leur
» produit. Un mois après que la flotte du Brésil est
» arrivée, il n'en reste pas une seule monnaie d'or en
» Portugal. La totalité passe en Angleterre; ce qui
» contribue continuellement à augmenter sa richesse
» numéraire. La plupart des paiemens en banque se
» font avec notre or.

» Par une stupidité qui n'a point d'exemple dans
» l'histoire universelle du monde économique, nous

» vous permettons de nous habiller et de nous four-
» nir tous les objets de notre luxe, qui n'est pas peu
» considérable. Nous donnons à vivre à cinq cents
» mille artistes, sujets du roi Georges : population
» qui subsiste à nos dépens dans la capitale de l'An-
» gleterre. Ce sont vos champs qui nous nourrissent.
» Vous avez substitué vos laboureurs aux nôtres; au
» lieu qu'autrefois nous vous fournissions des grains,
» aujourd'hui vous nous en fournissez. Vous avez dé-
» friché vos terres, et nous avons laissé tomber les
» nôtres en friche, etc. etc.

» Mais si nous vous avons élevés au faîte des gran-
» deurs, il ne tient qu'à nous de vous précipiter dans
» le néant dont nous vous avons tirés. Nous pouvons
» mieux nous passer de vous, que vous ne pouvez
» vous passer de nous. Une seule loi peut renverser
» votre puissance, ou du moins affaiblir votre em-
» pire. Nous n'avons qu'à défendre la sortie de notre
» or, sous peine de la vie, pour qu'il n'en sorte plus.
» Vous répondrez sans doute à cela, que malgré la
» prohibition, il en sortira toujours, comme il en est
» toujours sorti, parce que vos vaisseaux de guerre
» ont le privilège de n'être pas visités à leur départ,
» et qu'à la faveur de celui-ci, ils enlèveront toujours
» notre numéraire. Mais ne vous y trompez pas : j'ai
» fait rompre le duc d'Aveiro, parce qu'il avait at-
» tenté à la vie du roi; je pourrai bien faire pendre
» un de vos capitaines, parce qu'il aurait enlevé son
» effigie malgré la loi. Il y a des temps dans la mo-
» narchie où un seul homme peut beaucoup. Vous

» savez que Cromwel, en qualité de protecteur de la
» république d'Angleterre, fit exécuter le frère de
» l'ambassadeur du roi très-fidèle (*), parce qu'il
» s'était prêté à une émotion publique. Sans être
» Cromwel, je me sens en état de suivre son exemple,
» en qualité de ministre protecteur du Portugal. Faites
» donc ce que vous devez, et je ne ferai pas ce que je
» puis.

» Que deviendrait la Grande-Bretagne, si une fois
» on lui coupait la source des richesses de l'Améri-
» que? Comment paierait-elle cette nombreuse troupe
» de terre, et cette grande armée de mer? Comment
» donnerait-elle à son souverain les moyens de vivre
» avec l'éclat d'un grand roi? D'où tirerait-elle ces
» subsides qu'elle paie aux puissances étrangères,
» pour étayer la sienne? Comment vivrait un million
» de sujets anglais, si la main-d'œuvre d'où ils tirent
» leur subsistance, ne subsistait plus? Dans quel état
» de pauvreté ne tomberait pas le royaume, si cette
» première ressource de richesses lui manquait? Le
» Portugal n'a qu'à refuser ses grains, c'est-à-dire,
» son pain, pour que la moitié de l'Angleterre meure
» de faim. Vous direz peut-être qu'on ne change pas
» ainsi l'ordre des choses, et qu'un système établi
» depuis long-temps ne se change pas dans un mo-
» ment. Vous direz bien; mais moi je dirai mieux.
» C'est qu'en attendant le temps qui peut amener cette
» réforme, j'établirai un plan préliminaire d'écono-
» mie qui tendra au même objet. Depuis long-temps

(*) Cet ambassadeur était Pantaon de Sa.

» la France nous tend les bras pour que nous rece-
» vions ses manufactures de laine; il ne tient qu'à
» nous d'accepter ses offres, ce qui anéantirait les
» vôtres. La Barbarie, qui abonde en grains, nous
» en fournirait au même prix, et peut-être à meilleur
» marché que vous : alors vous verriez avec une ex-
» trême douleur une des plus grandes branches de
» votre marine s'éteindre entièrement; car vous êtes
» trop versé dans le ministère, pour ignorer que c'est
» une pépinière d'officiers et de matelots dont la ma-
» rine royale se sert en temps de guerre : et c'est avec
» celle-ci que vous avez élevé votre puissance.

» La satisfaction que je vous demande est confor-
» me au droit des gens. Il arrive tous les jours que
» des officiers de mer ou de terre font par zèle ou par
» inconsidération, ce qu'ils ne devraient pas faire;
» c'est au gouvernement à les punir, et à en faire la
» réparation à l'état qu'ils ont offensé. Il ne faut pas
» croire que ces sortes de réparations le rendent mé-
» prisable. On a meilleure opinion d'une nation qui
» se prête à ce qui est juste : et c'est toujours de l'opi-
» nion que dépend la puissance d'un état ».

Soit que le ministère anglais eût égard à de si puissantes raisons; soit qu'il fût intimidé par ces menaces,
ou que d'autres causes que l'on va voir, l'y eussent dé-
terminé, le roi d'Angleterre envoya un ambassadeur
extraordinaire à Lisbonne, pour donner la satisfaction qu'on demandait. Mylord Quinoul fut chargé
de cette commission, et s'en acquitta comme le marquis de Pombal l'exigeait. Ce lord déclara hautement,

en pleine audience, composée de ministres étrangers, que les officiers anglais qui avaient brûlé les vaisseaux français sur la côte de Lagos, étaient répréhensibles; et qu'en conséquence, le roi son maître l'envoyait à Lisbonne pour témoigner qu'il n'y avait aucune part, et que c'était contre ses ordres qu'ils avaient commis cet acte d'hostilité dont il faisait réparation.

Si la cour de Londres faiblit dans cette circonstance, c'est qu'elle y fut forcée par les évènemens majeurs qui changeaient alors la politique de l'Europe. Le cabinet de Vienne se détachait sensiblement de celui de Lisbonne, et parce que la reine douairière, fille d'une archiduchesse, était morte, et par l'effet du traité de Vienne de 1756, qui avait mis la France sous la griffe de l'aigle autrichienne, d'où le Portugal commençait à sortir. D'un autre côté, le pacte de famille allait faire décider l'Espagne en faveur de la France, accablée par la marine anglaise; et le Portugal était vivement sollicité par ces deux branches de la maison de Bourbon, de se joindre à elles. La cour de Londres, pour empêcher cette défection, fut obligée de donner satisfaction au Portugal.

« Au surplus, les cabinets de Versailles et de Madrid, (dit Favier dans ses mémoires politiques) n'avaient pas apparemment espéré beaucoup de succès de cette proposition faite au Portugal de s'unir avec la France et l'Espagne, puisqu'on l'accompagna de toutes les démonstrations les plus hostiles, et qu'elle fut suivie d'une autre aussi offensante dans la forme, qu'elle était, dans le fond, déplacée et inexécutable. Ce fut que le roi de Portugal remit ses ports, ses places, ses troupes, sa marine et lui-même, à la discrétion des deux couronnes. Cette prétention inouïe fut articulée dans une espèce de cartel qu'on envoya au roi très-fidèle ».

» Il le fut à son honneur, à sa dignité, à ses devoirs; il profita du temps que lui donna la lenteur espagnole; il en avait besoin. Jamais peut-être il n'y a eu d'exemple d'un état militaire tel qu'était alors celui du Portugal; il était au même point qu'après la révolution de 1640 ». Cependant cette situation n'entraîna pas sa ruine.

Ce fut encore là l'œuvre magique du marquis de Pombal, qui gagna du temps, et l'Angleterre secourut le Portugal.

La paix de 1763, à laquelle cette puissance accéda, rétablit l'union entr'elle et l'Espagne; elle fut de nouveau troublée par des démêlés qui prirent naissance, vers 1775, en Amérique. Les prétentions respectives furent réglées par le traité des limites de 1777, par lequel la colonie du Saint-Sacrement fut restituée au Portugal. Ce rapprochement fut suivi, en 1778, d'un traité d'amitié, de garantie et de commerce avec l'Espagne.

Cette circonstance est à noter, d'un traité de commerce contracté par cette puissance avec une autre que l'Angleterre, la seule qui en eût obtenu du Portugal depuis environ trois siècles. Telle était déjà l'influence de la politique, léguée en quelque sorte au cabinet de Lisbonne par le marquis de Pombal, qui, depuis deux ans, avait quitté le ministère sous le nouveau règne.

L'efficacité des soins de ce même cabinet pour faire reprendre au Portugal sa place dans le système général maritime de l'Europe, se manifesta dans la participation que prit cette puissance à la neutralité armée, par une convention maritime conclue, en 1782, avec la Russie.

C'est particulièrement vis-à-vis cette couronne du Nord qu'elle a tout-à-fait rompu les liens de servitude que lui avait imposé l'Angleterre.

Le commerce direct de la Russie intéressait particulièrement le Portugal, par les productions qu'il est obligé d'en tirer pour ses bâtimens, ses arsenaux, et pour ses chantiers. D'un autre côté, la Russie était elle-même jalouse d'obtenir une ample portion de l'or du Brésil, qui soldait les immenses achats du Portugal; car on fait monter à 80 millions les bois, fers et autres matériaux que le port de Lisbonne seul a tirés du Nord, dans les trois premières années après le tremblement de terre de 1755, sans compter tout ce qui concerne les arsenaux et la marine.

L'Angleterre, de son côté, qui exploite également à son profit les commerces extérieurs et intérieurs du Portugal et de la Russie, s'était opposé constamment aux tentatives faites par ces deux puissances, pour fonder des liaisons directes et réciproques. Il y avait eu entr'elles pour cela quelques propositions faites en 1760, et une espèce de négociation rompue en

1767. Les Anglais la firent échouer alors ; mais les deux cours, mieux éclairées sur leurs véritables intérêts, se rapprochèrent en 1788, et conclurent un traité de commerce avantageux aux deux nations portugaise et russe.

On se rappelle que cette période, après la paix de 1783, fut l'époque où les négociations commerciales, sur un nouveau pied, devinrent extraordinairement actives entre les divers cabinets de l'Europe. La Russie fit, pour la première fois, après un siècle et demi de tentatives, un traité de commerce avec la France, et refusa *alors* de renouveller celui de 1768 avec l'Angleterre. D'un autre côté, la Grande-Bretagne en conclut un particulier avec nous en 1786, et ce traité attaquant les bases de celui *illimité* de 1703, avec le Portugal, elle sollicita, et obtint la confirmation de ce dernier ; mais les conditions en sont demeurées secrètes, soit que le cabinet de Londres ait craint d'exciter la jalousie de la Russie, ou les réclamations de la France sur certaines stipulations, ou la critique des Portugais éclairés sur leurs véritables intérêts, par les lumières qu'avait fait naître l'administration anti britannique du marquis de Pombal.

Nous avons placé sous le plus grand jour les principales dispositions diplomatiques et économiques de ce ministre, afin de faire appercevoir que la dureté de son administration a dû être produite, moins par son penchant au despotisme, que par de justes mouvemens d'indignation contre les manœuvres plus ou moins secrettes, mais bien réelles, du cabinet britannique, qui cherchait opiniâtrément à faire échouer dans ce pays tout nouveau moyen d'amélioration.

Au reste, leurs succès, quoique peu sensibles, ne sont pas équivoques; le Talisman est brisé, et le Portugal apprécie, depuis plusieurs années, ses véritables intérêts, quoique ses mesures soient encore trop faibles pour secouer tout joug étranger dans la carrière de la navigation. Déjà trois cents vaisseaux portugais et six cents marins sont employés continuellement à faire le commerce du Portugal et du Brésil: résultat sans doute de l'économie du ministre qui laissa à l'état, lors de sa retraite, en fonds disponibles, 78 millions de *cruzades* (environ 230 millions tournois.) Cependant sa navigation en Europe, et son cabotage sur ses propres côtes, sont encore presque nuls, quoique son traité de 1772, avec Maroc, lui procure quelque sécurité pour son pavillon dans la Méditerranée.

Il résulte de la présente analyse, que le Portugal semble faire, sur la fin du 18e. siècle, quelques efforts pour sortir de cet état léthargique où est demeuré, depuis près de deux siècles, son système maritime et politique.

Les forces de mer du Portugal, au moment de la révolution française, étaient estimées à 10 vaisseaux de ligne de 80 à 58 canons, outre 14 frégates de 44 à 30 canons, et 20 autres bâtimens de différentes grandeurs; le tout armé de 1500 à 2000 canons. Le nombre des matelots monte à peine à 1000 hommes, à cause de la faiblesse de son cabotage et de sa navigation extérieure.

Pour résumer la situation présente du Portugal, nous devons considérer son système maritime comme *servile*, eu égard à l'influence protectorale de l'Angleterre ; comme entièrement *passif* dans les relations commerciales des Portugais, tant avec les autres Européens, que d'un port à l'autre, dans toute l'étendue de leurs côtes : enfin, ce système est seulement *semi actif* dans les liaisons de ce royaume avec ses colonies, puisque la main-d'œuvre des constructions et des munitions navales n'appartient pas encore entièrement à l'industrie portugaise.

CHAPITRE III.

Les États du roi de Sardaigne. (*)

COMMENT le duc de Savoye et le prince de Piémont peuvent-ils figurer dans le système maritime et politique des Européens du 18ᵉ siècle ?

L'île de Sardaigne, le comté de Nice et la principauté d'Oneille procurent, à la vérité, quelques communications maritimes aux habitans de ces différentes contrées; mais sont-elles dignes d'aucun examen ?

Un observateur, Piémontais lui-même(**), crayonne d'un trait la situation maritime de ce royaume : « Il
» y a, dit-il, quelques ports en Sardaigne dont on
» pourrait sans doute tirer parti; si l'on ne le fait pas,
» c'est apparemment parce que la cour de Turin n'a
» pas de goût pour la marine. C'est à tort, ajoute-
» t-il, qu'on l'accuse dans un journal, d'avoir des fré-
» gates: elle entretient, habille et nourrit des officiers
» de marine; cela, je pense, doit suffire.

» Ne pourrait-on pas aussi demander, continue-
» t-il, à la cour de Turin, ce qu'elle fait de ces con-
» suls qu'elle tient à *Calais*, à *Messine*, à *Maroc*,

(*) Cette analyse était terminée avant l'ouverture en Italie de la campagne de 1796 (vieux style.)

(**) L'auteur anonyme de l'État moral, physique et politique de la Savoye, qu'il annonce être sa patrie, dans plusieurs endroits de son ouvrage.

» à *Trieste* et ailleurs ? Est-ce pour veiller à la sûreté
» de son commerce maritime........ ? Est-ce pour faire
» respecter son pavillon dans toutes les cours du
» monde ? L'Europe sait bien que la Sardaigne est
» une île, et que Nice est un port de mer; mais elle
» sait aussi que les rois de Savoye n'ont point de
» marine. Personne n'ignore que le cabinet de Turin
» n'a rien à faire avec l'empereur de Maroc ».

Quant au système politique de la cour de Turin, il n'est pas aujourd'hui compliqué; il a donné lieu, en 1760 et 1763, à différens traités et conventions avec la France et avec l'Espagne.

D'un autre côté, les troubles de Gênes en 1782, ont amené, à cette époque, deux actes de garantie et de neutralité entre les deux cabinets de Versailles et de Turin. Enfin, le roi de Sardaigne a conclu, en 1784, avec le roi de Danemarck, un traité de commerce. Il porte en substance, que le droit de mer, appelé *villa franca*, auquel était assujetti le pavillon danois, est entièrement aboli. Ce traité a été conclu entre les deux cours, le 4 février 1784, et ratifié, de part et d'autre, les 26 juillet et 24 septembre, même année.

Ce droit, dit *villa franca*, se perçoit en vertu de l'édit du 12 mai 1755, à raison de 2 pour cent de la valeur des cargaisons des bâtimens de toutes nations qui paraissent dans les mers de Nice, Villefranche et St. Hospice; qu'ils viennent du levant pour aller au couchant, ou qu'ils partent du couchant pour aller au levant. L'article 14 de ce réglement porte
exemption

exemption de ce droit en faveur des Français, et l'art. 15 en faveur des Anglais, en vertu des traités particuliers de la cour de Turin, tant avec la France qu'avec l'Angleterre.

Les pavillons danois, français et anglais sont donc les seuls dont la navigation, dans le midi de l'Europe, se trouve affranchie d'un péage perçu dans la Méditerranée, au profit du roi de Sardaigne, péage à peu-près semblable à celui que reçoit le Danemarck au passage du Sund, dans la Baltique.

Si l'on promène un œil observateur sur toute l'Europe pour chercher à assigner au cabinet de Turin, sa véritable place dans cette grande association; on trouvera qu'en définitif, la puissance sarde et la puissance prussienne offrent des points de similitude qui rendent encore plus frappant le contraste que présente le résultat de leur fortune politique.

Toutes deux ont vu, dans cette période, le titre de roi déféré à des princes qui, par leurs propres exploits ou par ceux de leurs aïeux, avaient été préparés, dans le siècle précédent, à recevoir cette distinction si long-temps désirée.

Toutes deux possédaient les principaux élémens de prospérité, savoir : des côtes maritimes et une population de 3 millions d'hommes.

A ces ressemblances, opposons les contrastes suivans.

Les possessions du roi de Prusse ont doublé de population sous Frédéric, et malgré vingt années de guerre, un trésor a été formé des économies d'une bonne administration. Les états du roi de Sardaigne n'ont rien gagné que des impôts et une dette qu'on évaluait à 60 millions, il y a très-peu d'années, malgré la paix profonde dont jouit la maison de Savoye depuis un demi-siècle.

Enfin la Prusse obtient une prépondérance politique en Europe, et conduit avec habileté son système maritime vers les bornes d'une prospérité toujours progressive. Le roi de Sardaigne, au contraire, semble tenir engourdis sous la magie de son sceptre royal, les seuls élémens de puissance maritime commerciale que la nature a pu confier au sol et aux habitans de sa domination.

CHAPITRE IV.

Le Duché de Toscane. (*)

LE meilleur titre que les modernes puissent invoquer pour disputer aux anciens la prééminence dans la carrière du commerce, c'est l'exemple des Florentins obtenant en Europe, dans les 15ᵉ. et 16ᵉ. siècles, une considération méritée, en unissant les spéculations hardies et heureuses d'un commerce lointain, très-productif, aux combinaisons d'une politique profonde, et à la culture glorieuse des lettres et des beaux-arts.

Les Florentins offrent le premier, et je crois, le seul exemple d'un peuple que les calculs de l'intérêt commercial n'ont pas abruti au point de ne voir les bornes de la patrie que dans celles de son magasin, ou que des gains excessifs n'ont pas bouffi d'orgueil jusqu'à mépriser assez le genre humain pour faire de ses semblables des bêtes de sommes destinées à enrichir une seule nation, ne respirant que conquêtes, que colonies, que balance de commerce, que prépondérance maritime, en se constituant la dominatrice des mers. Paris et Londres, que vous êtes loin de mériter, chacun dans votre position, ce tribut d'éloges décerné par la postérité, aux ancêtres de ces

(*) Cette analyse était terminée avant l'ouverture en Italie de la campagne de 1796 (vieux style.)

D 2

Florentins, qui ne présentent plus aujourd'hui que les débris d'une brillante fortune commerciale.

La Toscane qui, sous le règne des Médicis, avait une marine redoutable, n'a, dans le 18e. siècle, pour toute force navale, que cinq frégates, dont trois lui appartiennent réellement; les deux autres ont été cédées à l'empereur pour protéger *le Littorale*, l'une des provinces de la maison d'Autriche. L'empereur qui songeait à former quelques matelots, s'engagea en 1791, à fournir, pendant 20 ans, ces deux frégates de matelots et d'officiers allemands, qui étudiraient l'art de la marine, sous les ordres de la Toscane, et à payer tous les ans une somme considérable pour leur entretien.

Un voyageur moderne (Gorani) dit que dans ces derniers temps, il n'y avait à Livourne que deux frégates désarmées, dont l'une, par intervalle, sert à la garde des côtes; mais qu'il y avait dix ans qu'elles n'avaient été armées toutes deux en même temps. Au surplus, observe-t-il, depuis que le cabinet de Florence a fait la paix avec les puissances barbaresques, et spécialement avec Maroc, par son traité de 1778, les vaisseaux de guerre lui sont devenus inutiles.

L'état de tranquillité dont jouit la Toscane depuis un demi-siècle, et qu'elle doit à sa position, lui procure les moyens de cultiver paisiblement le commerce, la navigation, les arts et manufactures.

La franchise absolue du port de Livourne a beaucoup contribué à en faire un des entrepôts le plus considérable de l'Italie. Son état progressif de prospérité ne paraîtra pas équivoque, si l'on considère que la population, qui, en 1767, ne se montait qu'à 30 mille habitans, s'élevait à plus de 58 mille en 1781; en ne comprenant dans ce nombre que les seuls natifs ou habitués. Les familles juives particulièrement ne formaient, en 1784, que 7 mille individus, et en 1790, ils excédaient 18 mille.

Enfin, le système maritime et commercial de Toscane est le seul qui soit aussi judicieusement adapté, tant à sa position particulière, qu'à l'action que ce duché reçoit des différens systèmes économiques en vigueur dans les autres états européens.

CHAPITRE V.

Le Royaume de Naples. (*)

Le royaume de Naples, borné d'un seul côté, par l'état ecclésiastique, et environné de tous les autres, par la Méditerranée et la mer Adriatique, est un des mieux situés en Europe, pour obtenir les plus grands succès maritimes. Le plus beau ciel, l'activité des habitans, leur sobriété, l'abondance des vivres, sont les premiers élémens de richesses et de bonheur qu'un système bien combiné d'économie publique peut y faire fructifier.

« Il n'est point, en Europe, d'état qui puisse fournir avec plus d'abondance et d'assortiment, les choses nécessaires à la vie, et celles de luxe. La nature y a rassemblé toutes les productions des trois règnes, dont les hommes se sont fait un besoin, ou à la possession desquelles ils attachent du plaisir : elle y est aussi variée à tous égards, qu'elle l'est ailleurs dans une longue suite de pays.

» De leurs ports excellens et nombreux, les habitans peuvent gagner en peu de jours, les contrées du levant, toucher à l'Afrique, aborder en Espagne et en France ; et s'ils le voulaient, entreprendre avec le même avantage que les autres nations, le commerce des deux Indes ».

(*) Cette analyse était terminée avant l'ouverture en Italie de la campagne de 1796 (vieux style.)

Ce royaume devrait donc être un état agricole, maritime et commerçant, si des circonstances impérieuses et qui remontent aux temps les plus reculés, n'avaient fait constamment négliger, par son gouvernement, d'aussi grands avantages.

Il existe peu d'états qui aient éprouvé plus de vicissitudes dans le changement de maîtres ; et cette circonstance a dû, dès le principe, détruire toute espèce de persévérance dans les combinaisons employées par les dominateurs successifs de cette fertile portion de l'Italie. Ces bienfaits d'un climat toujours prodigue, ont pu même tourner contre les efforts de l'art, pour en perfectionner les avantages. Chaque dominateur, avide de jouissances si faciles et si gratuites, se mettait peu en peine de rien améliorer pour l'avenir. Cette ardeur à pressurer les peuples et à mutiler en quelque sorte la nature, remonte jusqu'à l'antiquité. L'orateur romain en a transmis la mémoire, en signalant à la tribune les vexations et concussions d'un fameux gouverneur de la Sicile. Esquissons les révolutions qu'ont éprouvées, dans le gouvernement, les deux royaumes jusqu'au dix-huitième siècle.

Les provinces qui composent celui de Naples étaient autrefois soumises à la république romaine, et elles obéirent ensuite aux empereurs.

Au cinquième siècle, elles furent inondées, comme tout le reste de l'Italie, par les Visigoths, les Hérules et les Ostrogots ; mais Bélisaire, l'un des généraux de l'empereur d'Orient (Justinien) fit la conquête de la Sicile et des provinces qui forment actuellement le royaume de Naples. Ces provinces furent bientôt divisées ; une partie resta sous la domination de l'empereur grec, et l'autre tomba au pouvoir des Lombards.

Les Sarrasins envahirent postérieurement la Sicile, et firent de fréquentes incursions dans la terre ferme qu'ils ravagèrent. Quoique les Francs eussent chassé les Lombards de l'Italie supérieure, ils ne purent cependant se rendre maîtres de l'inférieure. Toutes ces convulsions agitèrent donc les royaumes de Naples et de Sicile, l'espace de cinq siècles, jusqu'à la fin du neuvième.

Vers le commencement du dixième siècle, les premiers Normands y abordèrent, et des princes de cette nation, du nombre desquels fut *Tancrède*, aidés de l'influence des pontifes de Rome, régnèrent sur les royaumes de Naples et Sicile jusqu'au 12e. siècle.

Dans les treizième, quatorzième et quinzième, les Napolitains et les Siciliens eurent alternativement pour maîtres des empereurs, rois des Romains, des ducs d'Anjou et des princes de la maison d'Arragon.

Ferdinand le catholique, roi d'Espagne, et Louis XII, roi de France, partagèrent, au seizième siècle, ces mêmes états, qui furent long-temps l'occasion de guerres sanglantes entre l'Espagne, la France et l'Autriche. Ils restèrent enfin à la première de ces puissances ; et depuis cette époque, le royaume de Naples fut administré par des gouverneurs espagnols, jusqu'à la mort de Charles II, roi d'Espagne.

Les mutations de maîtres ne furent pas moins fréquentes dans le dix-huitième siècle. Durant la guerre longue et désastreuse de la succession, le royaume de Naples, depuis 1707, demeura sous la puissance de l'empereur Charles VI, à qui il fut assuré par la paix d'Utrecht ; et de plus, il devait, en 1720, être maître de la Sicile. En 1734, les Espagnols s'emparèrent de ces deux états pour l'infant dom Carlos. Deux ans après, l'empereur y renonça par un acte formel en faveur de dom Carlos, de sa postérité mâle et femelle ; et à son défaut, en faveur de ses frères et sœurs à venir. Le roi Charles étant monté sur le trône d'Espagne en 1759, déclara roi des deux Siciles Ferdinand, son troisième fils, qui règne aujourd'hui ; et il établit une loi de succession, en vertu de laquelle ces états ne doivent jamais être réunis à la monarchie espagnole.

Ces détails historiques, quoique très-connus, étaient nécessaires à retracer ici. L'importance des royaumes de Naples et de Sicile dans la future destinée de l'Italie, et les liaisons qui doivent unir les Français aux Napolitains, lorsque ces derniers apprécieront toute l'utilité d'une semblable réunion pour eux-mêmes, et pour l'adoption d'un meilleur système politique, au milieu des grands intérêts qui se préparent pour l'Europe, dans le dix-neuvième siècle, tout engage à remonter aux causes de l'inaction constante du gouvernement napolitain, au milieu des agitations des autres européens, pour obtenir une prépondérance maritime et commerciale.

On a pu remarquer que l'esprit de conquête qui enfante et nourrit le système militaire et féodal, avait présidé aux destinées des royaumes de Naples et de Sicile depuis un temps immémorial. Le servage, l'inconstance, l'avidité des jouissances, la nécessité de récompenser et de ménager sous toutes les dynasties, les compagnons d'armes, qui avaient été utiles et qui pouvaient devenir redoutables, contribuèrent à resserrer les chaines féodales dans cet état, et surtout en Sicile. Les moyens de prospérité s'y trouvèrent ainsi neutralisés ; et le gouvernement, soit par insouciance, soit rebuté de la foule de difficultés à vaincre, perdit toute idée d'amélioration dans le sort des peuples, pour le bonheur desquels la nature seule semblait d'ailleurs avoir fait tous les frais.

Cependant depuis la consolidation, en 1734, de la monarchie napolitaine sur une branche de la maison de Bourbon, le gouvernement paraît s'être occupé plus sérieusement de prendre une part active dans la politique commerciale européenne. Dès 1740, un traité de paix entre le sultan et le roi de Naples, sembla assurer la libre navigation des deux mers qui baignent les côtes de Naples et de Sicile. Une convention de commerce avait été conclue dès 1752 avec le roi de Suède : un traité perpétuel de navigation le fut, en 1748, avec le Danemarck, et enfin un semblable, en 1753, avec la Hollande.

Un auteur napolitain, M. Michel Torcia, a présenté, en 1784, à l'académie des sciences et belles-lettres, un état de la navigation nationale sur toute la côte de ce royaume, et on trouve dans cette dissertation, qui est imprimée, les remarques suivantes :

« La longue et fertile côte, depuis Reggio jusqu'à
» Crotonne, n'a pas un bâtiment marchand, pas
» même un bateau pêcheur. L'oppression féodale y
» emporte à elle seule, en bien des endroits, le quart
» sur le produit de la pêche, et trente pour cent à l'ar-
» ticle du pain.

» Les mêmes causes ont produit des effets aussi fu-
» nestes sur l'autre côte, non moins longue, et non
» moins fertile, qui se trouve depuis Crotonne jus-
» qu'à Tarente ». On peut aussi voir dans le même ouvrage la multitude de ports du royaume de Naples, qui se sont comblés, et les causes qui ont réduit à quelques rades les pays où abordent les bâtimens.

C'est du sein de ces entraves féodales, qu'un ministre, dont la réputation égale la bonne fortune, le général Acton, ancien officier de la marine de Toscane, entreprit, dans ces derniers temps, de fonder un système maritime dans le royaume de Naples.

Son talent pour les expéditions importantes, ne peut être contesté, puisqu'il doit son élévation à l'habileté avec laquelle il sauva quatre mille Espagnols, qui auraient été taillés en pièces, lors de la malheureuse expédition tentée par Charles III contre Alger.

Ses succès, pour créer une marine napolitaine, ont-ils répondu à la grandeur de l'entreprise ?

Il paraît, suivant le voyageur moderne déjà cité,

« que cette marine, vers 1788, consistait en huit vaisseaux de ligne de soixante-quatorze canons, deux de soixante, et huit frégates, qui n'attendaient, en apparence, que *l'ordre de lever l'ancre*, mais qui, dans la réalité, manquaient d'artillerie et de matelots ».

Un autre tableau, également digne de confiance, porte, à la même époque, jusqu'à quinze vaisseaux de ligne, dix frégates et douze chebecks, l'état de la marine napolitaine, soit dans le port, soit *sur le chantier*.

Le voyageur (*) qui a fourni le premier tableau, ajoute : « Ces forces imposantes au premier coup-d'œil, n'en ont jamais imposé aux ennemis de l'état, à qui l'expérience apprend qu'elles ne sont là que pour la montre. Deux brigantins étaient les seules forces que l'on eût pu opposer aux pirates. Six cents matelots, cinq cents canoniers et deux mille soldats : voilà à quoi se réduit cette marine si vantée. Il est faux, continue-t-il, que les deux Siciles ne puissent fournir assez de marins pour l'équipement des vaisseaux de la marine royale. Les informations les plus exactes m'ont mis à portée d'affirmer qu'elles ont cinquante-un mille hommes employés au service de la marine marchande. Il y a très-peu de gros vaisseaux marchands, parce que la plupart des bâtimens occupés au transport des marchandises, ne sont que des polaques du port de 150 tonneaux. Ce ne sont donc

(*) *Mémoires secrets sur les cours d'Italie*, par *Joseph Gorani*.

pas les hommes qui manquent : les matelots siciliens sont d'ailleurs actifs, souples, laborieux et très-sobres ».

Gorani, dont nous empruntons ici l'autorité, a fait des reproches graves au ministre Acton, non-seulement sur tout ce qui est relatif à son administration générale, mais en particulier sur les moyens qu'il a employés pour créer et mettre en activité la marine napolitaine. Son ouvrage est satyrique et rempli d'anecdotes; il n'est point analytique. Les traits piquans dont il est semé ne peuvent donc entièrement détruire l'idée des avantages dont cet état est redevable au général Acton, qui a fondé, en très-peu de temps, une marine nationale. C'est un fait majeur dans la politique d'un peuple, que la création d'une force militaire maritime. Les détails d'exécution peuvent n'avoir pas été suffisamment soignés; peut-être une utile direction reste-t-elle à imprimer : mais l'impulsion est donnée, le Napolitain est le premier à déployer un pavillon guerrier et patrimonial sur les mers d'Italie, où, depuis l'ancienne Rome, n'ont paru que des flottes conquérantes et destinées à tyranniser perpétuellement cette belle partie du globe. J'en appelle aux évènemens qui se préparent pour le siècle qui va commencer. Si l'Italie devient indépendante des combinaisons avides des ultramontains, cette indépendance sera due aux progrès de la marine napolitaine, dont les fondemens auront été jettés sous le ministère du général Acton. Mais il faut que la sagacité de ce ministre le porte à en lier toutes les parties au système général d'indépendance qu'ont intérêt de soutenir des peuples naturellement amis, comme la France et l'Espagne. Il faut que cet intérêt réunisse les trois nations, et qu'elles ne cessent d'opposer toutes leurs forces aux envahissemens de l'ennemi de tout commerce libre, fondé sur des besoins réciproques.

Le gouvernement napolitain a rendu hommage à ce principe d'indépendance maritime, en accédant en 1783, à l'acte de neutralité proposé par les couronnes du nord, dans la guerre de la liberté américaine. Après la pacification qui suivit cette guerre, la Russie sollicita et obtint, en 1787, un traité de commerce du roi des Deux-Siciles. Un accord conclu dans ces derniers temps, avec Tunis et Maroc, a contenu, pour les navigateurs siciliens, l'avidité de ces deux puissances barbaresques. Enfin, la France qui commençait à resserrer les liens d'amitié avec cette cour, en établissant, en 1786, une réciprocité entre les Français et les sujets du roi des Deux-Siciles, relativement aux acceptations des lettres-de-change, vit suspendre à regret (en 1793) ce rapprochement respectif, par les instigations de la cour de Londres, qui se prévalut de quelques excès révolutionnaires, pour augmenter l'esprit d'inquiétude de la cour de Naples. Lorsque la vérité pourra être connue de ce gouvernement, il sera facile de lui démontrer que les plus grands avantages résultent pour le peuple napolitain, des communications commerciales avec la France; que ces avantages sont tels, qu'aucun peuple ne peut les lui offrir; et qu'ainsi, en cherchant à nous unir étroitement avec lui, nous cédons autant à l'intérêt commun, qu'au penchant qui nous porte vers un peuple loyal et digne d'obtenir en Italie, et même en Europe, une existence indépendante de toute influence étrangère.

Les forces maritimes du royaume de Naples, au moment de la révolution française, d'après les autorités précédemment citées, pouvaient s'élever, *calcul moyen*, soit dans le port, soit sur les chantiers, à 10 vaisseaux de ligne, depuis 74, jusqu'à 50 can., 10 frégates et 12 chebecs : le tout armé de 1000 can. ou environ, et pouvant réunir le nombre de 5000 matelots, à cause du cabotage napolitain, qui est assez étendu.

Pour résumer la présente analyse, et en déduire ses rapports avec le système maritime des Européens, nous ne craignons pas de dire que la création très-moderne de la marine napolitaine, est une *pensée forte* qui n'a pas encore toute *son expression*, mais dont l'influence sur la prospérité future des deux royaumes, et sur le sort à venir de l'Italie, deviendra plus sensible, à mesure que, d'un côté, les parties principales de l'administration intérieure et extérieure seront mises en harmonie avec d'aussi grands moyens; et que d'une autre part, des alliances bien combinées tendront plus efficacement les ressorts de cette nouvelle puissance maritime, contre les hostilités d'une nation éternellement jalouse d'obtenir la domination sur toutes les mers.

CHAPITRE VI.

L'État ecclésiastique. (*)

Le seul point, sinon de ressemblance, au moins d'analogie de l'ancienne Rome avec la moderne, consiste dans l'éloignement de toutes deux pour le commerce; avec cette différence cependant, que Rome ancienne tira sa splendeur et sa gloire d'une foule de brillantes qualités, et que l'autre n'a dû qu'aux infirmités de la raison humaine l'espèce de suprématie qu'elle a si long-temps usurpée sur les autres Européens, et qui est près de lui échapper. Un autre trait différenciel et caractéristique, c'est que l'agriculture, cet art par excellence des peuples libres, était vénérée chez les anciens Romains, et qu'elle est négligée, et même flétrie, chez les modernes Italiens.

« Au milieu de l'effervescence générale que fait naître aujourd'hui le goût du commerce, par quelle fatalité, se demande-t-on, l'État ecclésiastique, si heureusement placé au milieu de l'Italie, et entre deux mers, reste-t-il toujours dans l'inaction? Quelles sont donc les terribles causes qui ont réduit presqu'à rien cette population prodigieuse qu'on y vit dans les beaux jours de l'ancienne Rome? Si on n'en avait

(*) Cette analyse était terminée avant l'ouverture en Italie de la campagne de 1796 (vieux style.)

la preuve sous les yeux, croirait-on que des provinces entières, fertiles presque par-tout, entre-coupées de montagnes et de plaines, arrosées par des rivières et des ruisseaux, sont devenues stériles et empestées, et que d'affreux déserts environnent la capitale du monde chrétien, trois à quatre lieues à la ronde?

Cependant l'État de l'église devrait être un des pays le plus florissans. La fertilité de la plupart de ses provinces, la richesse de ses productions, qu'il pourrait multiplier, et avec lesquels il pourrait établir d'utiles manufactures, ses ports et sa situation au bord de la mer Adriatique et de la Méditerranée, offriraient des combinaisons heureuses à l'industrie, si les membres du corps politique ne demeuraient épars et languissans, par l'absence de tout bon système d'administration.

Dans la Méditerranée, le pape possède *Civita-Vecchia*. Les habitans ont peu de navires à eux. On voit dix à douze tartanes occupées à la pêche et au transport du blé, lorsque l'exportation est permise, ou lorsque la chambre apostolique veut bien en vendre à un prix qui peut convenir pour en faire un objet de spéculation. La chambre a sept à huit tartanes à son service pour ce commerce. Il y a quinze à vingt felouques qui ne font autre chose que remonter et descendre le Tibre, pour transporter à Rome les marchandises des pays étrangers.

Le port de Civita-Vecchia est l'entrepôt des marchandises étrangères, destinées pour Rome et pour la moitié des états du pape, ainsi que le point d'écoulement des denrées d'exportation de ce territoire. Ce port, situé vers le centre de l'Italie, est petit, mais très-sûr; c'est un chef-d'œuvre de l'empereur Trajan : près de la métropole, il devrait être commerçant, et le serait sans doute, si on avait suivi les maximes et les réglemens établis par Benoît XIV. Il avait d'abord fait construire deux frégates destinées à la course contre les Barbaresques; il renouvella et même accrut les franchises du port, les privilèges civils et militaires; il créa un tribunal spécial pour les affaires de commerce. Toutes ces immunités sont détaillées dans deux édits, l'un du 5 août 1741, qui confirme et augmente les privilèges et franchises du port de Civita-Vecchia; l'autre du 27 janvier 1742, contenant les statuts de son commerce et du consulat.

A la faveur de ces réglemens si sages, le commerce de Civita-Vecchia avait acquis une activité qui excitait la jalousie des états et ports limitrophes; mais vers la fin du pontificat de Benoît XIV, son grand secrétaire, le cardinal Valenti, étant mort, et presque tous ses ministres étant changés, les franchises du port et de la ville furent supprimées; on assujettit à 12 pour cent toutes les marchandises que les négocians de Civita-Vecchia vendaient pour être transportées dans le district de Rome.

Les successeurs de Benoît XIV, Clément XIII et Clément XIV, n'ont ni augmenté ni diminué les impositions déja établies : mais Pie VI a d'abord supprimé les deux frégates qui contribuaient beaucoup à la protection du commerce; et postérieurement, il retira de son voyage à Vienne, un tout autre fruit qu'il n'espérait.

Il conclut d'abord en 1784, une convention avec Joseph II, comme duc de Milan; ensuite il entreprit de transporter dans le gouvernement ecclésiastique, le régime des douanes de l'empereur, qui lui parut digne d'être imité; il en conféra avec le cardinal Buon Compagni, son secrétaire d'état. Le résultat de leur délibération fut, qu'avec plus d'ordre et de rigueur, on doublerait et triplerait même le produit des entrées dans l'État ecclésiastique.

L'année 1786 fut l'époque de l'adoption de ce nouveau système fiscal, par un édit portant création de quatre-vingt-une douanes, et un impôt de 60 pour cent sur toutes les marchandises étrangères importées dans l'État ecclésiastique.

Cet édit causa à *Ancône* une telle fermentation, que la plus grande partie des négocians de cette ville résolurent de se réfugier dans d'autres places de commerce; ils envoyèrent même un mémoire au souverain pontife, où ils firent connaître ouvertement leurs intentions à ce sujet, dans le cas où les priviléges du port franc demeureraient supprimés, comme ils l'étaient par le nouvel édit. Sur ces entrefaites, un bâtiment grec, venu de la Morée pour faire quarantaine avec ses marchandises, et les conduire ensuite à la foire de Sinigaglia, remit aussi-tôt en mer, sur la nouvelle des nouveaux droits à payer. Cet évènement porta au comble l'effervescence du peuple, et sur-tout celle des ouvriers, dont la fureur donna lieu de craindre des suites très-fâcheuses.

Le mécontentement fut tel, que l'auteur de ce système fut forcé presqu'aussi-tôt de se démettre de sa place d'administrateur-général des douanes, et que les ports de Civita-Vecchia, d'Ancône et de Sinigaglia recouvrèrent leurs anciennes prérogatives.

Ce trait caractérise *l'habileté* du gouvernement romain en fait de politique et de commerce. On ne pouvait pas imiter d'une manière plus gauche les institutions de cette nature établies par les autres peuples. En général, ils cherchent à encourager les transactions par des droits modérés sur les bâtimens et sur les marchandises, droits qui favorisent un grand mouvement d'entrée et de sortie, et augmentent les recettes sans violence. Le prince de Rome, au contraire, pour suppléer au déficit des finances de la caisse apostolique, fixe un droit *seulement de* 60 *pour cent*, qui fait fuir les navigateurs, avec leurs cargaisons, dans les ports étrangers.

Avec de semblables mesures, on ne peut être surpris que la marine de l'État ecclésiastique ne consiste qu'en bateaux pêcheurs, et en deux ou trois inutiles galères, qui sortent une ou deux fois l'an de Civita-Vecchia, plutôt pour la parade que pour donner la chasse aux Barbaresques. Il paraît alors naturel de voir, au défaut de navires nationaux, des bâtimens étrangers fréquenter ses ports, et ajouter par là le prix du fret à celui de toutes les marchandises que reçoivent les sujets de sa sainteté.

En dernière analyse, bien loin que le gouvernement romain ait *aucun système maritime*, il n'a pas même le *gros bon sens administratif*. Les préjugés religieux et les embarras des finances, contrarient sans cesse d'heureuses localités.

L'administration du prince de Rome, eu égard au système maritime et politique des autres Européens, est à l'extrémité de la chaîne immense qu'a parcourue l'administration anglaise; et pour différencier d'un seul mot, la science économique chez ces insulaires et chez les Romains modernes, nous rappellerons que le parlement britannique accorde des primes à l'exportation des grains, et que la cour de Rome vend aux cultivateurs le droit de débiter au-dehors le superflu de leurs produits agricoles.

CHAPITRE VII.

La République de Gênes.

L'ÉTAT de Gênes, si déchû de son ancienne splendeur, n'a plus d'autre place en Europe, que celle qu'il plait aux grandes puissances de lui assigner.

L'histoire de sa naissance, de sa prospérité et de sa décadence, figure dans les annales des vicissitudes humaines.

Gênes, dans les temps reculés, obéit 700 ans aux lois de la république romaine, ou à celles des empereurs. Elle suivit le sort de l'empire romain, en proie aux différentes hordes des brigands du Nord qui dévastèrent l'Italie. Gênes profitant ensuite de la faiblesse des successeurs de Charlemagne, qui avait détruit la puissance des Lombards en Italie, se rendit indépendante vers le commencement du 10°. siècle.

Les dévastations des Sarrazins, les longues quequelles de Gênes avec Pise, ses rivalités sanglantes avec Venise, ses dissentions éternelles, sa grande fortune maritime et commerciale, signalèrent son existence, depuis le dixième siècle jusqu'à la fin du quatorzième, que les Génois reconnurent Charles VI pour leur souverain. Ils secouèrent ce joug quatre années après, se livrèrent successivement à d'autres maîtres des maisons de Sforce, d'Arragon et de France, jusqu'en 1528, qu'André Doria rendit enfin à

Gênes, la liberté qu'elle n'a pas perdue depuis; et cette époque est à jamais mémorable dans ses annales.

Gênes fut encore intérieurement agitée dans le cours du seizième siècle : dans le dix-septième, elle manqua de demeurer victime de l'inimitié du duc de Savoye et du ressentiment de Louis XIV, tous deux en guerre avec l'Espagne, à qui Gênes était attachée autant par politique que par intérêt.

Au milieu de toutes ces catastrophes, son commerce de l'Orient et de l'Occident lui fut successivement enlevé par les Vénitiens, les Florentins et les autres nations commerçantes de l'Europe. Les Turcs s'emparèrent aussi de ses entrepôts et autres établissemens. Elle perdit ses possessions en Toscane, en Sardaigne, en Sicile, en Afrique, et sur-tout en Syrie, dans l'île de Chypre, dans le levant, dans la Crimée, où *Péra*, *Caffa* et d'autres villes étaient des colonies génoises. Enfin, la découverte du Cap de Bonne-Espérance vint entièrement détourner les canaux qui faisaient circuler l'abondance et les richesses parmi les Génois.

Dans le 18e. siècle, Gênes a vu plusieurs fois sa tranquillité troublée : en 1717, par la guerre qui se ralluma en Italie, entre l'empereur et le roi d'Espagne; en 1728, par la révolte de la Corse, pacifiée en 1741, au moyen des secours de la France et de l'empereur Charles VI. Cette république fut encore forcée de prendre part à la guerre de 1745, entre la France, l'empereur et la reine d'Hongrie. Les Autrichiens s'emparèrent de sa capitale et de son territoire en 1746, en furent chassés et encore repoussés en 1747. Enfin, la paix d'Aix-la-Chapelle, en 1748, lui rendit sa tranquillité, ainsi qu'à la Corse. Celle-ci se révolta de nouveau en 1761, et fut soumise aux armes françaises en 1769. Par un traité secret conclu l'année d'auparavant, les Génois avaient cédé à la France la souveraineté de l'île de Corse, si elle en faisait la conquête.

Dans ces derniers temps, Gênes sentit tout le poids de la force maritime de l'Angleterre, qui bloqua son port à plusieurs reprises, y commit même des excès, en haine de son attachement pour la république française; mais en dépit de ces fureurs, le sénat et le peuple eurent la gloire de demeurer imperturbablement fidèles à leur système de neutralité, dont les bases étaient d'autant plus solides, qu'elles reposaient autant sur la justice que sur la convenance.

Qu'il est donc puissant ce moteur qui fait du commerce et de l'activité d'un peuple peu nombreux, un principe de vie, pour perpétuer son existence au milieu de tant d'écueils ! Les Génois, naturellement industrieux, ont cherché à remplacer ce qu'ils avaient perdu, par l'établissement des fabriques de soieries, de draps, de damas, de velours, de galons, de rubans, de bas de soie, de papiers pour les Indes, de savon, de fleurs artificielles, et de beaucoup d'autres marchandises de luxe qui sont d'un grand prix.

Ils exercent le cabotage avec un assez grand succès dans la Méditerranée et dans les mers du Levant, quoiqu'ils aient à redouter la malveillance et les pirateries des nations barbaresques, qui regardent comme leur patrimoine les navires marchands des peuples qui n'ont pas de marine militaire à leur opposer.

On apperçoit, par cette analyse, quel peut être aujourd'hui le système de politique maritime d'un peuple dont les forces, au temps de sa gloire, s'élevaient à plus de deux cents voiles, montées par 40 à 50 mille hommes de l'élite de sa jeunesse, et qui, dans tout le 18e. siècle, n'a possédé que quelques galères, avec plusieurs autres bâtimens d'une aussi faible importance.

CHAPITRE VIII.

La République de Venise.

La destinée de Venise, encore plus brillante, mais moins convulsive que celle de Gênes, l'a conduit jusqu'à présent à conserver plus de traces de son ancienne splendeur.

On sait que les Vénitiens, pour échapper aux fureurs des barbares du Nord, abandonnèrent, dans le cinquième siècle, la terre ferme qu'ils habitaient dans l'Italie, et se retirèrent dans les îles du Golphe adriatique. Les autres peuples de cette même contrée, qui eurent de semblables ravages à redouter, s'y réfugièrent aussi en foule; la population s'accrut de ces fréquentes émigrations, et l'état de Venise, qui prit naissance au sein des calamités, s'affermit enfin sur des bases solides, après avoir, dans le commencement du huitième siècle, fait un accord avec les Lombards, qui s'engagèrent à ne point les troubler.

Avant le treizième siècle, les Vénitiens avaient déjà étendu leur puissance en Italie, en Dalmatie, en Syrie et en Lombardie; dans ce même siècle, ils devinrent encore maîtres des îles les plus considérables de l'Archipel et de la Méditerrannée, et en particulier du royaume de Candie. C'est-là l'époque du commerce des Indes dont ils furent long-temps seuls en possession; ils transportaient à Venise les productions de cette vaste et riche contrée, qu'ils allaient charger à Alexandrie et en Egypte, où elles arrivaient de Suez et de la Mer-Rouge.

A la même époque commencèrent aussi ces guerres allumées par la jalousie, entre Venise et Gênes ; elles se terminèrent, en 1381, après avoir duré cent trente ans.

En 1473, le dernier roi de Chypre laissa aux Vénitiens son royaume par testament.

Mais vers la fin du quinzième siècle, leur puissance déclina par la découverte du Cap de Bonne-Espérance.

Dans le seizième, ils essuyèrent une crise violente : le pape, l'empereur, la France et l'Espagne se liguèrent contre eux à Cambray, et ils perdirent, en résultat, les villes qu'ils possédaient dans le royaume de Naples, dans l'état de l'Église et dans le Milanès : les Turcs leur enlevèrent aussi le royaume de Chypre.

Dans le dix-septième siècle, la république eut, d'un côté, avec les ecclésiastiques et avec les papes, des démêlés qui tournèrent à son avantage ; et d'un autre côté, elle fit aux Turcs des guerres ruineuses, où elle perdit l'île de Candie. Elle se dédommagea par l'acquisition d'une partie de la Dalmatie et de toute la Morée, qui a passé, dans le cours de ce siècle, sous la domination des Turcs, avec quelques autres domaines.

Tel est le précis des événemens bien connus qui ont conservé la république de Venise pendant 1300 ans, au milieu de guerres terribles et des situations les plus périlleuses. Si nous jettons maintenant un coup-d'œil sur l'esprit qui a présidé à ses entreprises, à ses succès, à ses revers, à ses fautes, à ses erreurs, même à ses préjugés, nous reconnaîtrons que de tout temps Venise a parfaitement senti que le système maritime devait être le fondement de sa sécurité et de sa puissance. Disons mieux, Venise est véritablement la fondatrice de ce système de prépondérance maritime chez les nations modernes de l'Europe, soit par l'influence de son exemple, soit comme première créatrice des moyens politiques, moteurs d'un grand commerce extérieur.

En effet, jamais l'esprit des peuples ne prend uniformément une puissante direction vers un but marqué d'utilité publique, si toutes les classes ne sont frappées en même-temps d'un grand spectacle qui réveille dans chaque individu, un sentiment vif de conservation et d'amélioration de sa propre existence, comme membre de l'association. Tous ces caractères se sont fortement imprimés dans l'ame des premiers fondateurs de la république de Venise.

Ces peuplades immenses accumulées dans les mêmes lieux par la terreur, n'y trouvèrent pas les ressources qu'offre l'agriculture. Il fallut donc chercher dans le commerce extérieur et dans la pêche, de nouveaux moyens de subsistance : il fallut, pour satisfaire ce premier besoin, vaincre des difficultés toujours renaissantes, soit de la part des pirates, soit de la part des brigands du Nord ou des Sarrazins qui menaçaient perpétuellement de faire des invasions.

Le courage dont ils se servirent d'abord pour une juste défense, se convertit bientôt en audace, en fureur de se venger et de conquérir.

Les revers, comme les succès, contribuèrent donc à convaincre de tout temps les Vénitiens, que leur existence, leur sûreté et leur prospérité ne pouvaient leur être assurées sans une grande habileté sur mer.

L'enthousiasme fut le ressort tout puissant qu'employèrent leurs tribuns et leurs ducs, pour diriger les esprits vers le grand intérêt de la commune patrie : c'est-à-dire, vers les entreprises maritimes qui furent de tout temps le principe de l'indépendance de ce peuple et de ses richesses. La cérémonie aujourd'hui si puérile, de l'anneau jetté par le doge dans la mer Adriatique, en signe de la souveraineté de la république concédée par l'autorité papale, prit naissance dans l'ivresse du pouvoir, lors de la conquête de l'Italie et de la Dalmatie, et à la suite de ces crises où l'énergie nationale eut besoin d'éprouver la double impulsion du fanatisme et de la politique.

Les chefs du gouvernement de Venise ont presque toujours eu l'adresse de fixer l'attention du peuple par des institutions publiques ou des dispositions législatives.

C'est à Venise que parut imprimée pour la première fois en 1576, une collection d'anciens usages sur la police et la jurisprudence maritimes dans les mers du Levant, sous le titre *il consolato del mare*, ou du consulat de la mer.

Lorsque cette république se vit menacée de perdre le commerce de l'Inde par les découvertes des Portugais, elle essaya de le retenir dans les mêmes canaux par des primes, des gratifications et des encouragemens distribués à toutes les classes de citoyens, et même à ceux de famille noble qui se livreraient à des entreprises maritimes étendues.

A la vérité, il fut fait dans la suite défense aux nobles de s'adonner au commerce ; mais une semblable disposition prit naissance dans un temps où la république menacée par une ligue formidable, avait besoin de conserver dans le service maritime de guerre, tous les nobles qui forment partie essentielle du gouvernement. Dans ces grands dangers de la patrie, ils ne devaient pas être distraits du soin de travailler à assurer sa conservation. Mais aujourd'hui que la situation paisible où se trouve depuis près d'un siècle, l'état de Venise, ne lui laisse plus rien à redouter pour sa défense, la permission et l'invitation même a été faite en 1784, par le sénat, aux citoyens nobles, de se livrer aux entreprises de commerce. Enfin, cet esprit national se fait encore remarquer dans la haute considération dont jouit auprès des nobles Vénitiens le service de mer, tandis qu'ils dédaignent celui de terre, et qu'ils l'abandonnent à des stipendiés de toutes les nations.

Voyons maintenant quelle direction le sénat de Venise a imprimée à son système de politique maritime dans le dix-huitième siècle.

Cette république, après avoir employé les précédentes époques à acquérir, ou à défendre son domaine et sa fortune, s'est constamment occupée dans celle-ci, du soin de conserver ce qui lui en est resté.

A cet effet, elle a conclu en 1718 avec la Porte, le traité de paix de Passarowitz, et depuis, elle n'a eu de ce côté aucun sujet sérieux d'inquiétude. Mais Alger tourmente constamment le riche pavillon vénitien, en ne lui accordant que des trèves, dont la dernière est de 1763. A l'égard de l'Autriche, le soin pris en 1764 et 1765 de régler les limites respectives entre les deux puissances, semble éloigner tout ce qui pourroit rompre leur bonne intelligence. On sait d'ailleurs, combien Venise est aujourd'hui attentive à éviter tout prétexte pour se brouiller avec les Turcs et les Autrichiens; dans la dernière guerre de 1788, entre la Porte et la Russie, celle-ci fit de vaines sollicitations auprès de la république, pour faire recevoir la flotte russe dans les ports du golphe Adriatique. Le sénat pouvait, comme il le fit, justifier son refus par l'obligation d'observer, d'après les traités avec la Porte, la plus exacte neutralité. La même prudence de sa part se fait remarquer dans la guerre des puissances coalisées contre la liberté française, et semble devoir lui assurer pour l'avenir, dans la bienveillance de la France un allié qui peut l'aider à maintenir son indépendance vis-à-vis des deux nations voisines, qui paraissent menacer sans cesse de leurs forces colossales, le faible domaine de la république.

Les forces maritimes de la république de Venise,

au moment de la révolution française, consistaient, suivant un état officiel publié en janvier 1788, en 80 vaisseaux ; savoir, 10 depuis 88 jusqu'à 50 canons, 10 de 42 à 16 canons, 58 galères, galiotes, chebecks, etc. le tout armé de 1000 canons ou environ, et monté en temps de paix par 12 à 14 mille hommes de mer.

En temps de guerre, Venise peut mettre en mer, une flotte depuis 26 jusqu'à 30 vaisseaux de ligne, montée par 30 mille matelots des deux seules provinces de *Dogado* et de *l'Istrie*.

Le gouvernement de Venise est peut-être encore plus attentif aujourd'hui, que dans les jours de sa gloire, à étendre par des combinaisons secrètes, mais efficaces, ses spéculations maritimes. Ses efforts sont contrariés par la concurrence des nations héritières de l'ancienne fortune commerciale de cette république ; ce qui restreint les effets de ces dispositions dans des bornes très-circonscrites, et réduit tout l'avantage de son système de politique maritime, à diminuer l'étendue de ses anciennes pertes.

CHAP. IX.

CHAPITRE IX.

L'Empire Ottoman.

L E système maritime de la puissance ottomane est purement *passif*.

La domination des Turcs s'est affermie vers le milieu du quinzième siècle, en faisant sur les riches et immenses contrées de l'Europe, de l'Asie et de l'Afrique, des conquêtes qui se déploient, pour ainsi dire, devant Constantinople. Cette capitale, placée de manière à être en même temps le principe et le témoin d'un si beau spectacle, le perpétue depuis des siècles, comme centre d'activité qui unit les trois anciennes parties du globe.

Le premier attrait de jouissance qui conduisit ces hordes de Tartares ou anciens Scythes, connus depuis sous le nom de Turcs, à abandonner des pays sauvages, pour se former, par la terreur, des établissemens dans des climats plus tempérés et plus fertiles, paraît encore sensible aujourd'hui dans leur manière d'exploiter le commerce comme les anciens Romains, c'est-à-dire, plutôt en conquérans et en sybarites, qu'en politiques ou en négocians.

A peine ces peuples étaient-ils devenus possesseurs de ces vastes magasins formés à grands frais par les Grecs, les Vénitiens et les Génois, pour entreposer les riches cargaisons de l'Inde, refluant, par leur ac-

F

tivité, de l'Orient vers l'Occident, que la découverte du Cap de Bonne-Espérance vint tarir pour les Turcs cette source inappréciable de jouissances et de prospérité, en ouvrant, au commencement du seizième siècle, une nouvelle route au commerce de l'Inde.

Plusieurs empereurs turcs, Sélim et Soliman le magnifique, apperçurent, disent quelques historiens, toutes les conséquences pour leurs sujets, de ce nouvel ordre de choses; mais en vain essayèrent-ils, dans le cours de ce même siècle, de chasser les Portugais de leurs établissemens dans l'Inde; en vain ils s'efforcèrent, par des combinaisons législatives, de ramener le commerce d'Asie dans son ancien canal: toutes ces conceptions étant sans suite, et seulement dictées par l'esprit de domination qui animait tous les sultans, ne pouvaient qu'avoir peu d'efficacité. Jaloux et orgueilleux à l'excès de leur puissance, les Turcs ont toujours cru la fixer au-dedans comme au-dehors, par l'exercice de cette force militaire qui avait fait leurs premiers succès. La perte du commerce de l'Inde fut pour eux compensée en partie, tant par la conquête qu'ils firent de l'Egypte et de la Syrie, réunies dès-lors comme provinces à leur empire, que par la domination qu'ils obtinrent avec adresse sur les puissances barbaresques, qui sollicitèrent leur secours contre l'Espagne, dont elles redoutaient le joug.

Cette fureur de tout envahir ne les abandonna pas encore dans le siècle suivant. Mais quelques avantages sur Venise et Gênes furent chèrement payés, et de puissans obstacles opposés à leur système d'envahissement par plusieurs des principales nations de l'Europe, parvinrent enfin à modérer la fougue de la politique ottomane, et la préparèrent à recevoir une nouvelle direction, à laquelle son propre danger lui fit bientôt attacher quelque prix.

De tout temps, la Porte a mis son orgueil à se faire rechercher des puissances européennes, sans s'embarrasser beaucoup des moyens de s'assurer l'équivalent des concessions qu'elle leur faisait : celles-ci, au contraire, appréciant de bonne heure l'utile prérogative d'exercer leur commerce et leur navigation dans un empire si étendu, et sous des zônes aussi fortunées, s'empressèrent, à l'envi, d'obtenir des stipulations et des privilèges favorables à leurs vues.

Le système maritime de la Porte est donc purement *passif*, puisqu'il consiste à ne prendre qu'une part très-bornée dans les profits d'une navigation étendue, exercée sur ses côtes par les étrangers qu'elle admet de préférence ; elle ne se doute pas de l'avantage inappréciable qu'il y aurait pour elle à se réserver entièrement le monopole de son cabotage, et à transporter au-dehors, sur ses propres vaisseaux, ainsi qu'en agissent les autres Européens, les produits de son agriculture et de ses fabriques, susceptibles de grands accroissemens.

A la vérité, la science nautique, et celle de la construction chez les Turcs, ne sont pas encore perfectionnées ; mais leur défaut de succès dans ces arts élémentaires pour un peuple maritime, tient à leur insouciance pour tout ce qui excède les bornes ordinaires de leur activité.

Toute la politique turque, par rapport au commerce, se borne à entretenir l'abondance au centre de l'empire, à provoquer, dans cet objet, de grands mouvemens commerciaux, principalement dans les ports de Constantinople et de Smyrne, et autres entrepôts d'une classe inférieure. Ce but n'est d'ailleurs pas contrarié par la législation sur les douanes, qui est assez simple, et ne consiste guère que dans un tarif modéré, dont le taux général des droits ne s'élève pas à plus de trois pour cent à l'égard des étrangers qui ont des capitulations à la Porte ; et ce droit, réglé sur une estimation de chaque nature de marchandises, est fixé dans ce tarif spécialement pour les douanes de Constantinople et de Smyrne. Cependant les rapines des officiers subalternes de justice, police et militaires nécessitent des sacrifices qui deviennent habituels sous le despotisme turc, au détriment des commerçans étrangers, et qui diminuent une partie du bénéfice résultant de la modération du tarif des douanes arrêté par le gouvernement.

Au surplus, les indigènes sont traités moins favorablement ; car ils sont assujettis à payer 7 pour cent de douanes, et même 10 pour cent sur beaucoup d'articles. « Par une clémence qu'on affecte de van-
» ter, dit *De Tott*, on perçoit ce droit en nature ;
» mais qu'en résulte-t-il ? Que sur cent turbots qu'un

» pêcheur apporte, on lui prend les dix plus beaux, » et qui valaient seuls tout le fretin qu'on lui laisse ».

Quoiqu'il en soit, la puissance ottomane, d'après son mode de gouvernement, et suivant l'état actuel de sa politique, croit retirer une grande utilité de l'adoption de ce système.

Le produit de ses douanes, qui s'élève annuellement à près de 30 millions, est presqu'entièrement formé des transactions commerciales des Européens dans l'empire ottoman, de manière qu'il trouve dans ce subside, la faculté d'augmenter son trésor, sans ces moyens violens que le despotisme a sans cesse à sa disposition, mais dont il use avec réserve, afin qu'ils soient toujours efficaces.

Les attaques dirigées contre cette puissance, sur la fin de la présente époque, par les Russes, secondés des Autrichiens, sont une suite du projet conçu par les cours de Pétersbourg et de Vienne, d'étendre au midi leur commerce et leur navigation; il est, par conséquent, de notre sujet de considérer dans la même période la position des nations européennes qui ont des liaisons dans le Levant, afin que l'on puisse apprécier ce que chacune d'elles doit espérer ou craindre de ce nouveau système qui tend à transformer un jour en *activité* l'inertie actuelle des Turcs dans le commerce et la navigation.

VENISE si long temps rivale et ennemie de la Porte, vit en paix avec elle depuis son traité de Passarowitz en 1718. Son commerce au Levant y est secondaire et s'exerce par l'entremise de commissionnaires grecs et arméniens qui prélèvent douze pour cent de frais de commission, ce qui doit restreindre les spéculations des Vénitiens dans des bornes fort étroites.

Gênes n'existe plus que dans la renommée de son ancienne splendeur, et dans le souvenir de la perte de tant de belles possessions qui lui ont été arrachées par la constance et le bonheur des armes ottomanes.

Naples a un traité de commerce avec la Porte depuis 1740; mais ses liaisons effectives sont presque nulles.

La Sardaigne n'a ni traité ni ministre à la Porte.

L'Espagne après avoir vaincu sa haine antique contre les Turcs qui ont été long-temps si nuisibles à la marine espagnole, par leur influence sur les pirates de Barbarie alors sous leur dépendance, a conclu enfin en 1782, un traité de commerce avec la Porte; et ce rapprochement est dû peut-être à la crainte commune et bien fondée de voir de nouveaux dominateurs dans la Méditerrannée.

La Hollande a des privilèges de commerce qui datent de 1616 et de 1680 avec la nation turque; mais ses relations n'y sont pas très étendues.

L'Angleterre, dont les flottes triomphent sur toutes les mers, est, après la France, la puissance qui, par sa compagnie de Turquie, exerce dans cet empire le plus grand commerce, en vertu d'un traité du siècle dernier. Les capitulations qu'elle a obtenues en 1675, ont été renouvellées depuis sans aucun changement.

La Pologne, autrefois redoutable aux Turcs, aujourd'hui écrasée par la puissance colossale de la Russie, s'unit à la Porte par le traité passager de 1791.

En 1761, la Prusse, dont le nom parvint à Constantinople avec la renommée du grand Frédéric, obtint de sa haine, pour des ennemis communs, un traité de commerce, et son successeur le confirma par le traité d'alliance de 1790.

La Suede, la plus ancienne amie de la Porte après la France, cimenta son union par un traité de commerce et de navigation de 1737, confirmé par celui d'alliance de 1739, renouvellé en 1789.

L'Empereur n'a eu aucun traité de commerce avec la Porte avant 1718, époque de la pacification de Passarowitz. La connivence, tantôt secrète, tantôt ouverte, qui a subsisté dans ce siècle entre l'Autriche et la Russie, pour faire changer de direction au commerce et à la navigation ottomane en Europe, a été le principe de sanglantes inimitiés entre la Porte et l'Autriche; mais elles furent tempérées et suspendues à certaines distances, par la paix de Bellegrade en 1737 et par le traité de 1791. Dans cet intervalle, Joseph II, avide de toutes sortes de succès, profita de la crainte qu'il inspirait aux Turcs déjà intimidés par les menaces et les usurpations de la Russie, pour obtenir, en 1784, des privilèges de commerce fort étendus. Malgré toutes ces faveurs et plusieurs tentatives, ses liaisons au Levant, soit par Trieste dans le golphe Adriatique près la Méditerranée, soit par le Danube sur la mer Noire, sont encore extrêmement bornées.

Enfin, de toutes les puissances, la France est celle dont l'amitié et le commerce sont au plus haut dégré d'estime dans la politique ottomane. Les capitulations ou privilèges qu'elle a obtenus dès le règne de François Ier, en 1535, ont été renouvellés de siècle en siècle, jusqu'en 1740, époque de la dernière ratification. Si le gouvernement français a connu toutes les conséquences du nouveau plan adopté depuis trente années par la Russie et l'Autriche, pour dépouiller les Turcs de leurs domaines en Europe, il a donné la mesure de son peu d'attachement aux intérêts de la nation, en n'élevant pas la plus forte barrière contre un système destructeur d'une des plus belles branches de notre commerce.

La Russie, qui était encore sous la verge des Turcs, il n'y a guères que cent ans, la Russie, qui est devenue subitement une puissance gigantesque, sous Pierre Ier. et sous Catherine II, voit aujourd'hui ses bornes reculées jusqu'à la mer Noire.

Les démêlés subsistans de nos jours entre la Porte et la Russie, ont d'abord eu pour causes les limites entre leurs domaines respectifs, du côté de la Crimée. Les lignes de démarcation furent tracées par la paix de Belgrade, en 1739.

Mais la guerre qui s'éleva, en 1768, entre ces deux puissances, prit sa source dans une combinaison plus vaste de la part de la Russie. Elle voulut obtenir, et obtint en effet par le traité de 1774, la libre navigation sur la mer Noire, faculté que la Porte n'avait jamais accordée à aucune puissance, pas même à l'amitié et aux instances de la France.

La Russie ne s'en tint pas là. On sait comment elle amena le Kan ou prince de la Crimée à se démettre, en sa faveur, de cette possession qu'elle se fit ensuite confirmer par les Turcs dans un traité spécial en 1783. Elle se procura en même tems un traité de commerce, pour féconder de si vastes entreprises. Dès lors elle put faire circuler ses navires, avec autant de succès que de profit, de la mer Noire dans celle de Grèce par les Dardanelles. Cependant de nouvelles prétentions s'élevèrent en 1787 de la part de la Russie; elles furent terminées, au moyen de la médiation de plusieurs grandes puissances, par le traité de Jassy de 1792, qui confirma les dernières stipulations, et fit reconnaître aux Turcs, l'obligation de maintenir la tranquillité du Caucase, en contenant les Tartares de la grande Tartarie, qui inquiètent ou menacent sans cesse la nouvelle domination maritime de la Russie.

Après la révolution qu'a opérée, sur le commerce de l'Europe, la découverte du cap de Bonne-Espérance et celle de l'Amérique, aucun changement ne paraît annoncer plus d'influence sur les rapports des principales nations commerçantes, que ce nouveau système de substituer des spéculations *actives* aux transactions *passives* qu'a permises jusqu'ici dans ses domaines, la puissance ottomane.

Si la Russie devait commander seule sur la mer Noire et la Méditerranée, alors toutes les puissances qui se partagent le commerce du Levant, y seraient remplacées par l'Angleterre, qui exploite presque tout le commerce de Russie. Ces deux puissances verraient doubler les effets de leurs relations respectives, en ouvrant une nouvelle route au commerce du nord, par les grands fleuves qui se jettent dans la mer Noire. Elles associeraient en seconde ligne, à la partie qu'elles voudraient bien céder de leurs bénéfices, l'Autriche qui aspire à une existence maritime sur le Danube et dans le golfe Adriatique. Peut-être même le commerce de la Pologne, qui se fait à Dantzick, prendrait-il, par le Niester, une nouvelle direction vers la mer Noire; et les bleds du nord reflueraient alors vers le midi, pour être à la disposition de l'Angleterre, de la Russie et de l'Autriche, qui, de concert, affameraient les autres parties de l'Europe. Ces trois puissances coalisées, dans leur nouveau système de politique maritime, pourraient encore se rendre maîtresses, par l'ascendant de leurs forces réunies contre les corsaires d'Afrique, de tous les grains de Barbarie.

Ce n'est pas tout: on verrait encore une nouvelle branche de commerce, qui n'a jamais été le partage des Européens, devenir aussitôt le patrimoine de l'Angleterre. Celle-ci approvisionnerait toute la Turquie européenne des marchandises de l'Inde, qui, depuis la découverte du cap de Bonne-Espérance, n'ont cessé d'être fournies à l'empire turc par les Grecs et les Arméniens, qui les font arriver sur les deux routes, soit du golfe Persique et de la mer Caspienne, soit de l'Arabie par la mer Rouge. L'Angleterre, pour faire réussir ces nouvelles spéculations, se prévaudrait de son intimité avec la Russie, qui elle-même a un traité avec la Perse, à la faveur duquel la navigation anglaise pourrait un jour s'établir sur la mer Caspienne.

Il faut même dire que le gouvernement turc, si peu jaloux de transporter au dehors l'industrie et l'activité de ses sujets, n'est pas indifférent à faire jouir les indigènes, du commerce et de la navigation que comporte la situation locale de Constantinople.

La navigation des Grecs sur la mer Noire et la Méditerranée, est assez étendue; et la Porte a soin, pour en assurer la liberté, de faire des déclarations de neutralité lors des hostilités, telles que dans les guerres de 1780 et 1793, entre les puissances maritimes européennes. Elle protège aussi les opérations de commerce des Grecs et des Arméniens, au moyen du traité de bonne amitié, conclu en 1746 avec la Perse. Mais ce qui achève de faire connaître toute l'importance que la Porte attache au commerce de l'Inde, par la Perse ou l'Arabie, de la part de ses sujets, c'est son firman de 1774, contre les tentatives déjà faites par les Anglais, pour établir une circulation de leurs marchandises de l'Inde dans les provinces turques, par la mer Rouge et Suez. Cette déclaration de la Porte, dont nous donnons le texte, est fulminante contre les Anglais (*).

La France non-seulement perdrait son commerce du Levant, par cette révolution ; mais il lui échapperait encore de nombreux avantages qui résultent de sa position actuelle vis-à-vis la Porte, et qui peuvent fructifier un jour, si elle sait mieux soigner, que par le passé, la bonne volonté du divan, et prouver, par des services effectifs, l'utilité dont elle peut

(*) *Voici cette déclaration de la Porte.* Les historiens nous apprennent que les Chrétiens, « secte artificieuse et entrepre-
» nante, ont, dès l'origine des temps, fait usage de la fourberie
» et de la violence pour exécuter leurs projets ambitieux. Quel-
» ques-uns d'entre eux s'introduisirent, déguisés en négocians,
» à Damas et à Jérusalem : de la même manière ils sont par-
» venus à s'introduire dans l'Inde, où les Anglais ont réduit les
» habitans en esclavage. Dernièrement aussi, encouragés par
» les beys, des gens de la même nation se sont glissés en Égypte;
» et il est à croire que quand ils auront levé des cartes du pays,
» ils reviendront pour en faire la conquête.

» Afin de prévenir ces desseins dangereux, sur la première
» nouvelle de ces opérations, nous avons enjoint à leurs ambas-
» sadeurs d'écrire à leur cour, afin qu'elle eût à défendre aux
» vaisseaux anglais de fréquenter le port de Suez. Elle a accordé
» cette demande ; et en conséquence, si quelque bâtiment an-
» glais ose y jeter l'ancre, sa cargaison sera confisquée, toutes
» les personnes à bord seront emprisonnées, jusqu'à ce que nous
» ayons fait connaître notre bon plaisir ».

On prétend que ces tentatives d'un commerce avec l'Inde, par l'isthme de Suez, échouèrent par les manœuvres de la Compagnie anglaise des Indes, qui craignit des succès qui auraient anéanti son privilège.

être à l'empire ottoman pour ruiner tous les projets d'envahissement de la Russie et de l'Autriche.

Quoique la Porte se tienne très-éveillée sur toutes les relations avec l'Inde par ses états, son inquiétude ne s'applique qu'à de grandes spéculations ou à des cargaisons entières par navires, qui ruineraient les bénéfices des caravanes turques, et les redevances du schérif de la Mecque, pélerinage, comme l'on sait, très-fréquenté, et défrayé en partie par les profits des transactions commerciales en marchandises de l'Inde.

Il y a lieu de penser que la Porte ne s'opposerait pas, et pourrait même favoriser notre correspondance par terre avec les états de l'Inde. Cette correspondance, plus prompte et plus active par cette voie, peut un jour contribuer à faire réussir le projet de ruiner le despotisme de la nation anglaise dans l'Inde, et ce premier avantage se lier même avec d'autres mesures que de nouvelles circonstances peuvent faire naître, et que la situation de Marseille doit rendre efficaces. C'est ici le lieu peut-être d'une observation digne d'être sérieusement méditée; savoir, que les marchés de l'Italie ont été fermés au commerce de l'Inde, moins par la découverte du cap de Bonne-Espérance, que par l'obstruction qui s'est faite à-peu-près vers le même temps, dans les anciens canaux de circulation. En effet, les idées religieuses, les préjugés et les institutions despotiques des Turcs, n'ont pas permis aux Européens méridionaux de suppléer, au moyen de nouvelles combinaisons, les désavantages résultans d'événemens majeurs dans les bénéfices de l'ancien commerce de l'Inde; la France seule pourrait peut-être un jour, par l'ascendant que lui donneraient de grands services rendus à la Porte, lui faire modifier, en faveur du commerce de Marseille, son système exclusif des relations par terre avec cette riche contrée.

Quoi qu'il en soit, toutes les nations qui se partagent actuellement les profits du système passif de politique maritime de la puissance ottomane, ne doivent pas perdre de vue que leurs efforts, pour la soutenir en Europe, doivent être plus grands, à mesure que les chances de sa décadence se multiplient. La Porte a perdu dans ce siècle son influence et son autorité en Égypte, et dans les royaumes d'Alger, de Tunis et de Tripoly, en Crimée et dans une partie de la Géorgie; il paraît que d'autres contrées, telles que l'Arabie pétrée et l'Arabie déserte, se sont même soustraites à la vassalité. Quel ressort sera assez puissant pour maintenir le sultan sur le trône de Constantinople, d'où le fatalisme semble le précipiter, par ses propres illusions ?

Pour résumer nos idées sur la situation actuelle du système maritime et politique des Ottomans, nous rappellerons que l'esprit d'imitation, la fureur des conquêtes et l'ardeur du butin les conduisirent dans les treizième, quatorzième et quinzième siècles, à désoler le commerce presque exclusif des Vénitiens sur la méditerranée et la mer Noire, et à attaquer de ces deux côtés Constantinople, dont la prise fut la véritable époque de la fondation de la marine turque; qu'au commencement du seizième siècle, sous Bajazet II, cette marine eut un instant de célébrité par la conquête de toute la Morée, et l'île de Nègrepont, appartenante aux Vénitiens, et par la défaite des Portugais dans le golphe persique ; mais que la fin du même siècle vit s'anéantir ces mêmes forces navales devant Jean d'Autriche, qui commandait, à la fameuse bataille de Lépante, les armemens réunis de l'Espagne et de l'Italie.

Dans les dix-septième et dix-huitième siècles, la marine ottomane continua d'avoir alternativement des succès et des revers, et soutint, à travers ces vicissitudes, une existence fondée aujourd'hui sur des principes qui n'ont rien de commun avec ceux qui règlent le système naval des autres peuples.

En effet, observe judicieusement *Chénier*, « les puissances européennes n'avaient encore aux quinzième et 16ᵉ. siècles, qu'une marine naissante. Toutes marchaient alors du même pas ; les Ottomans, les Espagnols, les Toscans, et les autres nations d'Italie couvraient de leurs pavillons la Méditerranée, autant pour combattre que pour butiner. L'esprit chevaleresque les portait à se défier réciproquement, et à se vaincre à l'abordage. Depuis, toutes les autres puissances ont parcouru une vaste carrière d'entreprises, de découvertes et de succès maritimes; tandis que les Ottomans sont à-peu-près restés au but d'où nous sommes partis, n'étant animés par aucun de nos motifs d'émulation ou d'ambition, sans co-

Ioniés à conserver, sans commerce extérieur à protéger, et n'aspirant point à des conquêtes lointaines, ni à aucune influence politique en Europe ».

A cette bravoure individuelle, qui distinguait ses marins des siècles précédens, la puissance ottomane a fait succéder l'esprit d'ostentation qui se déploie dans la promenade triomphale que font ses flottes chaque année dans l'Archipel, et jusqu'à Alexandrie. Cependant, le soin de sa propre conservation, dans ces derniers temps, lui a commandé de donner une direction plus solide à sa marine. Mille lieues de côtes, tant en Europe qu'en Asie et en Afrique, lui fourniraient un peuple de matelots excellens, si la politique turque ne répugnait à confier des armes et des vaisseaux aux Grecs descendans des races vaincues.

Enfin, on n'a pas oublié que les deux guerres avec la Russie, de 1769 et 1787, ont été fatales à la marine de cette puissance. A la première, sa flotte fut brûlée par les Russes à Chesmé; et à la seconde, ses armemens dans la mer Noire ont été exposés à des orages et à quelques revers. Cependant, l'escadre ottomane a forcé celle de Russie à rester dans ses ports, tandis qu'elle a tenu la mer pendant toute la campagne de 1788.

Dans cette même guerre, qui durait encore au moment de la révolution française, les forces maritimes de la Porte Ottomane étaient évaluées à 80 vaisseaux, savoir : trente de 74 à 50 canons, et cinquante frégates de 50 à 10 canons; le tout armé d'environ 3000 canons,

canons, et montés par un nombre possible de 50 mille matelots, indépendamment de cent galiotes de toutes grandeurs, d'un nombre d'autres navires recrutés chez les puissances barbaresques; et ce nombre encore augmenté, au besoin, des achats faits en bâtimens vénitiens, anglais et ragusains.

CHAPITRE X.

Les Nations Barbaresques.

Quel peut être le système *maritime* des nations barbaresques, qui éprouvent une répugnance presque invincible pour les occupations paisibles et sédentaires ? Leur caractère farouche a été, en quelque sorte, formé par le désespoir et la persécution, dès le principe de leur établissement sur les côtes de l'ancienne Lybie, près des ruines de Carthage. Les premières puissances maritimes elles-mêmes, font de honteux sacrifices pour être affranchies de leurs rapines ; elles en fournissent les instrumens, et consentent, dans leur politique machiavélique, que ces corsaires continuent, depuis plusieurs siècles, à dévorer la marine des peuples qui ne sont pas assez riches pour acheter leur amitié, ou assez puissans pour faire préférer leurs tributs annuels à la dévastation de leurs propriétés navales.

En remontant jusqu'à la source d'une semblable politique, et en suivant ses ramifications, on ne sait ce qu'il y a de plus monstrueux dans l'ordre social, ou de l'instinct brutal de ces barbares, ou de la connivence réfléchie des cabinets de l'Europe, qui le flatte, qui le fortifie, et quelquefois attise ses fureurs contre leurs ennemis, ou même seulement contre leurs rivaux dans la carrière maritime.

L'Espagne, affranchie du joug des Arabes, des Maures ou Sarrazins, entreprit d'asservir à son tour les Mahométans. Elle voulut qu'ils fussent Chrétiens. Son aveuglement alla jusqu'à dépeupler l'état pour le purger de ses sujets suspects et d'une religion ennemie. La plupart de ces exilés cherchèrent un refuge chez les Barbaresques. La vengeance les rendit corsaires. D'abord ils se contentèrent de ravager les plaines vastes et fécondes de leurs oppresseurs; ils surprenaient dans leurs lits les habitans paresseux des riches campagnes de Valence, de Grenade, d'Andalousie, et les réduisaient en esclavage. Soit que, dans la suite, ils se dégoûtèrent d'un butin dont les sources devaient nécessairement tarir, soit qu'ils espérèrent des moissons plus abondantes en rançonnant l'activité des Européens dans la navigation et le commerce, après la découverte de l'Amérique et du nouveau passage aux Indes orientales, toujours est-il vrai qu'ils construisirent, vers le 16ᵉ. siècle, de gros vaisseaux, insultèrent le pavillon de toutes les nations, et prirent ainsi, sans sortir de leurs parages, leur portion des riches cargaisons apportées en Europe, des trois autres divisions du globe.

Dans ce même temps, Charles-Quint entrevit ce que les Barbaresques pourraient un jour devenir. Dédaignant d'entrer dans aucune négociation avec eux, il forma le généreux projet de les détruire. La rivalité de François Iᵉʳ. le fit échouer.

La conformité de nos intérêts en ce point, avec ceux de la Porte, engagea sans doute François Iᵉʳ. à révéler au divan l'objet des préparatifs de son rival. La Porte envoya aux Mahométans d'Alger, pour les secourir contre l'Espagne, le fameux Barberousse, qui, après avoir commencé par les défendre, finit par les asservir, ainsi que Tunis et Tripoly. Mais les bachas qui lui succédèrent, se rendirent coupables d'une tyrannie si cruelle, qu'elle expira dans ses excès.

Aujourd'hui, ces trois régences ne sont plus que tributaires du grand seigneur, à qui elles fournissent, en temps de guerre, des marins expérimentés pour monter ses flottes. Ils sont également tenus, dans ce cas, de lui envoyer plusieurs vaisseaux armés et équipés. Nous allons esquisser la position politique des Européens vis-à-vis ces régences, dont les trèves ou traités de paix sont des bienfaits directs en faveur du commerce, même pour les nations qu'elles n'admettent pas avec privilèges dans leurs ports. Nous ferons précéder ces différentes analyses, du même tableau pour l'empire de Maroc.

Maroc, qui n'a jamais subi le joug des Turcs, comprend également les anciens royaumes de *Fez*, de *Tafilet* et de *Sus*. Un seul despote gouverne aujourd'hui cette immense contrée, selon ses caprices extravagans et sanguinaires. Les habitans sont les plus cruels pirates des états barbaresques.

Tout ce qui entre dans l'empire de Maroc, tout ce qui en sort, paye six pour cent. Chaque navire doit livrer en outre 500 livres de poudre et dix boulets du calibre de dix à douze livres, ou 577 livres 10 sous en argent.

Les puissances qui ont des traités avec Maroc, sont la Hollande, qui, dès le commencement du dix-septième siècle, en 1610, a obtenu une convention, renouvellée à différentes époques de ce même siècle, et, depuis, en 1752 et 1757.

L'empereur d'Allemagne a aussi un traité tout récent de 1783; et les États-Unis d'Amérique, un autre de 1787.

La Toscane ne profite pas de celui qu'elle a obtenu.

Le Danemarck avait formé une compagnie, qui, après quelques tentatives, a abandonné l'entreprise, En 1769, les Portugais désertèrent *Majagan*, après en avoir ruiné tous les ouvrages.

La France, dans le dix-septième siècle, a eu avec Maroc, quatre traités des années 1630, 1631, 1635 et 1682. Depuis 1767, les Français ont quelques liaisons avec cet empire; mais leurs opérations n'ont pas encore pu acquérir beaucoup d'importance.

L'Angleterre qui paraît avoir aujourd'hui des liaisons plus suivies avec Maroc, n'avait avant le dix-huitième siècle, aucun traité avec cet empire; mais la Grande-Bretagne rechercha son amitié, après que la paix d'Utrecht, en 1713, lui eut assuré la possession de Gibraltar. Les traités de paix et d'amitié de 1718, 1721, 1728, 1734, renouvellés en 1750 et 1751, pourraient lui procurer quelques avantages, si la politique farouche du despote ne repoussait, par la crainte, les agens du commerce. Il paraît cependant que la Grande-Bretagne cherche à se rendre très-utile à l'empire de Maroc, en lui permettant de réparer ses vaisseaux dans le port de Gibraltar. C'est ce qui résulte au moins des plaintes adressées à ce sujet par l'empereur dans un manifeste qu'il fit communiquer, en février 1787, à tous les consuls des autres nations sur la conduite des Anglais à son égard.

Tripoly, de tous les états barbaresques, fut long-temps celui dont les bâtimens corsaires étaient les plus nombreux, les mieux armés et les plus redoutables ; mais les troubles civils, qui sans cesse ont agité et bouleversé cette malheureuse région, ont d'abord fait décliner et ensuite fait tomber sa puissance maritime.

Aujourd'hui, ses liaisons avec l'Europe sont très-peu de chose, quoique cette régence ait trois traités du siècle dernier, de 1662, 1676 et 1687, avec l'Angleterre, renouvellés en 1751 ; avec la Hollande, un traité de paix, de navigation et de commerce de 1703 ; avec l'empereur, un autre de 1726 ; avec la Suède, de 1741 ; et avec l'Espagne, de l'année 1784.

Les seuls Toscans et Vénitiens ont avec cet état des relations assez suivies : cependant, on n'évalue pas à plus de 3 ou 400 mille livres les marchandises que les uns et les autres y envoient.

Les Toscans sont assujettis à toutes les formalités des douanes. Les Vénitiens s'en sont affranchis, en donnant tous les ans 55,500 liv. Un semblable abonnement a été dédaigné par la France, vu sans doute la faiblesse de son commerce à Tripoly, quoiqu'elle y entretienne toujours un consul. Le seul traité public qu'on connaisse de cette puissance avec les Tripolitains, résulte des articles et conditions de paix qu'elle leur a accordés en 1685.

Tunis a négligé sa marine militaire, depuis que la régence a conclu des traités avec les puissances du nord, et que la Corse est tombée sous la domination de la France. On remarque que, depuis un demi-siècle, les habitans de Tunis sont devenus plus laborieux, et que leurs mœurs sont plus douces que celles des Tripolitains et des Algériens. Ils renonceraient volontiers à la piraterie, sans un préjugé superstitieux qui leur persuade que la religion les oblige d'être continuellement en guerre avec les chrétiens. Cependant les vexations se sont un peu affaiblies; on cultive mieux les terres; et les manufactures en peaux de maroquins et cuirs communs, ont pris quelque accroissement.

Toutes les marchandises qui entrent à Tunis ne payent que trois pour cent *si elles viennent directement du pays qui les fournit;* mais les productions du Nord et autres, qui ont été déposées à Livourne, ainsi que celles qui sont propres à ce port, payent huit pour cent, et même onze si elles sont adressées à des juifs.

Les nations qui ont des traités avec Tunis, sont les Hollandais, qui datent du siècle dernier en 1622 et 1662, renouvellés en 1700. Les Anglais en ont un de 1686, renouvellé en 1751. L'empereur d'Allemagne, un autre de 1725; la Suède de 1736; et l'Espagne est enfin parvenue, après avoir traité avec la Porte, à conclure aussi un traité avec Tunis en 1791 ; mais il faut l'observer : quoique l'Angleterre, la Hollande, le Danemarck, la Suède, Venise et Raguse, et quelquefois la Toscane, entretiennent des consuls à Tunis, le commerce de ces nations est peu considérable; les Anglais même n'y en font point, ils y ont seulement un agent pour assurer la tranquillité de leur pavillon dans la Méditerranée.

Les Français qui ont des traités de 1665, 1672, 1685, renouvellés en 1770, l'emportent sur tous leurs rivaux réunis. Les Tunisiens les trouvent plus sociables, plus accommodans que les autres européens, et sont naturellement portés à leur donner la préférence. Cependant, avant la pacification de 1783, ils n'envoyaient pas annuellement à Tunis pour plus de deux millions en marchandises.

Les bâtimens français, outre les droits ordinaires, en payent encore d'autres qui leur sont particuliers, et qui sont levés par le premier député de leur commerce. Ces droits sont ceux d'*ancrage*, d'*avarie*, de *cotimo* et de *consulat*. L'*ancrage*, dans ces derniers temps, après la pacification de 1783, était pour chaque navire, de 17 piastres et demie, qui se partageaient entre l'aga du château, le chiaoux et le drogman du consul. L'*avarie* s'emploie aux dépenses de l'Échelle, augmente ou diminue selon les besoins. Le *cotimo* est un autre droit imposé sur tous les bâtimens français qui *commercent de Tunis en Italie, ou d'Italie à Tunis*, sur des commissions qu'on leur délivre et qui ne durent que deux ans. Chacun des nombreux bâtimens occupés à ce cabotage, paye 31 liv. 10 sous pour son ancrage, et pareille somme lorsqu'il met sa cargaison à terre. Le produit de cet impôt sert à faire les réparations du port de Marseille. Enfin, le droit de *consulat* est de deux pour cent de toutes les marchandises qu'on charge à Tunis, et sert à payer les appointemens du Consul et ceux des officiers de l'Echelle. Tous les ans, le receveur de ces droits en rend compte en présence du Consul, du Chancelier, et de quatre négocians de Marseille.

ALGER, cette régence qui a des marins expérimentés, est la plus redoutable. D'un autre côté, elle possède d'abondantes récoltes de grains. Autant par crainte que par intérêt, les puissances d'Europe recherchent depuis long-temps son alliance avec encore plus d'empressement qu'elles n'en mettent à se procurer l'amitié des autres nations barbaresques.

Les Français, protégés par la Porte dans le seizième siècle, à cause des bons offices que lui rendit François Ier. en faisant échouer les préparatifs de Charles-Quint pour le bombardement d'Alger en 1541, y sont encore les mieux reçus malgré la vicissitude des affections de ces barbares, qui protègèrent et détruisirent tour-à-tour leurs premiers établissemens sur ses côtes, vers la fin du seizième siècle en 1566 et 1597.

Dans le suivant, sept traités de paix conclus avec Alger, et la vengeance éclatante que tira Louis XIV de ses procédés, en 1682 et 1684, attestent moins peut-être, le peu de stabilité de son attachement, que la tentation continuelle où se trouve cette régence, dominée par l'ardeur du butin que lui offre la proximité de nos côtes et des siennes.

Dans le dix-huitième siècle, les traités de paix ou d'amitié de 1714, 1719, 1731, 1764, renouvellés en 1790 et 1793, sont une nouvelle preuve de l'activité des liaisons qui n'ont cessé d'exister entre Alger et la France. L'importance que celle-ci y attache s'apperçoit assez dans sa facilité à oublier les infractions aux conventions mêmes les plus récentes, notamment en 1763, que des corsaires algériens ruinèrent tout l'établissement fait à *la Calle* par des négocians de Marseille pour la pêche du corail. La présence d'une escadre française renoua et termina, en 1764, les négociations.

Le commerce étant un monopole entre les mains du gouvernement d'Alger, la France s'est trouvée dans la nécessité de contracter directement et fréquemment avec lui, pour en obtenir l'exploitation en faveur de la compagnie d'Afrique établie à Marseille. Le principal objet de ces relations, est l'approvisionnement en grains de la ci-devant Provence.

L'Espagne est de toutes les puissances, celle qui offrait le plus d'alimens à la haine et à la cupidité d'Alger. Le souvenir d'anciennes vexations éprouvées par les habitans de cette régence, les bénéfices qu'ils trouvaient dans leurs pirateries envers l'Espagne, doublement lucratives par la nature de son commerce en riches métaux, et par un voisinage qui multipliait pour eux les chances de profits; toutes ces circonstances ne cessèrent d'influer sur la politique algérienne, qu'après que la cour de Madrid fut parvenue, comme préliminaire indispensable, à obtenir, en 1782, un traité de commerce avec la Porte. Alors seulement (en 1786) Alger consentit à un traité de paix avec l'Espagne, moyennant de fortes redevances pécuniaires.

Les Etats-Unis d'Amérique échouèrent vers le même temps, dans leurs négociations vis-à-vis cette régence, sur le fondement qu'elle ne pouvait entrer en des liaisons amicales avec le congrès américain, avant que celui-ci en eût contracté avec le grand seigneur.

Les Hollandais, dès 1662 et jusqu'en 1679, ont eu cinq traités avec Alger; et dans ce siècle, ils les ont renouvellés en 1712 et 1726. Les Anglais en ont obtenu un pareil nombre dans le siècle dernier, de 1662 à 1686, non renouvellés depuis. L'empereur d'Allemagne se procura un traité en 1726. La Suède en a un autre de 1729: et la puissance danoise soutient le crédit qu'elle a fondé à l'époque de son traité de 1751, au moyen de présens considérables et très-estimés du Dey, en poudre de guerre, bois de construction, cordages et autres matériaux propres à l'équipement de la marine algérienne.

Quant à Venise, on a vu à l'article de cette république, qu'Alger, qui trouve une ample moisson dans ses hostilités habituelles contre le pavillon vénitien, ne lui accorde que des trèves, dont la dernière est de 1763. Cette régence se rend plus difficile à proportion de ce qu'elle diminue le nombre de ses pirateries, par des transactions amicales avec les grandes puissances maritimes, et sur-tout depuis sa paix avec l'Espagne. Venise fit présenter, en 1786, par son consul, 8500 séquins, avec des bijoux et étoffes riches, au gouvernement algérien, qui garda les séquins, renvoya les effets précieux, et fit entendre que les Vénitiens ne lui seraient agréables, qu'en lui fournissant des armes et des munitions navales.

Les Anglais, les Hollandais, les Danois, les Suédois et les Vénitiens, quoique n'éprouvant aucune gêne dans les rades d'Alger, n'y font que très-peu d'affaires. Toutes celles de commerce sont aux trois quarts concentrées entre les Français et le gouvernement algérien.

Un navire français, grand ou petit, chargé ou vuide, paie pour son ancrage 143 livres 8 sols. Cette taxe est encore plus forte pour les autres nations : toutes devraient indistinctement trois pour cent de toutes les marchandises qu'elles importent ; mais ce droit est réduit à deux par les arrangemens qu'on prend avec les fermiers des douanes. A leur sortie, les denrées du pays ne sont assujetties à aucun impôt, parce que le gouvernement en est le seul marchand.

Il résulte de cet exposé, que le systême maritime des nations barbaresques est entièrement *offensif* et *destructif* à l'égard des faibles puissances de l'Europe, et *rançonnier* vis-à-vis des peuples qui peuvent acheter leur bienveillance. On a dû voir que dans l'état actuel, Tripoly et Tunis ne sont pas bien redoutables, et que même cette dernière régence n'est pas éloignée d'abandonner la piraterie. On a pu remarquer que son tarif est presque calculé à l'*européenne*, en fixant des droits différens et plus modiques sur les marchandises importées directement du pays d'où elles proviennent. Mais c'est surtout Maroc et Alger, plus rapprochés des côtes de France, d'Espagne et d'Italie, dans la Méditerranée, qui soutiennent ce système *offensif*. Ils en combinent même assez habilement les effets, par rapport à leur propre existence, en exigeant que les nations qui désirent leur amitié, l'achètent par des présens en munitions navales et de guerre, capables d'alimenter leur marine. En vain la philosophie appelle-t-elle toute l'Europe à une ligue pour la ruine de ces pirates. Leur système est trop bien lié avec les intérêts de plus d'un cabinet de l'Europe, pour qu'ils aient à redouter un semblable concert.

L'Espagne, parmi les grandes puissances, est peut-être la seule qui, personnellement, pourrait désirer avec sincérité l'anéantissement des Barbaresques. Ses liaisons avec la Porte sont très-récentes, et elles ne sont ni bien étroites, ni bien étendues. Mais les Turcs doivent attacher de l'importance à conserver l'existence actuelle d'Alger, Tunis et Tripoly, non pas à cause de leur influence sur ces gouvernemens, qui aujourd'hui est presque nulle; mais parce que l'activité des Barbaresques sur mer, procure aux tivité prépare des regrets aux générations futures. Nous allons parcourir les principales périodes de sa puissance navale, depuis son berceau jusqu'à présent.

Les monumens historiques font remonter jusqu'à Jules-César l'éducation maritime des Hollandais. La Hollande, occupant un petit espace resserré entre les deux bras du Rhin, n'était rien pour la gloire ou la convoitise du conquérant des Gaules : mais sa prudence lui dictait de se faire un ami du peuple batave, qui pouvait faciliter, par les transports de ses troupes et de leurs munitions, les incursions qu'il méditait contre la Germanie.

Depuis, les Romains firent de ce pays leur quartier-général, y établirent leurs magasins, et partirent de là, soit pour se porter, par le Zuiderzée, sur les bords de l'Elbe, de l'Ems et du Weser ; soit pour remonter le Rhin. L'on peut donc reporter à cette époque, le versement en Hollande, par les conquérans qui avaient dépouillé l'Europe et l'Asie, de premiers capitaux, suffisans pour provoquer de nouveaux efforts d'industrie maritime. L'appât du butin produisit, vers le milieu du neuvième siècle, les incursions des Normands sur les côtes de Zélande. Les Bataves, en allant au-devant de leurs ennemis, les dégoûtèrent, par leurs courses maritimes, de se mesurer avec leurs forces, qui étaient très-supérieures. Dans le onzième, on voit Thierry, comte de Hollande, et l'empereur se livrer un combat naval avec

des

des barques légères et de petits navires. Dans le douzième siècle, l'histoire nous retrace la Hollande troublant, par mer, le commerce des Flamands.

Mais la première expédition, vraiment maritime, des Hollandais, est celle que le comte Guillaume entreprit pour la croisade. Il part, en 1217, de la Meuse avec douze vaisseaux, accompagné et suivi par un grand nombre d'habitans embarqués sur les navires. Cette flotte passe en Angleterre, et après s'être arrêtée en Portugal, elle aide à faire la conquête de la Dalmatie.

La marine des Hollandais se fortifiant de plus en plus, on les voit, sur la fin du quatorzième siècle, prêter des vaisseaux aux Anglais, pour transporter des troupes en France ; leur navigation paraissait dès lors supérieure à celle des Anglais.

Dans le quinzième siècle, les Hollandais paraissent sur un plus vaste théâtre. Ils arment de grands vaisseaux, et vont chercher leurs ennemis en pleine mer. Ils équipent, en 1434, une première flotte contre la ville de Lubeck ; une seconde, en 1437, contre les villes anséatiques du nord ; font des prises considérables sur leurs ennemis. Ils livrent, en 1440, un combat contre la flotte des alliés du nord, dont ils prennent les vaisseaux. Pour couronner de si grands succès, ils envoient une flotte au secours d'Erick, roi de Danemarck, qu'on veut détrôner ; et en 1457, une autre flotte de Hollandais et de Zélandais s'engage au service de Charles VII, roi de France, qui assiégeait Bordeaux. En 1471, leur premier amiral,

Bozselen, oblige la flotte de France de quitter les côtes d'Écosse, où se faisait la pêche du hareng, et de se retirer dans ses ports. Enfin, en 1477, la liberté des mers, parfaitement rétablie, est due aux nombreux et utiles armemens de cinq villes particulières de Hollande, sans participation ni autorisation d'aucun duc, comte, stathouder ou états des provinces.

Dans le seizième siècle, on voit ces mêmes villes, en 1510, armer quatre gros vaisseaux de guerre, convoyer une flotte marchande, et porter des secours au roi de Danemarck, contre les villes anséatiques du nord, qui avaient entrepris d'interdire le passage du Sund. Ils résistent encore, dans ce même siècle, à la marine réunie des Français et des Anglais, ligués contre Charles-Quint, après le retour de François Ier. de Madrid. Depuis que Charles V, comte de Hollande et de Zélande, fut devenu roi d'Espagne, les Hollandais poussèrent leur navigation jusqu'en Amérique et en Afrique, et s'essayaient dès-lors à ces navigations lointaines, dont le succès devait les aider à secouer entièrement, dans le 17e. siècle, la domination, justement odieuse, de Philippe II.

Dans cette première et longue période, on vient de voir les provinces maritimes des Pays-Bas fonder leur puissance navale sur la nécessité de pourvoir à leur subsistance et celle d'une juste défense. La première impulsion fut donnée aux Bataves, par le mouvement qu'occasionnèrent, dans leurs parages, les armées romaines; et ils surent perpétuer cette première activité, en s'adonnant, de temps immémorial,

aux occupations de la pêche du hareng, puisque l'on voit dans les remontrances des états de Hollande, à Charles V, « qu'aux temps passés, les habitans de la
» Hollande cherchant leur subsistance dans la pêche,
» avaient commencé, avec le temps, d'employer des
» vaisseaux, de fréquenter d'autres pays, royaumes
» et ports de mer, apportant et rapportant diverses
» sortes de marchandises en Hollande, les commu-
» niquant ensuite à d'autres pays situés autour de
» cette province, etc. ».

Par un traité conclu en 1285, entre le roi d'Angleterre et le comte de Hollande, le roi accorde la liberté de la pêche aux Hollandais et aux Zélandais, sur les côtes de *Yarmouth*. La ville d'Amsterdam obtint, en 1368, une concession du roi de Suède pour s'établir dans l'île de Schoonen, sur les côtes de laquelle se faisait la pêche du hareng. Mais cette pêche ne devint importante qu'après la découverte faite, dans le 15°. siècle, de la manière de saler et d'encaquer le hareng. Charles-Quint fit ériger, en 1556, un tombeau à l'auteur de cette découverte, *Guillaume Beukels Zoon*, habitant de *Biervliet*, en Hollande.

Le hareng avait changé de parages depuis quelques années; on le prenait auparavant sur les côtes de Schoonen, et sur celles de Suède et de Danemarck, qu'il paraissait avoir quittées pour se fixer à celles de Flandre et d'Angleterre. Cet évènement produisit une nouvelle émulation. Une ville de Hollande fit, en 1416, le premier grand filet pour cette pêche; une autre fit usage de l'espèce de navire connu sous le nom de *buisen*; une seule, en 1553, envoya cent-quarante bâtimens à la pêche du hareng, escortés par vingt vaisseaux de guerre.

La nécessité d'avoir des grains, des bestiaux et des matériaux de construction, conduisit naturellement les premiers habitans de la Hollande, dans le nord. La Hollande faisait encore, dans le 15ᵉ. siècle, un commerce avec l'Italie et le Levant, par l'Allemagne. Ce commerce s'exerçait par les villes de Haarlem, de Leyde et d'Amsterdam, sur l'Italie et sur le Levant, par Cologne, Ausbourg et le Tirol. Ajoutons à toutes ces branches d'industrie, l'art de purifier le sel, de faire des salaisons, celui d'engraisser les bestiaux, différentes fabriques pour la construction, la fabrication des cordages, des voiles, des filets, des tonneaux et bariques, et plusieurs manufactures de nécessité, telles que celles de toiles, d'étoffes de laine, de bonneterie, etc., et nous aurons le tableau économique des provinces maritimes des Pays-Bas, au moment de leur révolution en 1566, ou de l'union des sept provinces à Utrecht, en 1576.

Sur la fin du 16ᵉ. siècle, et au moment de cette révolution, les Hollandais, comme l'on voit, avaient déjà des relations d'intérêt et de politique avec différens états de l'Europe, qui pouvaient seconder le généreux projet de secouer la domination vexatoire de l'Espagne.

Alors, toute l'Europe était dans la plus grande agitation. L'ambition de la maison d'Autriche, les conquêtes et les découvertes dans les deux Indes, la ferveur pour ou contre la religion réformée; tout contribuait à communiquer aux esprits une commotion utile aux habitans des Pays-Bas. La persécution qu'éprouvèrent, sous le duc d'Albe, gouverneur pour l'Espagne, les dix-sept provinces, précipita les peuples de l'intérieur de ces contrées, dans les marais de la Hollande et de la Zélande, que la nature a fortifiés contre les atteintes de la tyrannie. De nouveaux capitaux emportés par une foule d'hommes industrieux, la clôture de la navigation de l'Escaut vers la mer, provoquée par le gouvernement espagnol lui-même, après la prise d'Anvers, pour en diminuer le commerce, enrichirent Amsterdam, la remplirent d'une nouvelle émulation, et lui fournirent les moyens d'armer ces flottes nombreuses qui parcoururent, de conquêtes en conquêtes, les mers de l'Asie, de l'Afrique et de l'Amérique. La prospérité maritime de la Hollande, portée au plus haut dégré, enrichit sa compagnie asiatique, dont le dividende s'éleva jusqu'à 75 pour cent, et força l'Espagne, après 30 années de combats, à consentir à une trêve de douze années, et à reconnaitre provisoirement l'indépendance des sept Provinces-Unies.

Ces douze années furent mises à profit par la Hollande, pour accroitre l'activité de son commerce et de sa navigation. Sa compagnie orientale se consolida; mais la compagnie occidentale s'affaiblit, lorsque les Portugais, affranchis du joug de l'Espagne, reprirent leurs établissemens d'Amérique. Son commerce du Levant fut créé dans la Méditerranée, par les capitulations qu'elle obtint, d'abord du grand seigneur, et par suite, des puissances barbaresques. Sa pêche de la baleine fut fondée, et son commerce du nord assuré; ses manufactures furent perfectionnées; ses relations étendues en Angleterre, en France, en Espagne, en Portugal et en Allemagne. Le commerce de fret fut exclusif et sans bornes; les spéculations d'assurances, de banques, parfaitement bien combinées; enfin, des traités avec le Danemarck, la Suède, la France et l'Angleterre, amenèrent la liberté, la facilité et la prééminence du commerce et de la navigation des sept Provinces-Unies.

Un état aussi prospère devait faire échouer les nouveaux efforts que fit l'Espagne, après l'expiration de la trêve, pour recouvrer les provinces maritimes des Pays-Bas. En effet, leur indépendance définitive fut reconnue par le traité de Munster de 1648.

La Hollande, sortie avec gloire et profit de l'arène de la liberté, se vit jettée, par des rivalités de commerce avec l'Angleterre, dans la carrière de la politique et de l'ambition. Deux guerres maritimes contre la nation britannique, de 1652 à 1667, la forcèrent de déployer de grandes forces navales, et de tarir les capitaux qui alimentaient son commerce lucratif: elle avait, en 1653, de cent-trente à cent-quarante navires en commission. Après cette dernière période, ses pertes furent telles, qu'on comptait jusqu'à trois mille maisons non habitées à Amsterdam. La Hollande, tantôt luttant seule contre l'Angleterre ou contre

Louis XIV, tantôt liée avec la Grande-Bretagne, contre la France, épuisait ses ressources, dénaturait sa politique, et se voyait forcée à se mettre elle-même sous le joug des princes d'Orange, déclarés capitaines-généraux et amiraux, pour sauver l'état des dangers où tant de guerres l'exposaient continuellement.

L'Angleterre profitant habilement de cette position vacillante des états-généraux, porta un coup décisif au commerce de la Hollande, par l'acte de navigation de 1662, qui ôta à cette république le monopole de celui qu'elle exerçait dans toutes les contrées de l'Europe, pour les besoins actifs et passifs de l'Angleterre.

Cette marche hardie du cabinet britannique annonça qu'un jour il achèverait de prendre l'ascendant sur les Hollandais; les événemens postérieurs servirent parfaitement ses vues. La révolution anglaise de 1688, porta le stathouder, Guillaume III, sur le trône d'Angleterre.

Dès-lors, la Hollande n'eut plus d'autre politique que celle du cabinet de Londres : elle fut entraînée bientôt dans une nouvelle guerre contre la France, qui ne se termina qu'à la paix de Riswick, en 1697, pour recommencer en 1701, lorsque, par la mort de Charles VI, toutes les puissances maritimes, liguées avec l'empereur, se disputèrent la riche dépouille de la monarchie espagnole.

Nous allons voir désormais la Hollande vivre, pour ainsi dire, sur son ancien capital de gloire et de fortune, et laisser appauvrir de plus en plus, merce du Levant fut créé dans la Méditerranée, par les capitulations qu'elle obtint, d'abord du grand seigneur, et par suite, des puissances barbaresques. Sa pêche de la baleine fut fondée, et son commerce du nord assuré; ses manufactures furent perfectionnées; ses relations étendues en Angleterre, en France, en Espagne, en Portugal et en Allemagne. Le commerce de fret fut exclusif et sans bornes; les spéculations d'assurances, de banques, parfaitement bien combinées; enfin, des traités avec le Danemarck, la Suède, la France et l'Angleterre, amenèrent la liberté, la facilité et la prééminence du commerce et de la navigation des sept Provinces-Unies.

Un état aussi prospère devait faire échouer les nouveaux efforts que fit l'Espagne, après l'expiration de la trêve, pour recouvrer les provinces maritimes des Pays-Bas. En effet, leur indépendance définitive fut reconnue par le traité de Munster de 1648.

La Hollande, sortie avec gloire et profit de l'arène de la liberté, se vit jettée, par des rivalités de commerce avec l'Angleterre, dans la carrière de la politique et de l'ambition. Deux guerres maritimes contre la nation britannique, de 1652 à 1667, la forcèrent de déployer de grandes forces navales, et de tarir les capitaux qui alimentaient son commerce lucratif: elle avait, en 1653, de cent-trente à cent-quarante navires en commission. Après cette dernière période, ses pertes furent telles, qu'on comptait jusqu'à trois mille maisons non habitées à Amsterdam. La Hollande, tantôt luttant seule contre l'Angleterre ou contre

Louis XIV, tantôt liée avec la Grande-Bretagne, contre la France, épuisait ses ressources, dénaturait sa politique, et se voyait forcée à se mettre elle-même sous le joug des princes d'Orange, déclarés capitaines-généraux et amiraux, pour sauver l'état des dangers où tant de guerres l'exposaient continuellement.

L'Angleterre profitant habilement de cette position vacillante des états-généraux, porta un coup décisif au commerce de la Hollande, par l'acte de navigation de 1662, qui ôta à cette république le monopole de celui qu'elle exerçait dans toutes les contrées de l'Europe, pour les besoins actifs et passifs de l'Angleterre.

Cette marche hardie du cabinet britannique annonça qu'un jour il achèverait de prendre l'ascendant sur les Hollandais; les événemens postérieurs servirent parfaitement ses vues. La révolution anglaise de 1688, porta le stathouder, Guillaume III, sur le trône d'Angleterre.

Dès-lors, la Hollande n'eut plus d'autre politique que celle du cabinet de Londres : elle fut entraînée bientôt dans une nouvelle guerre contre la France, qui ne se termina qu'à la paix de Riswick, en 1697, pour recommencer en 1701, lorsque, par la mort de Charles VI, toutes les puissances maritimes, liguées avec l'empereur, se disputèrent la riche dépouille de la monarchie espagnole.

Nous allons voir désormais la Hollande vivre, pour ainsi dire, sur son ancien capital de gloire et de fortune, et laisser appauvrir de plus en plus, pendant le cours du dix-huitième siècle, son système politico-maritime.

Un des traits de politique le plus habile de Guillaume, devenu, suivant l'expression des contemporains, roi en Hollande, et stathouder en Angleterre, fut de donner le premier rôle aux Anglais dans la guerre maritime de la succession espagnole, et de faire supporter aux Hollandais la plus grande part de leur défense par terre.

Par cette distribution de forces, les subsides fournis par la Hollande pour la cause commune, furent employés à étendre la marine anglaise, et à resserrer les pouvoirs dans les mains du stathouder, chef suprême de la force militaire. Par-là on nourrit, parmi les chefs des états-généraux, le funeste préjugé de l'utilité d'un traité de *Barrière*, dont ils poursuivirent constamment l'obtention auprès des puissances voisines, c'est-à-dire, de l'Allemagne, de la France et de la Prusse. Par-là, le cabinet britannique perpétuait les inimitiés contre la Hollande du côté du continent, partageait ses moyens de défense sur terre et sur mer, et minait la puissance de cette république par ses fondemens.

Tandis que ce plan, si bien conçu, s'exécutait, Marlborough et le prince Eugène ne cessaient de fasciner, par leurs flatteries intéressées, les yeux du grand pensionnaire Heinsius et du greffier Fagel.

Le résultat de cet enivrement fut de faire échouer, en 1709, les conférences de Gertruidemberg, entamées et suivies à la sollicitation persévérante de

Louis XIV, et la Hollande perdit ainsi toute son influence sur la pacification. Le cabinet de Londres profita de cette faute des états-généraux; il s'emparera de toutes les négociations qui amenèrent, en 1713, la paix d'Utrech. Enfin, il parvint à placer l'Angleterre, à force d'avantages obtenus pour son commerce, et par la prépondérance de sa politique, au premier rang des puissances maritimes.

« Depuis ce temps, dit l'auteur instruit et judicieux *de la richesse de la Hollande*, on ne vit plus rien faire aux Hollandais qui fût digne de la réputation qu'ils s'étaient acquise sur mer. En 1712, les Français mirent leurs colonies à contribution; les Suédois leur enlevèrent des navires marchands, sans que la république eût seulement l'air de s'y opposer, et ce ne fut qu'en 1715 qu'elle joignit douze navires de guerre à vingt autres navires anglais, pour protéger le commerce des deux nations dans la mer Baltique, toujours inquiétée par les Suédois, qui, en guerre contre les Russes, continuèrent de s'emparer des vaisseaux destinés pour la Russie ».

« Il n'y eut pas jusqu'aux Algériens dont les Hollandais n'eussent à souffrir. En 1721, on compta qu'ils leur avaient enlevé plus de quarante navires, estimés, avec leurs charges, à plus de six millions; sans y comprendre plus de 900 matelots réduits en esclavage ».

Enfin, tout ce qu'on avait vu faire à la république aboutit à de petits armemens. En 1726, les états résolurent de mettre en mer dix-huit vaisseaux de guerre. En 1729, ils joignirent douze vaisseaux de guerre à une escadre anglaise, pour protéger le commerce contre les entreprises des garde-côtes espagnols. En 1741, les vaisseaux hollandais furent exposés aux insultes, tant des Anglais que des Espagnols, sans que la république fût en état de soutenir les plaintes qu'elle faisait à ce sujet, par des moyens plus efficaces et plus propres à se faire écouter. En 1743, elle envoya quelques navires de guerre dans la Baltique, pour protéger son commerce contre les Suédois qui continuaient de l'inquiéter. Le commerce souffrit encore beaucoup par les nombreuses prises que firent les Anglais sur les Hollandais dans la guerre de l'Angleterre contre l'Espagne, et par celle que firent les Espagnols; et l'on peut se rappeler encore les griefs des Hollandais contre les Anglais en 1751, et années suivantes. Les vaisseaux hollandais en proie aux déprédations et aux hostilités de toutes les nations, n'eurent que le chagrin de voir le mépris qu'on portait à leur pavillon.

Postérieurement encore, les états-généraux ne furent pas plus en état de le protéger contre les insultes des Anglais, qui dans la guerre de 1757, entre l'Espagne et la France, leur ont causé des pertes immenses. Une liste imprimée à Amsterdam, au mois de juillet 1758, des vaisseaux et bâtimens pris dans ce temps, faisait monter à plus de dix millions le dommage causé au commerce des négocians d'Amsterdam, de Saint-Eustache et de Curaçao : et en décembre de la même année, on le portait à plus de vingt-cinq millions, sans compter les pertes faites par des négocians de Rotterdam et de quelques autres places de la république.

Dans ce tableau, on apperçoit par-tout l'influence du cabinet britannique sur la Hollande, soit comme allié, soit comme ennemi. Les chaînes forgées à la république par Guillaume III, se resserrèrent encore sous Guillaume IV, au moyen de son mariage avec une princesse d'Angleterre. Les partisans de Guillaume profitèrent, pour son élévation au stathoudérat, en 1747, des malheureux succès de la guerre contre la France. Après qu'il eut été revêtu de cette dignité, et que la paix eut été rétablie entre les puissances belligérantes, il est curieux de voir ce prince, meilleur politique que guerrier, porter son attention sur les moyens de rétablir le commerce de la république. Il prit, sur ce sujet, les avis de plusieurs négocians hollandais, consulta les personnes en état de lui donner des informations exactes, et en fit dresser un plan qu'il remit et recommanda aux états-généraux en 1751. Ce plan contient un exposé court et précis des causes qui ont fait naître le commerce dans les Provinces-Unies, et qui ont servi à le faire fleurir.

Guillaume IV mourut la même année. Il est difficile de deviner quels auraient été, dans la pratique, les effets de sa bonne théorie; ce qu'il y a de certain, c'est qu'en laissant son fils Guillaume V en minorité, il livra la Hollande à la double influence de la princesse douairière anglaise, et d'un gouverneur allemand, le duc de Brunswick. La suite des événemens n'a que trop développé les funestes effets qui en sont résultés pour la république.

La douairière anglaise, par son dévouement à sa patrie, ruina le commerce de la Hollande pendant la guerre de 1757, pour se venger de ce que les états des trois provinces maritimes, et sur-tout ceux de Frise, avaient refusé le secours de 6,000 hommes que les Anglais sollicitaient contre la France; et quoique la majorité des quatre provinces territoriales penchât pour la gouvernante et les Anglais, les états-généraux n'osèrent passer outre.

Dans la guerre de la liberté américaine, Guillaume V, élevé dans les principes de sa mère, se comporta comme elle, et se vengea, sur sa propre patrie, du refus fait, par les états-généraux, de déférer à la demande du duc d'Yorck, envoyé extraordinaire de la Grande-Bretagne. Cette réquisition et la précédente avaient été appuyées toutes deux par le duc de Brunswick. Il s'agissait d'obtenir la brigade écossaise qui était à la solde de la république, et que l'Angleterre voulait employer contre les Américains. Ce fut la province de Hollande, qui entraîna la décision des états-généraux, alors alliés de la Grande-Bretagne. Sur ce refus, cette dernière puissance déclara la guerre aux Hollandais.

L'opposition éprouvée par le stathouder Guillaume V dans ses affections, lors de la guerre de 1757, lui fit sentir la nécessité de fortifier son autorité par des alliances sur le continent; et son mariage avec une princesse de Prusse concourut encore à rompre cette unité de vues, qui aurait dû exister entre les délibérations des états-généraux, et leur exécution confiée au grand-amiral.

Le parti dévoué à la république, et indépendant des Anglais, profita, tant de la déclaration de guerre, faite en 1780, par l'Angleterre, que des événemens qui l'accompagnèrent ou la suivirent, pour reprocher hautement, après la pacification de 1783, au stathouder, son défaut de zèle pour les intérêts de la commune patrie. Les faits relatifs aux derniers troubles des Provinces-Unies, et à la révolution opérée par les soldats du roi de Prusse, sont trop récens et trop étrangers à la matière traitée dans cette analyse, pour qu'il soit besoin d'en retracer les circonstances. Le résultat de ce choc entre les divers partis, fut la ruine de l'esprit national en Hollande. L'autorité stathoudérienne y substitua des intérêts de famille et l'anglicanisme. En effet, les états-généraux, qui, après la pacification de 1783, avaient conclu, avec la France, en 1785, un traité d'alliance, se virent forcés, par l'ascendant de Guillaume, de substituer, en 1788, à ce pacte, un autre traité, pareillement défensif, avec l'Angleterre, et un semblable, la même année, avec la Prusse.

La France cependant venait de rendre à la Hollande le service le plus signalé que puisse recevoir une puissance maritime.

On a vu précédemment que la navigation de l'Escaut avait été fermée aux Pays-Bas autrichiens, par l'autorité même du gouvernement espagnol. Cette interdiction avait été cimentée par le traité de Munster, entre la branche autrichienne espagnole et la Hollande. Plus d'un siècle après, Joseph II roulant dans sa tête des plans de commerce maritime, à l'imitation des principales puissances de l'Europe, appelées à ce rôle par leur seule position, conçut le projet d'anéantir le commerce d'Amsterdam, pour relever celui d'Anvers, et d'établir une circulation libre de forces militaires dans toutes les provinces maritimes de l'union batave. Des négociations habilement conduites de la part de la France, des sacrifices pécuniaires que réprouvait même une saine et vigoureuse politique, rien ne fut épargné de notre part, pour détourner le coup qui menaçait de renverser entièrement le système maritime de la Hollande. Un traité de l'année 1785, entre cette république et l'empereur, mit fin aux prétentions de l'Autriche sur l'Escaut; mais les états-généraux à peine échappés, par les bons offices de la France, à un danger si éminent, reconnurent ce bienfait en se jettant dans les bras de l'Angleterre, et se soumettant humblement à l'influence de cette puissance ambitieuse, dont elle avait été autrefois la rivale.

Dans le cours du siècle présent, par une sorte de routine diplomatique, autant que par l'impulsion qu'avaient imprimé les évènemens précédens, les états-généraux renouvellèrent ou conclurent différens traités de paix, de commerce et de navigation. Tels sont ceux de 1701, avec le Danemarck et avec

Tunis; de 1703, avec Tripoly; de 1712 et de 1726, avec Alger; de 1752 et de 1777, avec Maroc; de 1739 avec la France, et une convention en 1781, sur les reprises; de 1753, avec les Deux-Siciles; de 1782, avec les États-Unis d'Amérique, indépendamment d'une convention de même date sur les reprises. La Hollande accéda également, en 1781, à la neutralité proposée par la Russie, le Danemarck et la Suède. D'un autre côté, sa compagnie des Indes conclut, en 1766, un traité avec le roi de Candy, dans l'île de Ceylan. Cette compagnie, et celle d'occident, attentives à ne pas laisser élever une puissance maritime, sur-tout à la porte d'Amsterdam, et au profit d'un rival redoutable (l'empereur d'Allemagne), avaient été les premières à appercevoir tous les dangers des avantages concédés par l'Espagne à l'Autriche, dans leur traité du mois de mai 1725. Elles avaient sonné l'allarme dans tous les cabinets intéressés, sur l'existence de la compagnie d'Ostende; et cette compagnie avait été abolie en 1731, à la sollicitation des principales puissances de l'Europe.

On voit que la position de la Hollande, dans le 18ᵉ siècle, a été dans ses relations extérieures, celle d'une puissance serrée de si près par sa rivale en fortune maritime, que toutes ses démarches, soit pour se défendre, soit pour se débarrasser du joug, ont tourné constamment à paralyser ses forces sur toutes les mers.

Toutes les causes semblent concourir à lui enlever le rang glorieux qu'elle a occupé dans la navigation.

La révolution française est un évènement majeur dans la série des relations européennes; elle amènera des chances dont les combinaisons sont incalculables : on peut craindre que la Hollande, froissée par tant d'intérêts contraires, ne finisse par succomber, au grand désavantage sans doute des peuples que son activité nourrit, en faisant refluer avec économie les grains du Nord vers le Midi, en les tenant en magasin, et augmentant ainsi par sa prévoyance la masse des subsistances pour les besoins communs.

Les forces maritimes de la Hollande consistaient, au moment de la révolution française, pour le temps de paix, en 87 vaisseaux; savoir, 44 vaisseaux de 74 à 56 canons ; 43 frégates de 40 à 24 canons, et environ 100 autres bâtimens de toutes grandeurs, le tout armé de 2,300 pièces de canon, et monté par 15 mille matelots.

En dernière analyse, le système maritime des Provinces-Unies, au moment de la révolution française, considéré sous les rapports commerciaux, était pleinement *actif* dans toutes les mers d'Europe, d'Asie, d'Afrique et d'Amérique; mais ce système, dans ses relations avec la force publique, se trouve aujourd'hui *désarmé*, s'il est permis de s'exprimer ainsi, et cela par l'obsession perpétuelle de l'Angleterre, qui cherche, dans toutes ses combinaisons, à rendre la marine hollandaise l'auxiliaire de son propre commerce. D'un autre côté, les progrès sensibles que fait la Prusse depuis moins d'un demi siècle dans la navigation marchande, sur-tout par le

premier

premier partage de la Pologne, et récemment par
l'acquisition définitive de Dantzick et de la partie
maritime de la Pologne, semblent former, pour
cette puissance, jusqu'à présent entièrement continentale, des points de réunion pour l'agrégation de
toutes les parties du commerce d'Amsterdam : c'est
un arbre antique dont les branches sont près de se
détacher du tronc. Toutes ces émanations dispersées
finiront peut-être par le dessécher, et en répartir la
substance dans les différens ports de la Baltique.

S'il en était ainsi, la Hollande et Venise, après
avoir joué, celle-ci dans le Midi, et l'autre dans le
Nord, le premier rôle dans la carrière maritime et
commerciale, subiraient définitivement une destinée
bien différente.

Toutes deux durent leur première existence navale à la crainte, à la terreur ou à la persécution;
toutes deux s'assurèrent d'abord leur subsistance
par les occupations hasardeuses de la pêche; toutes
deux cherchèrent, dans le commerce extérieur
économique, un supplément que ne pouvait leur
procurer l'exiguité de leur territoire; mais la Hollande dût sa splendeur à plus d'efforts héroïques, et
Venise fut redevable de sa fortune commerciale à sa
position, qui lui mettait, pour ainsi dire, sous la main
les riches cargaisons des Indes. Venise perdit, par
des événemens que ne pouvait pas prévoir l'esprit
humain, le monopole des marchandises d'Asie,
dans le même siècle où les découvertes des autres
européens, par des entreprises sans exemple, ou-

I

vraient, dans les deux hémisphères, des mines abondantes de richesses à l'activité hollandaise. Venise, jalousée par tous les potentats, se vit sur le point de succomber sous les efforts de l'Allemagne, de la France et de l'Espagne réunis par la ligue de Cambray, et fortifiés encore des foudres spirituelles du Vatican. Elle en fut quitte pour la perte de presque la moitié de ses domaines en Italie. La Hollande fut constamment et généralement un objet d'admiration et d'émulation plutôt que d'envie pour les principales puissances maritimes, qui cependant se vengèrent quelquefois des offenses qu'elles en reçurent. Venise devenue riche se livra à la politique et à l'esprit de négociation qu'elle applique encore aujourd'hui le mieux à son véritable intérêt. La Hollande, que sa révolution et ses conquêtes conduisirent au plus haut dégré de gloire et de richesse, s'enivra trop un moment, de l'orgueil d'influencer les principaux cabinets de l'Europe, ce qui l'entraîna dans une sphère d'ambition qui lui devint funeste. Venise subsiste depuis dix siècles avec un sénat aristocratique, et sous un Doge ou magistrat à vie. La Hollande, depuis deux siècles, voit son gouvernement se partager alternativement entre le pouvoir civil des Etats-généraux et l'autorité déléguée dès le principe par nécessité, suspendue ensuite temporairement, et livrée de nouveau à l'approche du danger à un capitaine général des forces de terre et de mer. A l'aide de ses alliances, ce chef, sous le nom de Stathouder, s'est rendu le dominateur héréditaire de la république. Enfin, Venise conserve une opulence, une indépendance et une sorte de rang honorifique en Europe; mais la Hollande, presque toujours agitée par des dissentions religieuses ou politiques, cernée par trois grandes puissances continentales, et harcelée continuellement par la convoitise de l'Angleterre, est menacée après environ deux siècles d'une existence glorieuse dans les quatre parties du globe, d'ensevelir sa laborieuse et brillante destinée dans les marais d'où elle est sortie.

Cette catastrophe, on le répète, serait une véritable calamité pour les sociétés européennes qui perdraient cet exemple vivant de ce que peut chez un peuple l'amour du travail. Elle exciterait long-temps les regrets des philosophes et des amis de l'humanité.

CHAPITRE XII.

La Maison d'Autriche.

La maison d'Autriche, si humble dans son origine, si vaste dans ses projets, si heureuse dans ses alliances, qui lui valurent successivement la Hongrie, la Bohême, le comté de Bourgogne, les Pays-Bas unis, l'Espagne et de beaux domaines en Italie, a vu s'anéantir, pour la branche allemande, sa toute-puissance navale, par la distraction, au milieu du seizième siècle, de l'Espagne et des Pays-Bas, demeurés à la branche espagnole. La paix d'Utrecht assura à la branche allemande plusieurs états d'Italie, et ces mêmes Pays-Bas, faibles débris de la succession de Charles II. Aussi, depuis cette époque, le système maritime de la maison d'Autriche n'a pu s'exercer que sur d'assez faibles moyens : elle a cherché à les étendre. Nous allons analyser, à cet égard, ses tentatives et ses succès.

La cour de Vienne, témoin des efforts qu'avaient faits les puissances maritimes pour se créer des ressources dans la guerre de la succession espagnole, et des avantages pécuniaires qu'elles tiraient de leur commerce sur toutes les mers, frappée également de l'influence que les forces navales de la cour de Londres lui donnaient sur la politique européenne, crut que le moment était venu, après la paix d'Utrecht, de faire prendre à la maison d'Autriche une part directe aux richesses de l'Asie.

Presqu'aussi-tôt que les Pays-Bas espagnols eurent été cédés à l'empereur Charles VI, par le traité de Rastadt, les marchands d'Ostende, d'Anvers et de quelques autres villes de Flandres et de Brabant, voulurent profiter de la protection et de la puissance de leur nouveau maître, pour l'établissement de leur commerce. Ils formèrent d'abord une simple société, sans octrois et sans lettres-patentes du prince, et armèrent quelques vaisseaux pour l'Orient. Ce commerce fut presqu'aussi-tôt troublé par les Hollandais; et en 1719, on apprit que dès le 19 décembre 1718, ils avaient enlevé sur la côte d'Afrique un vaisseau d'Ostende, richement chargé, quoique muni d'un passeport de l'empereur.

Vers la fin de la même année 1719, ce prince permit aux directeurs de recevoir des souscriptions, accorda différentes modérations de droits d'entrée sur les marchandises importées par les vaisseaux de la compagnie, et fit demander aux états-généraux satisfaction sur l'enlèvement du vaisseau d'Ostende. Mais bien loin que la demande de l'empereur fût écoutée, la compagnie des Indes orientales de Hollande s'empara d'un second vaisseau ostendais, ce qui occasionna une nouvelle plainte aux états; et en même temps, le marquis de Pric, gouverneur des Pays-Bas autrichiens, déclara que les intéressés à la compagnie d'Ostende étaient autorisés, par des *lettres de marque*, ou commissions impériales, de repousser par la force ceux qui attaqueraient leurs vaisseaux.

Cette protection déclarée de l'empereur ayant haussé le courage des intéressés à la compagnie impériale, ils firent partir, au commencement de 1720, cinq vaisseaux richement chargés pour les Indes orientales, et six autres navires, en 1721, dont trois pour la Chine, un pour Moka, un pour Surate et les côtes de Malabar, et le sixième pour le Bengale.

De leur côté, les Hollandais et les forbans anglais se mirent en devoir d'arrêter les succès de ces armemens, et parvinrent à s'emparer de deux des six bâtimens ostendais; mais les quatre autres effectuèrent leur retour à Ostende, avant la fin de septembre 1722.

Leurs riches cargaisons portèrent au plus haut dégré l'enthousiasme pour ces entreprises, et l'empereur ne put se refuser enfin à accorder à la compagnie, au mois d'août 1723, les lettres-patentes dont l'expédition n'avait été suspendue que par les vives représentations des Hollandais.

Les souscriptions furent ouvertes le 11 août, et la presse fut si grande, que dès le lendemain les fonds furent remplis. Presque tous les principaux négocians et banquiers de Bruxelles, d'Ostende, de Nieuport, de Gand et de Bruges, furent du nombre des souscripteurs, outre quantité des plus grands seigneurs des cours de Vienne et de Bruxelles. Les souscriptions, sur la fin du mois d'août, gagnaient déja douze à quinze pour cent.

Toute l'Europe maritime fixa son attention sur

cette tentative de la maison d'Autriche, pour se créer des relations directes avec l'Asie. La France à peine sortie des convulsions du système, appauvrie de matières métalliques dont les étrangers l'avaient dépouillée, à l'aide de son papier-monnaie, dut prendre des mesures particulières pour que ses faibles capitaux n'allassent point alimenter un commerce étranger. A cet effet, le conseil d'état rendit, dès le 16 août 1723, une déclaration portant défense à tout Français de s'intéresser dans la nouvelle compagnie d'Ostende, et aux mariniers et ouvriers de prendre aucun service dans ses armemens.

De leur côté, les principaux cabinets se mirent en mouvement, et celui de Madrid fit faire, au mois d'avril 1724, des représentations à celui de Londres, contre la compagnie d'Ostende; mais l'empereur fit changer de direction aux négociations, en s'assurant du Hollandais Ripperda, devenu premier ministre à Madrid. Celui-ci livrant les intérêts de la Hollande, sa patrie, fit consentir l'Espagne à trois traités de paix, d'alliance défensive et de commerce, signés avec l'empereur, qui fit entrer l'empire dans cette alliance, en avril et mai 1725, portant non-seulement différentes concessions à la compagnie d'Ostende, dans les ports de la domination espagnole, mais encore des dispositions pour en soutenir l'exécution.

La France et la Grande-Bretagne formèrent une contre-alliance à Hanovre, au mois de septembre suivant, et engagèrent la Hollande à y accéder. Les états-généraux se bornèrent d'abord à recevoir deux mémoires des compagnies des Indes orientales et occidentales, et à faire présenter en octobre de la même année, leurs griefs à la cour de Madrid, qui flatta les états-généraux de l'espoir d'une médiation pour le redressement de ces griefs. Le marquis de Saint-Philippe, ambassadeur d'Espagne, se rendit à cet effet à La Haye, au commencement de l'année 1726. Ces négociations furent sans succès. Leur but était de donner aux états-généraux l'espérance d'un accommodement, relatif à la compagnie d'Ostende : car, dans le moment même, au mois d'août 1726, l'empereur conclut un traité d'alliance défensive avec la Russie, et ce nouveau pacte détermina enfin la Hollande à donner son accession au traité d'Hanovre. La maison d'Autriche, en acquérant un nouvel allié, cherchait encore à détacher la Prusse de l'alliance d'Hanovre ; et, en effet, celle-ci refusa de signer l'accession des Provinces-Unies. On voit dans toutes ces négociations, poindre le système, si bien manifesté depuis, d'une conjuration des couronnes du nord, contre le commerce des puissances du midi. Cependant les cabinets continuèrent à s'exercer sur la compagnie d'Ostende, et amenèrent enfin des articles préliminaires, qui furent signés à Paris, le 31 mai 1727, par les ministres de l'alliance d'Hanovre. On suspendit l'octroi de la compagnie d'Ostende, et de tout commerce des Pays-Bas aux Indes, pendant sept ans. Mais lorsqu'il fut question de ratifier ces préliminaires, la traduction française ne parut pas rendre l'original latin, ce qui donna lieu à de nouveaux incidens.

Pendant que l'Europe se partageait ainsi sur le commerce maritime autrichien, la Grande-Bretagne, toujours habile à profiter des événemens, et de la disposition des esprits, obtint l'initiative sur toutes les puissances maritimes, même sur la France, sa co-alliée dans le traité d'Hanovre, en concluant, à son insu, un traité à Vienne, le 16 mars 1731, portant, de la part de l'empereur, suppression de la compagnie d'Ostende. La Hollande et les autres puissances maritimes accédèrent bientôt à ce traité ; mais l'Angleterre, en le provoquant, ne négligea pas de le rédiger dans un sens utile à ses intérêts.

Cette affaire, si sérieuse par ses conséquences sur le commerce maritime de l'Europe, ne fut pas encore entièrement terminée. Les intéressés à la compagnie d'Ostende, crurent pouvoir éluder une interdiction aussi précise, et continuèrent à équiper quelques vaisseaux qu'ils envoyèrent aux Indes, sous pavillon simulé ; et l'un de ces vaisseaux, nommé l'*Apollon*, entra dans l'Elbe au mois de septembre 1731, sous le pavillon prussien, et muni d'un passeport du roi de Prusse.

Les puissances maritimes, informées de l'arrivée de ce vaisseau, et des priviléges réclamés en faveur de l'Elbe, résultans d'une patente du 3 juin 1628, accordée à la ville d'Hambourg par l'empereur Ferdinand II, adressèrent un mémoire au sénat de cette ville. Après différentes réponses et répliques, il intervint enfin, le 15 janvier 1734, un décret du sénat d'Hambourg, qui interdit tout commerce interlope, et fit évanouir définitivement toute participation directe au commerce des Indes, de la part des Pays-Bas autrichiens.

L'historique de cette première tentative et de son issue, est d'une grande importance, pour éclairer sur le génie politique des Européens dans le dix-huitième siècle. Toutes leurs vues, dès le commencement, se portèrent sur les moyens de conserver ou d'obtenir la plus grande part dans le commerce général maritime, pendant les 14 années qui s'écoulèrent de 1718 à 1734. Dès lors toute l'Europe fait son affaire principale de la compagnie d'Ostende : les puissances du nord s'essayent en quelque sorte contre les puissances maritimes du midi ; les couronnes qui n'ont qu'un territoire, sans côtes étendues ou fréquentées, font des entreprises ou fondent quelque espérance d'y fixer le commerce ; toutes cherchent, par des concessions et des alliances, à attirer à elles le résultat des négociations. L'Angleterre, plus habile dans toutes les combinaisons de ce genre, termine le différend en se rendant maîtresse de donner telle direction que bon lui semble, aux stipulations. Enfin, la compagnie d'Ostende est, pour tous les cabinets, l'occasion d'entrer en scène dans la carrière maritime.

Le second pas que fit l'empereur Charles VI, après la paix d'Utrecht, pour se mettre au rang des puissances maritimes, fut de profiter des stipulations qu'il obtint dans le premier traité de commerce que lui ait accordé la Porte, après la pacification de Passarowitz, en 1718. L'empereur établit à cet effet, en 1719, une compagnie d'Orient à Vienne, pour tout le commerce possible dans les états du grand-seigneur par le Danube, et dans les ports maritimes de l'Autriche. Le succès de cette compagnie fut, dit-on, si grand et si subit, qu'elle fut en état, en 1721, de faire une répartition de 8 pour cent à ses actionnaires. De nouvelles lettres-patentes, avec accroissemens de priviléges, furent expédiées en 1721. Entre autres concessions, on lui accorda la faculté exclusive, pour 21 ans, de construire seule des vaisseaux, d'une certaine dimension, dans les ports de la mer Adriatique, appartenans à sa majesté impériale. Voilà, certes, une preuve bien manifeste de l'inactivité de la marine autrichienne! Elle donne *à forfait* et à un constructeur *unique* et *privilégié*, la fabrication des premiers instrumens de la marine nationale.

L'empereur n'oublia pas, lors de la paix de Belgrade, en 1739, de faire stipuler, en sa faveur, par la Porte, de nouveaux avantages commerciaux. En effet, il est dit, dans ce traité, que les Turcs jouiront de certains priviléges en Autriche, de même que les Autrichiens en Turquie, et que ces deux nations se regarderont réciproquement comme nations amies, *tanquam gens amicissima*.

Les projets de la Russie sur la Turquie européenne, développés postérieurement à la paix de Belgrade, donnèrent lieu à l'empereur, son co-associé dans le plan soutenu d'attaque, pour reléguer le turc en Asie, de réclamer les effets de cette *très-grande amitié*, jurée entre les cours de Vienne et de Constantinople : ainsi, en vertu de cette *loi du plus fort*, l'Autriche obtint, en 1784, un édit de la Porte Ottomane, pour favoriser l'exécution d'un traité de commerce, signé entre elles la même année. Tous ces priviléges ont été confirmés de nouveau en 1791, lors de la dernière pacification entre les deux cours.

Jusques là, on ne voit encore que des espérances pour le système politico-maritime de l'Autriche. « Celui du
» commerce dans la mer Noire par le Danube, dit Favier dans ses *Conjectures*, et de là aux Echelles du Le-
» vant, est un des objets que la maison d'Autriche s'es̈
» proposés, et peut être un des motifs les plus forts
» qu'elle ait eus pour favoriser la Russie. Cette puis-
» sance étant une fois maîtresse de la mer Noire, par la
» supériorité qu'elle y aura sur les Turcs, l'empereur
» s'est flatté (et peut-être en est-il déjà convenu avec
» la Russie), que la liberté du commerce, sur cette
» mer, et même aux Echelles, sera rendue commune
» au pavillon autrichien. Pour cela, il compte obte-
» nir ou extorquer de la Porte, le droit de naviguer
» sur le bas Danube, d'en sortir et d'y entrer libre-
» ment pour tous les bâtimens des sujets de l'Autri-
» che, ainsi que les capitulations les plus favorables,
» sur le même pied que les autres nations franques ».

Mais cet avenir lointain ne remplissait pas assez tôt les desirs du bouillant Joseph II, pressé d'occuper une place parmi les puissances maritimes, en dépit de sa position presque uniquement continentale.

A peine la paix de 1783 fut-elle signée entre les puissances belligérantes, que l'empereur entreprit de rétablir la navigation de l'Escaut pour ses sujets Brabançons. Il fit expédier, en conséquence, par le gouvernement de Bruxelles, deux batimens, l'un pour descendre, l'autre pour remonter le *Hondt*. Les Hollandais eurent la modération de retirer la patache ou vaisseau de garde qu'ils avaient, et qu'ils ont le droit d'avoir devant le fort Lillo.

Joseph II non-seulement voulut justifier, par la force, cet envahissement du territoire hollandais ; mais il soudoya des publicistes, pour établir son prétendu droit à la navigation de l'Escaut. Les Hollandais, de leur côté, ne manquèrent pas de courageux défenseurs, dont Mirabeau ne fut pas le moins distingué. Il rappelle sur-tout, d'après le mémoire de Jean de With, ainsi que nous l'avons déjà dit à l'article Espagne, que « lorsque le duc de Parme prit la
» ville d'Anvers, elle fut entièrement séparée de la
» mer; et le roi d'Espagne négligea imprudemment
» de leur ouvrir l'Escaut, voulant réduire cette ville,
» trop puissante pour lui, et répandre le commerce
» sur plusieurs autres villes ». L'interdiction de l'Es-
» caut, conclut Mirabeau, a donc eu, dans l'origine,
» des causes étrangères aux intérêts de la Hollande.
» La souveraineté de ce fleuve lui a été garantie de-
» puis par toutes les conventions qui assurent l'exis-
» tence politique de l'Europe. C'est à cette condition
» que les Hollandais renoncèrent aux Pays-Bas au-
» trichiens ».

Cette saine logique, soutenue de la médiation du

cabinet de Versailles, força Joseph II à renoncer à son projet gigantesque ; et il intervint, de cette médiation, une convention de l'année 1785, entre l'empereur et les états-généraux, qui régla les prétentions respectives, par rapport à la navigation de l'Escaut. Tout se réduisit donc encore cette fois, pour l'ambitieuse Autriche, à un peu de bruit, beaucoup de fumée, et quelques pièces d'or sottement payées par la France, puissance médiatrice.

Toute la politique de l'Autriche, dans ce siècle, ayant été, pour ainsi dire, calquée sur le génie des Européens dans cette période, génie totalement porté aux combinaisons maritimes, elle imprima à ses négociations ce caractère particulier, et sembla abjurer, au moins vis-à-vis de la France, dont elle voulait paralyser l'influence, ses vues anciennes d'aggrandissement continental.

A peine l'impératrice, reine de Hongrie, fut-elle fixée sur le trône qu'elle avait acheté par près de dix années de combats, qu'elle forma le projet d'endormir la surveillance de la France sur son système politique, par les traités de 1756, et sur-tout par la convention secrette de 1758. Depuis cette époque, les démêlés entre les deux nations ne consistèrent qu'en discussions réglémentaires, par acte de 1767, 1777 et 1779, sur leurs limites respectives. Cet engourdissement léthargique fut suivi d'un réveil des plus sanglans pour ces peuples, par l'effet de la révolution française.

Quant aux autres puissances de l'Europe, l'Autriche continua dans ce siècle à ménager, à perdre ou à regagner leur bienveillance. C'est dans cet esprit de prudence ou d'intérêt, qu'elle conclut le traité de libre navigation de 1725 avec Tunis; de 1726 avec Tripoly, de 1727 avec Alger; qu'elle régla en 1764 et 1765 ses limites avec Venise; que comme duc de Milan, elle passa en 1784 une convention avec Rome; qu'elle accéda en 1781 à la neutralité armée; qu'elle détermina en 1750 avec l'électeur de Bavière des dispositions maritimes; qu'elle signa en 1785 un traité de commerce avec la Russie; et que enfin, tour-à-tour ennemies et alliées, les deux cours de Vienne et de Berlin conclurent en 1745, une convention préliminaire, ensuite un traité définitif à Bréda. Elles signèrent postérieurement le traité de paix d'Hubertzbourg de 1763; et réglèrent enfin en 1779, par le traité de Teschen, l'ordre de la succession de Bavière. Les mêmes cabinets se rendirent, en 1790, médiateurs de la paix entre la Porte et la Russie, et manifestèrent leurs vues à cet égard par la déclaration de *Reichembach*.

Maintenant, on est à portée d'apprécier quel fut le succès des tentatives faites par la maison d'Autriche, pour se créer un système maritime.

Que conclure de ces mesures hâtives, de ces dispositions violentes, de ces combinaisons calquées sur la législation des autres états de l'Europe, dans des situations et dans des circonstances dissemblables? La maison d'Autriche a-t-elle un système maritime? Non; car un système doit être la réunion et l'emploi de moyens qui se correspondent et se fortifient mutuellement : or, dans le cours de ce siècle, toutes les tentatives faites par l'Autriche pour se créer un point central maritime, soit dans l'Océan par la compagnie d'Ostende, soit par la libre navigation de l'Escaut, ont échoué. Les espérances conçues de se former un cabotage sur la mer Noire, par la connivence de l'Autriche, au succès des projets de la Russie sur l'empire ottoman, pourraient un jour doubler, tripler même la navigation marchande de l'Autriche, mais non pas lui procurer des établissemens de marine militaire, qu'elle ne pourrait avoir la liberté d'élever sur des mers dont la domination appartiendrait exclusivement à la Russie. L'on a vu comment quelques constructions navales, dans le port de Trieste sur le golphe adriatique, avaient été conférées à une compagnie exclusive dans la première partie de ce siècle. D'un autre côté, le port d'Ostende placé à la partie occidentale des états autrichiens, se trouve, pour ainsi dire, étouffé par la concurrence d'Amsterdam et de Dunkerque, et n'est tenu, dans une certaine activité, que comme le foyer de la contrebande anglaise, sur le continent de l'Allemagne, de la France et des Pays-Bas.

Enfin, selon l'expression à la fois énergique et précise de Mirabeau, la cour de Vienne, et en particulier Joseph II, ont voulu créer un commerce extérieur maritime « sans savoir ni comment ni par » où, ni qu'elle en sera la veine artérielle, ni quel
» en

» en sera le foyer extérieur, ni pour qui, ni pour-
» quoi.............; enfin, sans sentir combien le
» commerce intérieur, presque seul à sa portée,
» est préférable à l'autre ».

Toutes ces entreprises gigantesques d'une puissance essentiellement, et presque uniquement continentale possédant quelques ports, placés pour ainsi dire aux quatre coins de l'Europe, déposent d'une manière sans réplique, de l'esprit général qu'ont imprimé aux européens, dans leur politique, l'exemple et les succès maritimes de l'Angleterre depuis la paix d'Utrecht.

En définitif, le système maritime de l'Autriche est *éphémère* et même *nul* dans ses rapports avec la force publique ; mais sa navigation marchande est assez active quant aux moyens de faciliter avec célérité et économie la circulation des matières brutes ou travaillées de son commerce.

K

CHAPITRE XIII.

Les villes anséatiques de Hambourg, Lubeck et Bremen, Dantzick et Rostock.

L'existence de ces faibles sociétés européennes, qui végètent avec quelque splendeur, et une sorte de sécurité au milieu de tant d'états puissans, doit toujours étonner le politique qui craint à chaque moment de les voir succomber sous l'ambition, l'humeur ou le ressentiment des potentats. La vanité de ces derniers, se trouve quelques momens flattée qu'on sollicite ou marchande leur protection, jusqu'à ce qu'ils puissent saisir l'occasion favorable d'engloutir, dans leurs vastes domaines, le protégé et ses richesses. Déjà Dantzick n'existe plus que dans le *mémorial* des villes indépendantes.

La hanse ou *hansa*, vieux mot qui signifie *commerce*, tire son origine d'un traité que firent entr'elles, vers le treizième ou quatorzième siècle, les villes de Lubeck et Hambourg, pour empêcher les pirates de faire des courses sur l'Elbe. Ils concertèrent à cet effet leurs entreprises, partagèrent les frais d'armemens, et unirent ainsi leurs forces, pour maintenir leur liberté et leurs privilèges.

Un grand nombre d'autres villes, voyant le succès de cette ligue, demandèrent à y entrer, pour jouir des mêmes avantages ; et elles furent successivement admises à l'union. Les souverains des divers états, pour attirer, à l'envi l'un de l'autre, le commerce de la *Hanse*, lui accordèrent divers priviléges, et elle en reçut particulièrement de considérables, des empereurs Charles IV, Frédéric IV, et Maximilien II.

D'un côté, les vastes projets de Charles-Quint, qui craignait de trouver de l'opposition dans la prépondérance des villes anséatiques ; de l'autre, les progrès que firent insensiblement les autres Européens, dans la carrière du commerce et de l'industrie ; ensuite, les rapports devenus trop étendus de cette ligue, furent les principales causes qui entraînèrent sa destruction. Des quatre-vingts villes dont elle avait été composée, on ne comptait plus au commencement du dix-huitième siècle, que Hambourg, Lubeck et Bremen.

Nous les faisons suivre dans cette analyse des villes de Dantzick et de Rostock, autrefois anséatiques, tant à cause d'une conformité de situation dans les mers du Nord, que par la participation accordée à ces deux derniers ports, aux effets du traité de 1716, conclu entre la France et les trois autres villes anséatiques.

Les villes de Hambourg, Lubeck et Bremen, font comme l'on voit, des traités et des négociations avec les puissances étrangères ; elles ont figuré avec le titre de villes anséatiques, dans le traité de paix d'Utrecht, de 1713, entre la France et la grande-Bretagne. Leur commerce ayant beaucoup souffert de la part prise par les princes d'Allemagne, à la guerre de la succession espagnole, elles sollicitèrent et obtinrent de la France ce traité de 1716, qui encouragea leurs spéculations. Nous allons procéder à l'analyse particulière à chacune d'elles, en commençant par Hambourg, actuellement la plus considérable de cette ancienne association, et en finissant par Dantzick, dont la situation politique a été totalement changée par une suite des succès qu'a eus dans ces derniers temps, le système copartageant des principales puissances du Nord.

1°. HAMBOURG, ville renommée sur l'Elbe dans la mer d'Allemagne. Sa situation, dans le duché de Holstein, lui a occasionné long-temps des démêlés avec le Danemarck. On verra au chapitre de cette puissance, que les griefs respectifs sur plusieurs points, et particulièrement sur les monnaies, furent exposés et annullés dans un acte d'accommodement de 1712, un mandement du roi de Dannemarck de 1726, et une convention définitive de 1736. Les rivalités de commerce entre Hambourg et Altena, port également situé sur l'Elbe, et appartenant au Danemarck, furent assoupies par le traité des limites de 1740. Enfin, deux autres traités conclus entre Hambourg et les deux maisons de Holstein, les 12 et 27 mai 1768, terminèrent toute contestation, en reconnaissant la ville de Hambourg comme un état immédiat de l'empire, et en lui cédant les péages auxquels ces deux maisons pouvaient prétendre.

En conséquence de ces conventions, cette ville obtint de l'empereur un décret, le 3 juillet 1769, en vertu duquel elle eut réellement le droit de séance et de suffrage aux diètes, droit qu'elle exerça le 12 mars 1770. Hambourg avait tâché dans ces derniers temps, de soutenir les débris de la Hanse Teutonique, pour conserver, par ce titre important, son ancienne considération, ce qu'elle n'avait pu comme ville impériale, qualité d'ailleurs, non-contestée aux villes de Lubeck et de Bremen ses co-associées.

La France, à plusieurs époques de ce siècle, a accordé à la ville de Hambourg, différens avantages de commerce spécifiés dans le traité de 1716 ; mais dans la guerre de sept ans, cette ville ayant indisposé le gouvernement, par sa partialité envers nos ennemis, dont elle favorisait les enrôlemens dans son territoire, tandis qu'elle en refusait l'entrée aux soldats français, mérita qu'un arrêt du conseil lui retirât, en 1760, les faveurs qu'elle avait reçues par le traité de 1716. Depuis, les magistrats de Hambourg ayant fait de nouvelles sollicitations, la France lui rendit ses privilèges, avec les modifications spécifiées dans le traité de 1769, renouvellé par une autre convention de l'année 1789.

La discussion qui s'éleva vers le milieu du siècle, entre les puissances maritimes et l'empereur, au sujet de la compagnie des Indes orientales, établie à Ostende, conduisit la ville de Hambourg à quelques démarches pour recueillir les débris de cette compagnie, en s'autorisant du *grand privilège de l'Elbe*, qui lui avait été accordé par la maison d'Autriche allemande, dans le siècle dernier. L'empereur, par son rescrit au magistrat de cette ville, de l'année 1732, s'opposa à toute tentative pour rétablir la compagnie d'Ostende, sous quelque mode que ce soit. Il intervint en conséquence, en 1734, un décret du sénat, qui interdit dans Hambourg tout commerce d'interlope.

L'importance que cette ville doit continuer de mettre à son commerce, dont elle tire toute sa prospérité et sa considération, aurait dû, à ce qu'il semble, lui faire éviter, dans la confection de ses lois de douane, des inconvéniens qui paraissent opposés à ses véritables intérêts, et à la nature d'un gouvernement libre.

Cependant, par son tarif de l'année 1753, elle a imposé les marchandises qui entrent dans son territoire; et quoiqu'en général les droits soient modiques, et que le mode de perception soit fort doux, ce n'est pas assez pour Hambourg, qui a une concurrence très-préjudiciable à éprouver dans le commerce qui s'exerce à *Altena*, dont le Danemarck a rendu le port absolument franc.

Le mystère qu'a fait son sénat, du tarif d'après lequel les droits de douane se payent à Hambourg, semble également contraire à l'esprit républicain, qui reçoit toute sa vigueur de la publicité des actes du gouvernement. Non-seulement on n'a jamais permis que ce tarif fût public; mais il est même défendu aux *écrivains* d'en donner des copies, et long-temps les négocians ne surent là-dessus que ce qu'ils avaient appris par l'usage. L'intérêt particulier a enfin prévalu contre ce système de jalousie ou de défiance, puisque ce tarif a paru imprimé à Francfort et à Leipsick, pour la première fois, en 1784, plus de trente années après sa confection.

Quoi qu'il en soit, le mode de perception adopté, range, sous cinq classes, les droits à percevoir sur les marchandises ; 1°. *droits pour le sénat ;* 2°. *pour la bourgeoisie,* 3°. *pour l'amirauté ;* 4°. *douane* appelée de *Schaumbourg ;* 5°. *douane de Stade.* Les différentes fixations sont combinées relativement aux faveurs dues aux principales puissances maritimes, avec lesquelles la ville de Hambourg entretient des relations commerciales. *L'Angleterre, l'Espagne, la Hollande, la France, les Pays-Bas autrichiens, Archangel, la Baltique,* etc. obtiennent, dans ce tarif, des modifications particulières, puisées dans un intérêt commun.

2°. LUBECK et BREMEN sont villes libres et impériales, ayant chacune un port de commerce important; la première, située au confluent de la Trave et de deux autres rivières, près la mer Baltique, et la seconde, sur le Veser, dans la mer d'Allemagne.

LUBECK était anciennement à la tête des villes anséatiques ; et les fameuses ordonnances maritimes de la Hanse Teutonique y furent publiées, pour la première fois, en 1591, dans une assemblée de députés de cette association. Cette ville a été comprise dans le traité de commerce conclu, en 1716, entre la

France et les villes anséatiques : les avantages respectifs n'ont point été révoqués.

Les droits que la ville perçoit sont très-modiques, et ne montent guères qu'à un demi pour cent de la valeur. Il est facile d'appercevoir que ces rétributions, quoique faibles, sont toujours des entraves au commerce d'une ville, qui ne peut soutenir la concurrence de ses rivaux, qu'en adoptant les principes d'un port franc illimité.

Bremen jouit, en tous points, par rapport à la France, des mêmes priviléges que Lubeck; et elle a une plus grande attention à ne pas surcharger le commerce. Les droits y sont encore plus modiques : car généralement, ils ne s'élèvent pas à plus de 16 centièmes de la valeur des marchandises.

3°. Rostock, ville du duché de Melkenbourg, dans la basse Saxe, est situé sur la Warnair, à deux lieues de la mer Baltique. Le commerce de cette ville serait important, si le génie des habitans avait secondé les efforts faits par le duc, pour établir des relations directes entre Rostock et la France. Il sollicita et obtint, à cet effet, en 1779, un traité qui fit jouir ses sujets des avantages accordés à la ville de Hambourg; mais la vanité des habitans de ce duché éteint toute émulation de commerce : ils se bornent à traiter de leurs denrées et de leur transport avec Lubeck et avec les navigateurs danois; et lorsque ceux qui s'appellent négocians ont réalisé, sans risques et presque sans avances, quelques bénéfices, ils achètent des terres avec titres honorifiques, et abandonnent la carrière du commerce à d'autres qui ne la pousseront pas plus loin.

4°. DANTZICK, ville encore libre dans la plus grande partie du dix-huitième siècle, mais non *impériale*, relevait du roi de Pologne, à qui elle payait des droits exhorbitans pour la concession, ou en compensation de ses privilèges. Cette ville a un port près la Vistule, dans la mer Baltique.

Dantzick, autrefois l'une des quatre métropoles de la Hanse Teutonique, vient d'éprouver tout ce qu'il en coûte, lorsqu'on a un voisin trop puissant, en état de justifier ses prétentions par des raisons de convenance, et sur-tout par des succès.

Dantzick s'est trouvé dans trois positions bien différentes dans le cours de ce siècle. Depuis l'an 1700, jusqu'au premier partage de la Pologne, consommé par le traité de Warsovie, du mois de septembre 1773, elle a joui d'une pleine liberté dans sa politique, comme dans son commerce. Après cette époque, jusqu'au moment du second partage, elle a été circonscrite et pressée par les douanes prussiennes, vexée par ses troupes, et agitée dans tous les sens par l'ascendant de la Prusse, qui tendait, par toutes sortes de moyens, à la forcer de réunir son commerce à celui de cette monarchie. Enfin, depuis que le second partage est effectué, elle n'est plus ville libre; mais un des canaux qui, suivant la justesse des mesures adoptées par la suite par le cabinet de Berlin, pourra le plus sensiblement contribuer à l'accroissement de la prospérité des habitans de la domination prussienne, et influer sur la prépondérance de cette cour dans le système politique du nord de l'Europe. Ces effets sont assez importans, pour qu'il soit utile de rappeler par quelles dispositions, promulguées avec adresse, et soutenues par la force, a été anéantie la puissance commerciale de Dantzick.

Vers le commencement de ce siècle, cette ville eut quelques démêlés avec la Russie, qui furent terminés en 1717, par un accord respectif avec Pierre Ier, sous l'agrément du roi de Pologne.

Dantzick ayant été omise dans le traité de commerce de 1716, passé entre la France, Hambourg, Lubeck et Bremen, fit valoir que cependant elle avait été comprise dans le traité d'Utrecht; elle obtint, en conséquence, la participation aux privilèges commerciaux, fixés en 1716, de part et d'autre; et cette faveur lui fut assurée par un arrêt du conseil d'état de France, du 4 décembre 1725.

Elle jouissait ainsi paisiblement de tous les avantages de sa position et des fruits de son antique activité, lorsque l'évènement du premier partage de la Pologne vint changer son existence.

Le roi de Prusse, en devenant maître de la Prusse occidentale, promit bien à la vérité de respecter les privilèges de cette ville; et par le traité de Varsovie de 1773, il excepta en effet de ses nouvelles possessions, nommément Thorn et Dantzick; mais ses privilèges mêmes, en opposition avec sa situation géographique et politique, devaient nécessairement lui être funestes.

En effet, le roi de Prusse, par sa déclaration du 17 juin 1775, assimila *commercialement* Dantzick à l'étranger, et après avoir imposé à douze pour cent les marchandises importées de l'étranger dans les états prussiens, par l'intermédiaire de Dantzick. Il fixe, par cette même déclaration, encore à 4 pour cent les droits sur les relations directes de cette ville avec le territoire prussien; tandis qu'il n'avait fixé qu'à 2 pour cent seulement, par un tarif particulier du mois de mars 1775, arrêté avec le roi de Pologne, les objets de commerce entre leurs domaines respectifs.

Ce ne fut pas tout. La possession mixte du territoire de Dantzick, nécessita deux douanes, l'une municipale, l'autre royale; toutes deux percevant des droits sur les marchandises étrangères, d'après un tarif modéré à la douane municipale, et sur un taux double et triple à la douane royale. Les relations de Dantzick avec l'étranger étaient donc fatiguées et paralysées par cette surveillance et ces tributs multipliés, qui étaient suivis et exigés avec d'autant plus de rigueur par la Prusse, qu'elle avait toujours en vue de favoriser son port d'Elbing, aux dépens de celui de Dantzick.

Dans cet état de choses, cette dernière ville fit éclater son mécontentement par des voies de fait, vers 1783. Le roi de Prusse entreprit de les réprimer de vive force, tout en essayant de justifier sa conduite aux yeux de l'Europe, par un manifeste qu'il publia au mois d'avril de la même année.

La Russie se rendit médiatrice, et il fut conclu, sous sa garantie, entre les deux parties, une convention ou traité de commerce du mois de septembre 1784.

Dès l'année suivante, les habitans de Dantzick parurent mécontens de cette convention, soit au fonds, soit relativement à son inexécution : ils envoyèrent à ce sujet, des députés à Pétersbourg. La Russie remit, à leur sollicitation, un mémoire à la cour de Berlin, qui y répliqua, sans que ces discussions fussent suivies d'aucun nouveau résultat en faveur de Dantzick.

Un nouvel ordre de négociation parut même près de s'établir en 1788, pendant que la Russie était occupée de la guerre contre la Porte, et que la Pologne commençait à vouloir secouer le joug étranger qu'elle supportait impatiemment depuis long-temps. Il se forma alors deux partis à Dantzick ; l'un, celui des négocians et de la masse des habitans qui semblaient vouloir sa réunion à la Prusse; et l'autre celui de la régence qui tendait à maintenir sa dépendance de la Pologne.

Au milieu de tous ces mouvemens, de toutes ces négociations, s'ouvrirent, en juillet 1790, les conférences de Reichembach, pour aviser à des moyens de pacification entre la Russie et la Porte. Il y fut question de la réunion de Thorn et de Dantzick, à la Prusse occidentale, sous certaines clauses proposées comme avantageuses à la Russie et à la Pologne. Ces nouvelles tentatives qui manifestèrent, d'une manière si peu équivoque, le vif desir qu'avait la Prusse, d'englober ces deux villes dans ses possessions, furent contrariées secrètement par la jalousie de la Russie, qui craignait de voir la Prusse, fortifier sa puissance maritime par la possession d'un port excellent, à l'abri des tempêtes du *Nord-Ouest*, fréquentes sur la Baltique. En effet, la Prusse, devenue une fois maîtresse de ce port, pouvait l'offrir comme refuge aux flottes des puissances du Nord, ses alliées, lorsqu'elles seraient en guerre avec la Russie ; et celle-ci n'avait pas à craindre un semblable préjudice de l'isolement de Dantzick, qui, sans consistance militaire, ne devait guères se hasarder à agir aussi ouvertement contre les intérêts et la volonté de la Russie.

Quoiqu'il en soit, la suite des évènemens ayant conduit les trois principales puissances du Nord, à un second partage, et Frédérick-Guillaume, par lettres-patentes du mois de mars 1793, ayant pris possession de Dantzick, et du nouveau territoire envahi par ses troupes, ce prince y établit une nouvelle constitution de commerce, dans une ordonnance du mois d'avril suivant.

Ainsi s'anéantit la liberté d'une des anciennes métropoles de la Hanse Teutonique. Le commerce qu'elle tenait de sa position, de son ancienne renommée et de sa grande activité, s'élevait autrefois de 50 à 60 millions ; il était tombé, depuis la première occupation de la Prusse occidentale, de 11 à 12 millions.

L'existence glorieuse et honorable des villes anséatiques s'était formée de leur utilité et de l'insouciance des anciens dominateurs de l'Europe, pour la prospérité publique ; mais l'esprit des deux derniers siècles ayant porté ceux-ci à améliorer la condition des peuples, ces associations furent nécessairement réduites au seul commerce que comporte leur localité. Les trois villes de Hambourg, Lubeck et Bremen, pour conserver les débris du système maritime de la Hanse Teutonique, ont besoin, dans l'exercice de leurs avantages particuliers, de n'être contrariées ni par ces fausses dispositions législatives qui rançonnent le commerce appelé chez leurs rivaux par des immunités absolues ; ni, comme il est arrivé pour Dantzick, par des vues sérieuses d'aggrandissement de fortune commerciale, de la part des puissances voisines prépondérantes.

CHAPITRE XIV.

La Prusse et États en dépendans.

La fortune navale de toutes les puissances européennes, se trouve aujourd'hui dans un état à-peu-près stationnaire ou rétrograde : le seul système de la Prusse semble marcher sensiblement vers l'amélioration, par des moyens aussi naturels que bien combinés, et propres à assurer la grandeur future de sa marine. Nous allons développer les principes et les conséquences d'un tel ordre de choses, en nous aidant principalement, dans la présente analyse, des mémoires de Brandebourg, et des dissertations du comte de Hertzbert, ministre d'état de Prusse pendant plus de 40 ans.

L'électorat de Brandebourg ne fut qu'une puissance continentale, jusqu'à ce que Frédérick-Guillaume, surnommé *le grand-électeur*, et bisaïeul de Frédérick, dernier roi de Prusse, obtint à la paix de Westphalie, en 1648, la Poméranie ultérieure, après le décès des ducs de ce nom. Frédérick-Guillaume conçut aussitôt le desir de profiter de sa situation sur la mer Baltique, pour fonder une navigation dans ses états.

Dans cette vue, il acheta, en 1650, de la cour de Danemarck, le fort de Dausbourg, appelé aujourd'hui *Tranquebar*, sur la côte de Coromandel ; achat qui n'eut cependant pas lieu, faute d'argent. Il fit, en 1675, des tentatives plus réelles, dans le dessein de reconquérir, sur la Suède, la Poméranie citérieure, et les ports de Stettin et de Stralsund qui en dépendent. Un négociant hollandais, nommé *Raulé*, loua, en 1676, à l'électeur, trois frégates de vingt canons, et dix autres bâtimens armés, de moindre capacité. Avec cette flottille, il inquiéta tout l'été, dans la Baltique, la navigation des Suédois, et leur prit, l'année suivante, la ville de Stettin. En 1678, un nouvel armement de 10 frégates, commandé par le fameux amiral hollandais Tromp, alors au service du Danemarck, procura à Frédérick-Guillaume le port de Stralsund.

Pour s'assurer d'une marine militaire constante, il fit, dans cette année, un nouveau contrat avec Raulé, pour six ans, par lequel celui-ci s'engagea d'entretenir dans les ports de l'électeur, six frégates de 40 jusqu'à 20 canons, qui firent, en 1679, des courses assez heureuses sur les Suédois. Ces avantages furent malheureusement suivis de la perte de Stettin et de Stralsund, restitués à la Suède par la paix de Saint-Germain. Depuis, (en 1713) le premier de ces ports est retourné irrévocablement à la Prusse.

La paix avec le roi de Suède rendant inutile, contre ce voisin, la flotille du grand électeur, il l'employa de 1680 à 1682, à croiser dans la Manche contre les vaisseaux de l'Espagne. Les griefs de l'électeur étaient le refus des 32 mille écus par mois, dont il était convenu avec la cour de Madrid, comme subsides des troupes fournies par lui, dans la grande alliance contre la France en 1674. Cette expédition maritime donna une nouvelle preuve de l'activité et du courage de Frédérick-Guillaume; mais il n'en retira aucuns profits. Le montant de quelques prises qu'il fit ne remboursa pas même les dépenses.

Des combinaisons plus solides attirèrent cependant son attention. Raullé, le directeur de sa marine, nettoya le port de Pillau et creusa un canal, établit un collége de commerce et d'amirauté, et y fit construire des baraques pour les matelots, et des chantiers pour la bâtisse des vaisseaux.

Dans ce même temps, et par octroi du 18 novembre 1682, l'électeur établit une compagnie d'Afrique pour trente ans, et lui assura sa protection et celle du roi de France, en vertu d'un article de leur alliance. Deux vaisseaux furent expédiés pour la Côte d'or; l'un, monté par le major Groeben, revint en Europe après avoir bâti le fort Grosfriedrichsbourg, tandis que l'autre portait des esclaves en Amérique. En 1685, l'électeur fit encore l'acquisition de l'île d'Arguin, située entre le Cap Verd et le Cap Blanc, près la rivière du Sénégal, où se fait aujourd'hui le commerce le plus avantageux de la gomme arabique et de l'ambre gris. Dès l'an 1687 Frédéric-Guillaume eut quatre établissemens considérables et bien situés, sur les deux différentes côtes de l'Afrique. Ces succès ne tardèrent pas à éveiller la jalousie des Hollandais. Alors les vaisseaux Brandebourgeois furent en but à leurs vexations, qui, malgré un traité conclu en 1685, pour établir les droits respectifs des deux compagnies dans ce commerce, n'en continuèrent pas avec moins d'acharnement.

Cependant la compagnie africaine, établie en Prusse, bien loin de prospérer, ne procura, par ses premiers retours, aucun dividende; et l'on fut obligé d'augmenter les fonds de 20 pour cent, soit que la direction fût mal conduite, ou que les dépenses de ses spéculations absorbassent les bénéfices. Les vaisseaux avaient été équipés tantôt à *Pillau*, tantôt à *Hambourg*. En 1686, l'électeur transféra à *Embden*, comme dans un des ports les mieux situés de l'Europe, non-seulement l'amirauté et toute le compagnie d'Afrique, mais aussi sa propre marine militaire, consistant en dix vaisseaux de 40 à 20 canons, qu'il acheta de *Raulé*. Enfin, après avoir pris ses affaires à son compte, et dans l'intention de les améliorer, il obtint de la compagnie danoise la moitié de l'île Saint-Thomas, sur les côtes d'Amérique. L'exécution de tous ses desseins fut interrompue par sa mort, en 1688.

Son successeur, Frédéric III, depuis, premier roi de Prusse, soutint la compagnie africaine avec des frais très-considérables, et avec aussi peu de succès. A sa mort, en 1713, sa marine militaire se montait à douze vaisseaux: mais Frédéric-Guillaume qui lui succéda, entièrement livré aux évolutions militaires, vendit, en 1720, à bon compte, toutes ses possessions en Afrique, à la compagnie hollandaise.

Dans cette première période de 80 années, qui comprend le règne de Frédéric-Guillaume et de son fils, premier roi de Prusse, on voit commencer quelques établissemens de forces navales, qui ne s'anéantirent probablement que parce qu'ils furent livrés aux spéculations des étrangers. C'étaient des Hollandais, des Anglais, qui n'y cherchaient que leurs intérêts particuliers, et qui peut-être s'étaient vendus à leurs compatriotes pour faire échouer, à force de manœuvres et de déprédations, des établissemens dont les Hollandais sur-tout se montraient jaloux.

Frédéric-le-Grand, parvenu au trône, après avoir analysé dans le silence du cabinet, toutes les parties constitutives de la domination prussienne, ne se méprit pas sur les mesures destinées à la consolider, soit en prévenant ou repoussant les attaques d'un ennemi irréconciliable, soit en s'unissant avec des amis sincères, ou abandonnant ceux qui ne lui donnaient que des démonstrations inutiles ou nuisibles à ses intérêts. C'est d'après cette politique que commandait impérieusement le besoin d'assurer l'existence encore fragile de sa monarchie, que de 1740 à 1745, Frédéric flotta entre des succès militaires, des revendications et des occupations de territoire; qu'il se montra incertain dans l'exécution des traités de paix conclus, rompus et renoués, tantôt avec la France et l'Angleterre, tantôt avec l'Autriche. Tant de travaux ne furent pas infructueux. Par la paix de 1745, et en vertu de la cession de la cour de Vienne, confirmée en 1748, le beau duché de Silésie fut réuni à ses états.

Jusqu'alors, un roi de Prusse pouvait inspirer aux puissances voisines quelques inquiétudes de son agrandissement progressif; mais les succès inouïs de Frédéric, dans la guerre de 1740, la nature de sa politique, qui ne s'attachait qu'aux choses, et n'appréciait les personnes que ce qu'elles valaient, rendirent ce prince l'objet de la jalousie et de la haine des maisons d'Autriche, de Saxe et de Russie. Elles convinrent, dès 1746, d'un plan éventuel de partage de la monarchie prussienne. Le hasard et la trahison donnèrent à Frédéric connaissance de ce pacte en 1753, et il prépara jusqu'en 1756 les moyens de prévenir ses ennemis, avant qu'ils eussent le temps de se réunir. La postérité saura, par le héros même de cette tragédie politique, comment Frédéric résista, dans la guerre de sept ans, avec la seule alliance de l'Angleterre, de l'électeur de Hanovre, du duc de Brunswick et du landgrave de Hesse, à toutes les forces réunies de l'Autriche, de la France, de la Russie, de la Suède et de l'Empire. Il conquit enfin sa gloire et son repos par la pacification de 1763. L'accession de presque toutes les puissances de l'Europe, à ce traité, lui assura enfin irrévocablement la possession du duché de Silésie.

Dans l'intervalle de 23 ans qui s'écoula entre l'avénement de Frédéric et cette paix de Hubertsbourg, ses soins se portèrent particulièrement sur les moyens de défense ou de consolidation de la monarchie prussienne; cependant il ne perdit pas de vue certaines dispositions majeures pour préparer de loin l'établissement d'un commerce maritime, auquel il ne pouvait encore donner tous ses soins.

Il déclara, en 1751, *port franc* Embden, ville sur la mer d'Allemagne, et y érigea une compagnie des Indes orientales, qui expédia 6 vaisseaux pour la Chine, à la vérité sans bénéfices. Une autre compagnie formée pour le Bengale, à peu-près dans le même temps, ne fit que deux expéditions. La guerre de 1756, qui survint, contribua sans doute au peu de succès de ces deux compagnies; mais d'autres causes influèrent sur leur chûte : premièrement, l'éloignement du port d'Embden, qui est trop écarté de la masse des forces prussiennes; ensuite l'impéritie, suivant Hertzberg, des entrepreneurs; enfin, peut-être, les manœuvres des Hollandais et des Anglais, qui se rendirent maîtres de cette association, en prenant presque toutes les actions montant à 4 millions de livres, malgré la sévérité des lois portées par leurs gouvernemens pour l'empêcher. Embden passait, il y a deux siècles, pour un des meilleurs ports de l'Europe. Les Anglais, forcés de quitter Anvers, en firent le centre de leurs liaisons avec le continent. Les Hollandais, après avoir aspiré long-temps et inutilement à se l'approprier, en étaient devenus jaloux, jusqu'à travailler à le combler. Frédéric le retira de leurs mains en 1744, en leur remboursant des avances qu'il en avait reçues. En 1759, il établit à Embden une compagnie pour la pêche du hareng.

Dans la guerre maritime de 1746, entre la France et l'Angleterre, il soutint l'honneur du pavillon prussien, et les principes de neutralité maritime contre les anglais. Il fit indemniser par un traité d'accommodement de 1755, ses armateurs, des prises que leur avaient faites les navires de cette nation. Il avait conclu dès 1753, une convention préliminaire de commerce avec la France. Sa renommée lui valut de la Porte un semblable traité en 1761, ce qui assura la liberté de son pavillon contre les pirateries des puissances barbaresques.

Mais ce fut sur-tout depuis la paix de 1763, que furent jettées les bases de la prospérité maritime de la Prusse. Frédéric signala la première année de cette paix, par un traité particulier de même date, avec le cabinet de Varsovie. Ensuite, il se lia avec la Hollande par une convention de 1766, relative au commerce. Une occasion d'aggrandissement et d'amélioration bien plus importante, ne tarda pas à se présenter dans les troubles continuels de la Pologne. L'impératrice de Russie, sous le prétexte de s'en préserver, s'étant emparée en 1772, de différens districts polonais, le roi de Prusse chercha quels droits il ferait valoir, si les deux cours impériales s'emparaient définitivement de quelques parties de ce territoire. Il se détermina à réclamer la Poméranie avec la ville de Dantzick; et si on ne pouvait pas obtenir celle-ci, à insister sur toute la Prusse *polonaise*, aujourd'hui *occidentale*, parce que, dit Hertzberg, c'était le moyen de combiner la Prusse et la Poméranie, par conséquent, de consolider une fois le corps principal de la monarchie prussienne, et de se rendre maître du grand fleuve de la Vistule, comme du principal commerce de la Pologne. Frédéric fit paraître différens manifestes pour établir ses droits ; et ce qui fut encore plus décisif, il fit occuper par ses troupes, toute la Prusse polonaise, excepté les villes de Dantzick et de Thorn ; les cours de Vienne et de Pétersbourg en firent autant de leur côté. Le roi et la république de Pologne s'y opposèrent par des protestations et des écrits, mais on convint à Varsovie, en 1773, d'un traité par lequel la république céda au roi, la Prusse polonaise, excepté les villes de Dantzick et de Thorn.

Dès-lors, un nouveau système devint nécessaire à Frédéric ; il en promulgua les bases en 1775, dans un traité de commerce qu'il conclut avec le roi de Pologne, et dans quatre déclarations ou tarifs de la même année, sur la perception, l'exemption ou la prohibition des marchandises, soit nationales, soit étrangères, qui circulaient des états de Prusse dans ceux du roi de Pologne, *ou même en empruntant le territoire de Dantzick.*

On a pu voir, au chapitre des villes anséatiques, et à l'article Dantzick, par quelles combinaisons le roi de Prusse parvint à paralyser presqu'entièrement le commerce, autrefois si fameux de ce port, et à forcer un parti considérable dans la ville, à demander sa réunion aux états prussiens. Depuis 1784, sur-tout, les négociations entre le magistrat de Dantzick, la cour de Berlin et celle de Pétersbourg comme médiatrice, furent très-actives. Dantzick réclamait ses anciens privilèges ; mais ni les conventions de 1784 et de 1785, ni différens mémoires de l'impératrice de Russie, en 1786, ni la déclaration officielle faite par le successeur de Frédérick, le 17 mars 1790, n'empêchèrent celui-ci de s'emparer de cette ville en 1793, et d'en constituer le commerce, par une ordonnance du mois d'avril, conformément au régime et aux intérêts de la Prusse. On sait que postérieurement, une nouvelle occupation de la Pologne, a encore valu au successeur de Frédéric, la ville de Varsovie, dans la partie plus commerçante de la Pologne, qui lui est échue par son traité de partage avec les deux autres cours impériales.

Frédéric, en léguant à son neveu une si riche moisson à recueillir, n'avait point oublié de lui préparer les moyens d'exploiter un si beau domaine maritime et commercial.

Dès 1775, il avait pris les mesures les plus efficaces pour en faire valoir les avantages, dont le plus essentiel était la jonction de l'Oder et de la Vistule, par la Warte et la Netze, et par le canal de Bromberg.

D'un autre côté, la guerre anglo-américaine, en mettant aux prises les quatre grandes puissances maritimes, fournit au pavillon prussien l'occasion de se déployer avec le plus grand succès dans cette période de huit années; et cette impulsion une fois reçue, s'est perpétuée, même après la paix.

Frédéric qui avait réclamé avec vigueur, dans la guerre terminée par la paix de 1748, la liberté de son pavillon, violée par les anglais, ne fut pas le dernier dans celle d'amérique, à se lier avec la Russie, pour faire respecter leur neutralité. (Convention de 1781). Il fit plus: il obtint en 1782, du gouvernement britannique, une modération à la rigueur de son acte de navigation. Celui-ci permit, par un nouveau bill, aux sujets prussiens, d'importer à l'avenir, librement en Angleterre, les bois de sapin, et aux habitans de l'une des provinces prussiennes, d'y transporter les productions d'une autre province, ce qui n'avait pas été permis jusqu'alors. Certes ! voilà un exemple bien signalé de l'habileté du cabinet de Berlin, et de l'ascendant que lui procure, sur le roi d'Angleterre, le voisinage de l'électorat d'Hanovre.

Frédéric profita avec la même habileté de sa neutralité, pour encourager la construction de vaisseaux dans les ports de la Poméranie, de la Prusse, et même dans la Marche ; et favoriser l'exportation des toiles et autres articles de manufactures, ainsi que des productions territoriales, sur-tout en bois de construction navale : (observons que celui des états prussiens, entre le Weser et la Vistule, passe pour le meilleur de toute l'Europe). Il créa, pour ainsi dire, le cabotage par navire prussien, presqu'inconnu jusqu'alors. Les négocians d'Embden principalement, se sont signalés en envoyant avec profits, plusieurs vaisseaux chargés en partie du produit des fabriques prussiennes, à Batavia, au Bengale et à la Chine, et même dans l'Amérique septentrionale, destination moins lucrative que celle de l'Asie.

Par trois déclarations des 30 avril, 3 novembre et

8 décembre 1781, Frédéric établit des principes dont il ne s'écarta pas, et d'après lesquels les passeports de navigation ne devaient être accordés qu'à des navires appartenans à de véritables Prussiens. Par cette exécution rigoureuse de la neutralité armée, ce pavillon acquit la plus grande faveur. Il fut également recherché et respecté par les nations neutres et belligérantes; et on le vit flotter tranquillement, non-seulement dans les mers d'Europe, mais aussi dans celles des Indes occidentales et orientales, où il était inconnu auparavant. Sa réputation valut au roi de Prusse une lettre de l'empereur de Maroc, pour lui offrir sûreté dans sa navigation, et en réclamer la réciprocité de sa part.

Les bénéfices de la Prusse furent importans dans cette période, si l'on suppute tous ceux résultans du transit très-considérable des marchandises étrangères; si l'on y comprend les profits sur la navigation de la Baltique, de la mer du Nord; sur la construction des vaisseaux en Prusse et en Poméranie; sur la pêche des harengs, établie à Embden, et sur le cabotage des navigateurs de cette dernière ville dans tous les ports de la Baltique jusqu'au détroit de Gibraltar. En réunissant à tous ces avantages les spéculations maritimes des villes de Stettin, de Colberg, de Stolpe, d'Elbing, de Kœnisberg et de Memel, on aura une navigation annuelle de douze à treize cents vaisseaux prussiens.

La pacification de 1783 ayant imprimé à toutes les puissances continentales de l'Europe une nouvelle ardeur commerciale, soit pour réparer leurs pertes, soit pour entrer en partage des nouvelles spéculations que l'indépendance de l'Amérique faisait naitre, Frédéric mit au jour de nouvelles dispositions économiques, pour perfectionner son système de commerce, ainsi que pour centraliser et développer ses élémens de puissance navale.

La première disposition législative du 20 septembre 1783, est remarquable, en ce qu'elle concerne la navigation et les consulats. Elle oblige les navigateurs à acquitter les droits qu'ils refusent quelquefois, et empêche les consuls d'en exiger de trop forts, en indiquant la quotité des droits à percevoir, suivant l'espèce de navigation, soit dans la mer Baltique, soit dans les mers de France, d'Italie, d'Espagne, de Portugal, d'Asie, d'Afrique et d'Amérique. La même année, il rendit une loi prohibitive de certains ouvrages étrangers, en faveur des fabriques des états prussiens, et soumit l'importation d'autres articles à des droits de 25 et même de 50 pour cent de leur valeur. Une autre ordonnance de l'année 1785, étend à un plus grand nombre d'objets manufacturés chez l'étranger, les précédentes prohibitions, ou les droits considérables dont l'importation se trouve frappée pour celles consommées dans les états en-deçà du Wéser.

Enfin Frédéric conclut, la même année 1785, un traité de commerce avec les États-Unis de l'Amérique; et il fut le premier à établir, dans ce traité, le grand principe de la neutralité à observer, par une puissance belligérante envers les sujets de l'autre qui ne sont pas armés; et de défendre ainsi toute hostilité contre les vaisseaux marchands et contre les cultivateurs.

Tous ces soins ne lui firent pas perdre de vue la nécessité de veiller continuellement à la sécurité de la monarchie prussienne, et à la sûreté du corps germanique contre l'ambition de l'Autriche. Le dernier électeur de Bavière étant mort, la cour de Vienne établit des prétentions sur sa succession, et en partie sur la basse Bavière. Le roi de Prusse s'y opposa, en faveur de la maison palatine et de celle de Saxe; il prit même les armes, et entra en Bohême. On négocia inutilement à Berlin et à Braunau. Enfin, par la paix conclue à Teschen, en 1779, la cour de Vienne renonça à ses prétentions sur la Bavière; mais en 1785, Joseph II les renouvella par un projet d'échange, contre lequel le roi de Prusse fit de nouveau des déclarations et des protestations qu'il fit appuyer par ses co-états, en leur faisant conclure à Berlin, le 23 juillet 1785, *l'union germanique*, à laquelle ont accédé un grand nombre des électeurs et des princes les plus considérables, dans la vue de conserver le système et l'équilibre de l'empire. Tel fut le dernier acte important de Frédéric, qui mourut au mois d'avril 1786.

Depuis cette époque, son successeur et son neveu entreprit de perfectionner (dans le courant de l'année 1787), les précédentes dispositions, par cinq réglemens ou ordonnances principales sur le commerce étranger, dans ses rapports avec l'intérêt des manufactures de la Prusse. Il permit, entr'autres points, au mois d'avril 1787, la libre exportation des matières d'or et d'argent, soit en espèces, soit en lingots, et l'importation des laines d'Espagne, pour alimenter les fabriques de Silésie; il admit aussi les marchandises étrangères à *transiter* par ses états; fit un réglement particulier sur le commerce de Francfort-sur-l'Oder; et reconstitua enfin sur de nouvelles bases, en dix articles, les droits d'accise et de douanes, afin de retrouver dans leurs produits, l'équivalent du déficit qu'éprouvaient ses finances, par la suppression effectuée à la même époque, du monopole de la vente du tabac et du café. Ce fut dans le même esprit que le roi de Prusse actuel fit, en 1788, une *publication* qui imposait un droit de transit sur toutes les marchandises venant de France, d'Italie, d'Allemagne, et allant par terre en Pologne et en Russie, par les états du roi de Prusse. Ce droit de trois dolhers par quintal, est perceptible sans distinction de marchandises, et sans qu'elles puissent être visitées.

Quant aux liaisons et opérations politiques du successeur de Frédéric, on n'a point oublié son influence, en 1786 et 1787, sur les troubles des Provinces-unies, et sur la réintégration du stathouder son allié; ni ses traités d'alliance de 1788 avec la Hollande et l'Angleterre, comme conséquence de leur participation aux démêlés intérieurs de la république. On doit se rappeller aussi la déclaration de 1790, conclue à *Reichembach*, entre la Prusse et l'Autriche, pour préparer la paix entre la Porte et la Russie; et leur convention de la même année sur les affaires des provinces belgiques. On connait les suites de la quadruple alliance de 1793, entre la Prusse, l'Autriche, l'Angleterre et la Hollande, relative aux effets de la révolution française. Enfin, on attend quel sera le dénouement de l'invasion des Français en 1794, dans les provinces-unies; de la fuite du stathouder, et de l'existence d'une convention nationale hollandaise. Tous ces événemens préparent certainement, quelle que soit leur issue, de nouvelles chances pour la marine et le commerce de la Prusse dans le siècle prochain. L'extension respective de ces deux sources de prospérité, ne peut qu'être encore hâtée par l'occupation de Varsovie, et de ceux des districts qui en dépendent, et qui sont les plus commerçans de la Pologne, districts assurés au roi de Prusse dans le partage définitif de la Pologne, effectué en 1795, entre lui et les deux cours impériales de Vienne et de Pétersbourg.

Ainsi, en moins d'un siècle et demi, la domination brandebourgeoise ou prussienne a obtenu, comme bases de son existence maritime et commerciale sur la Baltique, la Poméranie ultérieure, le port de Stettin, le duché de Silésie, le port d'Embden, la Prusse polonaise, le port de Dantzick et *Thorn*, Varsovie et les districts les plus commerçans de la

Pologne. Elle a créé, et exerce vers la fin du siècle présent, une marine marchande de plus de 1200 vaisseaux, et de 12,000 matelots.

On ne se refusera donc pas à conclure, que cette puissance possède des élémens bien réels et bien combinés de prospérité et de forces maritimes ; élémens susceptibles d'être fécondés par les circonstances majeures qui font chanceler le sceptre des mers dans les mains de nations voisines.

« La monarchie prussienne, dit le ministre Hertz-
» berg, est un des pays de l'Europe, ou du moins du
» nord, qui est le plus avantageusement situé pour
» le commerce et la navigation : elle a une côte ma-
» ritime de 80 milles d'Allemagne, en Poméranie et
» en Prusse, le long de la mer Baltique. Le souverain
» de la Prusse est maître des embouchures de quatre
» grandes rivières qui se jettent dans la Baltique,
» savoir, de l'Oder, de la Vistule, du Prégel et du
» Mémel, outre un grand nombre d'autres plus pe-
» tites rivières, navigables ou flottables. Il possède le
» long de cette côte maritime, les ports de Stettin,
» de Colberg, de Dantzick, de Pillau et de Mémel,
» qui sont tous, ou qui peuvent être rendus très-
» bons pour une marine commerçante et militaire ;
» outre un certain nombre d'autres petits ports,
» comme ceux de Canine, de Treptow, de Rugen-
» walde, de Stolpe. La grande rivière de *l'Oder*
» traverse en long les principales provinces prussien-
» nes, la Poméranie, la Marche et la Silésie, dans
» une étendue de 80 milles d'Allemagne, depuis la

» Baltique jusqu'en Moravie. Cette grande rivière est
» combinée par la Havel et la Sprée, et par de bons
» canaux, avec *l'Elbe*, et de l'autre côté avec la
» *Vistule*, par la Warthe, la Netze, la Braa et le
» canal de la Netze. Par ce moyen, le corps des états
» prussiens situé entre l'Elbe et la Vistule, est telle-
» ment combiné pour la navigation, qu'il peut ex-
» porter par l'Oder, par la Vistule, par le Piégel et
» par le Mémel, dans la Baltique, non-seulement
» toutes les productions des états prussiens, mais
» aussi celles de la Pologne et de la Lithuanie, qui
» font un objet peut-être de dix ou douze millions
» d'écus par an. Il peut également exporter par l'Elbe
» et par les villes de Magdebourg et de Hambourg,
» les principales productions de la Saxe et de la Bo-
» hême. Ces pays, très-fertiles en eux-mêmes, ne
» peuvent faire aucun commerce maritime et aucune
» exportation de mer, que par la monarchie prus-
» sienne. Ils peuvent le faire avec un grand avantage
» pour eux-mêmes et pour la Prusse, et le souverain
» de la Prusse peut tirer de cette situation, le plus
» grand parti, pour approprier à son état les princi-
» pales branches du commerce du nord, en favori-
» sant celui des voisins, et sur-tout le commerce de
» la Pologne, sur lequel il y a le plus à gagner, parce
» qu'il consiste presque tout en matières brutes et en
» objets de première nécessité, tels que les grains,
» les bois et les toiles grossières dont les nations du
» sud ne peuvent pas se passer. Je ne dirai rien ici
» des grandes rivières du Wéser, du Rhin et de l'Ems,
» que

» que le roi ne possède qu'en partie, dont il tire un
» grand profit pour ses revenus, mais qui n'appar-
» tiennent pas au corps de la monarchie prussienne,
» parce qu'elles passent par des pays qui sont déta-
» chés de ce corps, et n'influent pas immédiatement
» sur son grand commerce, si ce n'est par la com-
» munication que la rivière d'Ems et le port d'Emb-
» den peuvent entretenir avec la Baltique. Ce dernier
» port peut devenir un des meilleurs de l'Europe: et
» par sa position entre les mers Baltique, Germani-
» que et Atlantique, il pourrait devenir un entrepôt
» général de la navigation et du commerce entre les
» pays du nord et du sud ».

On voit, par tout ce qui précède, que Frédéric II ne perdit pas de vue les moyens de fonder sur des bases solides, le système politico-maritime de la monarchie prussienne; et qu'il ne retarda le développement des mesures efficaces qu'il méditait, que pour laisser éclore les circonstances les plus favorables au succès de ses vues. Il suivit, dans la conduite des progrès qu'il fit faire aux pays de sa domination, cette saine politique qui commence par assurer sa propre sécurité, avant que de risquer des projets uniquement pour s'aggrandir. Aussi-tôt que Frédéric, autant par la supériorité de ses moyens que par le bonheur de ses armes, et par l'ascendant de sa réputation dans plus d'un genre, eut consolidé son existence politique en Europe, il demeura spectateur tranquille de la lutte des principales puissances maritimes; mais il se mit en devoir de recueillir leurs riches dépouilles. Son succès sera-t-il complet?.....

En deux mots, le soin de la sûreté fut la première base de la politique de cet état nouveau, comme elle l'est de tout individu naissant; ensuite, son accroissement territorial, industriel et maritime, devint la conséquence naturelle de cette sécurité, et fut suivi d'une prospérité progressive de toutes les parties du corps social. Frédéric légua ainsi à son successeur, les germes les plus féconds d'une puissance navale. Les révolutions qui agitent certains peuples européens, ou qui fermentent déjà pour d'autres, peuvent, dans le dix-neuvième siècle, porter au plus haut dégré de prospérité la monarchie prussienne, préparée par Frédéric II, à recevoir et à profiter de tous les coups heureux que lui enverra la fortune. Les fautes seules de son gouvernement, pourraient enlever à la Prusse les chances incalculables de profits et de splendeur que doivent lui donner la nature des choses et les coups du sort. En définitif, son système maritime est vigoureusement actif: Il est générateur d'une puissance navale militaire, qui n'attend pour s'élever, pour ainsi dire magiquement du sein des eaux, que l'issue des évènemens qui travaillent aujourd'hui les destinées de quatre grands empires : celles de la France, de la Hollande, de l'empire ottoman et de l'Angleterre.

CHAPITRE XV.

Le Danemarck.

La puissance Danoise, continentale en même-temps que maritime, domine sur la Baltique, sur la mer d'Allemagne, et dans l'Océan septentrional. Les danois, après avoir ravagé l'Europe sous les Romains, et infesté dans le moyen âge, les mers et les côtes d'Ecosse, d'Irlande, d'Angleterre, de Flandre, de France, même d'Espagne et d'Italie, s'adonnèrent, sous l'influence du christianisme, aux arts paisibles, à la culture, à la pêche, et sur-tout à celle du hareng, que la mer amenait en abondance sur leurs côtes.

Cet esprit pacifique, propre à étendre de jour en jour leurs communications avec les autres peuples, fut contrarié par l'ascendant des villes anséatiques, qui envahirent tout le commerce du Nord de l'Europe. Lors même que cette mémorable confédération fut déchue, Hambourg maintint la supériorité qu'elle avait acquise sur tous les sujets de la domination danoise.

Des guerres sanglantes déchirèrent la Suède et le Danemarck, pendant près de trois siècles, à la suite de l'union des deux royaumes, par le *traité de Calmar*, sous Margueritte, en 1397, jusqu'à la paix d'Oliva en 1660; le Danemarck, respirant à peine sous le poids d'aussi cruelles inimitiés, jetta les fondemens de sa puissance maritime.

Ce fut particulièrement dans le dix-septième siècle, qu'il commença un établissement en Asie, fonda une colonie en Amérique, et obtint enfin l'avantage inappréciable, pour sa position, d'avoir fait reconnaître comme un droit, par toutes les puissances maritimes, à l'exception de la Suède, l'impôt qu'il perçoit à son profit, au passage du Sund, sur tous les bâtimens étrangers qui naviguent dans la mer baltique.

Encouragé par ce succès, le Danemarck entreprit encore de repousser les tentatives faites par les nations en guerre, pour troubler la liberté de sa navigation. Cette puissance conclut dans cet objet avec la Suède, le traité de 1693, qui fit respecter leur neutralité. Cette disposition fédérative devint le fondement d'une semblable alliance généralisée dans le Nord, pendant la guerre de la liberté américaine, et renouvellée sans succès dans la présente guerre.

Le Danemarck, constitué de droit par ses succès, *puissance maritime,* comme elle l'était de fait par sa position, son gouvernement se montra attentif dans le dix-huitième siècle, à améliorer cette consistance maritime.

Les peuples les plus commerçans, tels que les hollandais, et les membres de l'alliance anséatique, conservaient encore des vues sur le commerce exclusif de la baltique, qu'ils avaient exploité sans concurrens, dans les temps antérieurs. Le Danemarck, de son côté, faisait valoir sa *suprématie* sur Hambourg, à cause du duché de Holstein, dans lequel se trouve placée cette ville. Les prétentions respectives furent réglées avec la Hollande par le traité très circonstancié de 1701; d'autres contestations survenues en 1737, entre ces deux puissances, au sujet de la pêche, furent également terminées à l'amiable, même à la satisfaction des hollandais, qui, depuis la décadence de leur marine, avaient perdu ce ton menaçant qu'ils avaient pris, en fréquentant dans le dernier siècle la mer Baltique.

Les contestations entre le Danemarck et la ville de Hambourg, devinrent l'objet d'une longue et sérieuse négociation : les griefs, particulièrement ceux relatifs aux monnaies, furent exposés et annullés par un acte d'accomodement de 1712, un mandement du roi de Danemarck de 1726, une convention définitive de 1736, et enfin par le traité des limites de 1740, avec Altona ; ensuite, deux autres traités des 12 et 27 mai 1768, entre Hambourg et l'une et l'autre branche de la maison de Holstein, finirent toutes contestations en reconnaissant la ville de Hambourg, comme un état immédiat de l'Empire, et en lui cédant les péages auxquels ces deux maisons pouvaient prétendre

Il n'eût pas été suffisant pour le Danemarck, d'avoir neutralisé les jalousies de commerce, s'il ne fût encore parvenu à étouffer toutes semences de divisions avec la Suède. Le Danemarck atteignit en grande partie ce but, en faisant reconnaître par cet ancien ennemi, le droit si vivement contesté, d'imposer les navires à leur passage par le Sund. Long-temps la nation suédoise ne paya rien, ni pour ses propres vaisseaux, ni pour les marchandises appartenantes à des suédois, et chargées sur des navires étrangers. Le Danemarck pouvait s'estimer assez heureux que la Suède lui abandonnât ce revenu en entier, et qu'elle ne fit pas valoir le droit que lui donne son rivage et la ville de Helsimbourg ; mais enfin, par le traité de Fiedrichsbourg, conclu en 1720, la Suède a renoncé à toute franchise, et s'est obligée à payer le péage comme les hollandais et les autres nations.

Le Danemarck, possesseur paisible, acquit une supériorité marquée dans la navigation de la mer baltique, dont aujourd'hui elle exploite plus des trois quarts du commerce. Cette possession lui donna les moyens d'offrir quelques faveurs à différentes puissances maritimes, dans le traitement de leurs navires au passage du Sund, et d'obtenir en échange, des avantages qui furent réglés pour la France, par les traités de 1742 et de 1749; par rapport à Naples, par celui de 1748, et en dernier lieu, avec la Sardaigne, par un traité de 1784. Le Danemarck, afin de jouir avec sécurité d'une libre navigation dans la Méditerranée, dut s'assurer de l'amitié des puissances barbaresques. Il conclut en 1751, un traité avec Alger, au moyen duquel le pavillon danois fut respecté. Il se montra même avec profit dans les différentes Echelles du Levant, par suite des spéculations d'une compagnie générale établie en 1747, pour ce commerce et dont nous parlerons ci-après.

Rien ne fait mieux connaître les idées saines que

le cabinet danois a conçues sur le système de politique maritime qui convient au Danemarck, que sa déclaration du mois de mai 1780, relative à la mer Baltique. C'est cette déclaration, qui, en perfectionnant l'alliance, ébauchée en 1693, pour la défense commune du Danemarck et de la Suède, devint le principe de la négociation, suivie depuis, avec chaleur, par la Russie. Il en résulta une ligue défensive entre toutes les puissances du nord, sous le titre de NEUTRALITÉ ARMÉE, pour protéger leur pavillon, pendant la guerre de la liberté américaine, contre les entreprises des nations belligérantes.

Cette négociation, d'abord entamée par le Danemarck, fut l'occasion d'une liaison plus étroite avec la Russie ; elle amena leur traité de commerce de 1782. Ces nouveaux principes de *neutralité*, consacrés par les Européens, firent naître, en 1780, entre le Danemarck et l'Angleterre, le besoin d'expliquer, par une convention spéciale, plusieurs dispositions de leur traité de commerce de 1670.

Enfin, la sagacité du gouvernement danois s'est fait remarquer, sur-tout dans la conduite qu'il a tenue pendant la lutte glorieuse de la nation française contre les plus formidables puissances de l'Europe, tant maritimes que continentales. Les actes émanés du cabinet de Copenhague, ses réponses aux notes officielles des cours de Londres, de Russie et de Berlin, son traité de défense, conclu avec la Suède, pour faire respecter seules leur neutralité, toutes ces dispositions des années 1793 et 1794, sont des monumens du courage et des lumières de ce gouvernement, ainsi que de son désir d'affermir, sur des bases solides, sa prospérité maritime et commerciale. Les conceptions propres à améliorer sa position en Asie, en Afrique et en Amérique, et les mesures qu'elle a prises pour y réussir, sont également dignes d'attention.

Vers le commencement du même siècle, en 1728, le Danemarck entreprit de transférer, de Copenhague à Altona, le siège de son commerce avec l'Asie; mais les réclamations de la Hollande et de l'Angleterre, ainsi que le manque de capitaux, firent échouer cette entreprise. En 1772, le privilége de l'ancienne compagnie expirant, il lui fut accordé un nouvel octroi, avec quelques restrictions aux faveurs dont elle avait joui, restrictions avantageuses à la liberté du commerce des particuliers. Autrefois, la compagnie avait la propriété des possessions danoises dans cette partie du monde, et y exerçait toutes les branches d'administration; mais depuis 1777, le roi a repris la propriété et le gouvernement des possessions orientales. Ainsi la compagnie ne se mêle plus que des affaires de commerce.

Trois circonstances ont concouru à leurs succès: d'abord, les navires danois rapportaient d'amples cargaisons de thés, pour alimenter la contrebande de cette feuille en Angleterre, contrebande considérable avant le bill de 1784, qui a diminué de beaucoup les droits d'importation du thé; ensuite, ce même pavillon, par la destination simulée de Copenhague, facilitait aux officiers et agens de la compagnie anglaise des Indes, les moyens détournés de ramener en Europe les richesses acquises en Asie, afin d'en dérober, par cette route, la connaissance à leurs commettans. La troisième cause enfin, est la faveur qu'obtient le pavillon danois, devenu neutre dans les guerres fréquentes de l'Angleterre, soit en Europe, soit en Asie.

Quant au commerce de l'Afrique, le Danemarck ne possède, sur la côte de Guinée, que les seules villes et forteresses de Christiansbourg et de Friedrichsberg. Le commerce qui s'y fait est peu considérable; mais ces possessions ont l'avantage d'offrir un lieu de relâche commode aux navigateurs danois. Ce commerce, confié d'abord à une *compagnie d'Afrique*, établie en 1755, fut abandonné, par un octroi du 5 juillet 1781, à une autre, dite *de la Baltique et de Guinée*, à qui le gouvernement accorda différentes sommes, à titre d'avances, en statuant de nouveau sur son régime, par une résolution du 14 juillet 1786. Enfin, cette compagnie fut reconnue, au mois de juin 1787, hors d'état de se soutenir; ses affaires furent prises au compte du roi, et l'exploitation de son commerce a dû être confiée à différens particuliers.

Le commerce d'Amérique s'exerce par la compagnie des Indes occidentales, établie en 1778. Elle n'eut pas un sort plus heureux que les précédentes; mais sa chûte devint une conquête faite sur le monopole, en faveur de la liberté du commerce. L'activité des opérations commerciales, qui eut lieu en Europe après la pacification de 1783, se communiqua aux Danois. Le gouvernement facilita cette direction de l'esprit public, par ses résolutions des années 1784 et 1785, relatives à l'île de Saint-Thomas, et à la vente et revente, avec *immunités*, dans les îles danoises, des noirs de traite étrangère.

Un plan vaste, conçu vers le milieu de ce siècle, ne tendait à rien moins qu'à concentrer, dans le Danemarck, tout le commerce du nord, et à le retirer des mains des Hollandais. En effet, la *compagnie générale* de commerce, créée en 1747, avait le projet de s'attirer tout le commerce du midi de l'Europe, et de rendre Copenhague l'entrepôt universel de toutes sortes de marchandises du nord et de la mer Baltique; mais elle ne put supporter la concurrence des autres nations, et sur-tout celle des Hollandais. La compagnie ne se soutint que par quelques priviléges, obtenus du gouvernement, qui la favorisait pour certaines branches de commerce. Elle s'occupe à présent d'expéditions à son compte, pour la France, l'Espagne, l'Italie, l'Afrique et les îles danoises. Son commerce principal consiste dans celui qu'elle fait dans le Groenland, qui comprend jusqu'à douze colonies danoises. Depuis 1784, non-seulement cette compagnie ne paralyse plus les armemens des particuliers: mais, à cette époque, elle se prêta encore, de concert avec le gouvernement, à aider les négocians qui voudraient se livrer à la pêche de la baleine; ceux-ci participent à une gratification promise par résolution du mois d'octobre de cette même année. Cependant cette mesure ne paraît pas avoir été suffisamment efficace, sur-tout pour approvisionner le Danemarck d'huile de poisson, puisqu'une autre loi, du mois de mars 1785, y permet l'importation de celle de baleine, venant de l'étranger.

Les forces maritimes du Danemarck consistaient, au moment de la révolution française, en trente-huit vaisseaux de 90 à 50 canons, vingt frégates de 42 à vingt canons, outre 60 bâtimens, chebecks, chaloupes, cutters, etc.; le tout armé de 3000 pièces de canon, et monté de 11 à 12 mille matelots.

Toutes les dispositions, précédemment développées, déposent du grand intérêt que le gouvernement a mis à faire fructifier le système maritime-politique du Danemarck dans ce siècle; l'étude de ces combinaisons offre, dans certaines parties, des modèles à suivre, et, dans d'autres, des erreurs à éviter. Le philosophe, le sincère ami de la liberté et de l'humanité, ne pourront se défendre d'un sentiment d'estime pour les premiers promoteurs de l'abolition de la traite des noirs, dans un tems prescrit et fixé à 1803, par l'ordonnance de 1792. Cette patente d'émancipation prochaine de l'espèce humaine, dans les colonies danoises, n'est pas écrite, comme les lois françaises sur les hommes de couleur, avec le sang versé par les générations présentes.

CHAPITRE XVI.

La Suède.

La Suède est susceptible, par sa situation et ses productions, d'un commerce considérable. Environnée, presque de tous côtés, par la mer, coupée au-dedans par plusieurs grands lacs navigables, elle peut facilement faire passer de ses provinces les plus reculées, ses denrées et marchandises dans les autres contrées, et recevoir avec la même facilité celles des pays les plus éloignés. Ses côtes sont baignées par l'Océan, par la mer Baltique et par les golphes de Bothnie et de Finlande : plusieurs bons ports sont situés sur ces différentes mers ; Gothenbourg, sur celle du Nord, peut, sans passer le Sund, procurer en droiture à la Suède, les marchandises de l'un et l'autre pôle ; ceux de Wismar et de Stralsund, sur la mer Baltique, peuvent lui fournir toutes les denrées de la Basse-Allemagne. Enfin, celui de Kalmar, et particulièrement celui de Stockolm, un des plus beaux et des plus sûrs de l'Europe, la mettent en état de n'avoir à cet égard, rien à désirer.

Voilà ce que la nature a fait en faveur du commerce maritime de la Suède. Voyons ce qu'a pu ajouter à ces premiers avantages, l'industrie de ses habitans, contrariée ou secondée par la puissance de sa législation.

La Suède était peu connue avant que ses féroces habitans eussent concouru, avec les autres barbares du nord, au renversement de l'empire romain. Ces peuples, après des irruptions fréquentes et ruineuses, rentrés dans l'obscurité, exercèrent sur leurs côtes la rapine et le brigandage, et sur eux-mêmes leurs propres fureurs, tantôt par l'ascendant et pour l'intérêt d'un seul chef qui les dominait, tantôt sous l'influence de plusieurs maîtres qui en faisaient les instrumens de leur ambition sanguinaire.

Cette affreuse destinée était peu améliorée, lors de la réunion des Suédois au Danemarck, par le traité de Kalmar, en 1397.

La haine d'un joug atroce vint ensuite se mêler au levain antique de férocité qui fermentait depuis des siècles dans l'ame des Suédois : et sous les Vasa, les Gustave-Adolphe, les Charles XII, ces peuples furent agités d'une fureur martiale qui concentra presque toutes leurs conceptions dans leurs travaux guerriers.

Cependant les rivalités entre le Danemarck et la Suède, amenèrent celle-ci à quelques tentatives pour améliorer son sol et le sort de ses habitans. Elle fut encouragée à s'exercer dans la carrière du commerce par la renommée des lois wisbiennes sur la police et la jurisprudence maritimes, célèbres dès le douzième siècle, dans tous les pays septentrionaux de l'Europe. Ainsi, des exemples fameux étaient offerts depuis long-temps à la Suède, pour la porter à accroitre sa fortune; car ces lois furent ainsi appelées, de Wisby, capitale de l'île de Gothland, autrefois très-florissante par le commerce, et située dans la Baltique, sur la côte orientale de Suède, dont elle fait aujourd'hui partie, mais ayant alors ses rois particuliers. D'un autre côté, l'ame fière du premier Gustave s'indigna de la dépendance où se trouvait sa nation des navigateurs de *l'union anséatique*, et particulièrement de ceux de Lubeck.

Mais Gustave, impatient de succès, voulut trop subitement rompre les liens qui enchainaient au-dehors l'industrie de ses sujets. Avant d'avoir construit des vaisseaux et formé des négocians, il ferma ses ports aux Lubeckois : dès-lors, il n'y eut presque plus de communication avec les autres peuples. L'état entier tomba dans un profond engourdissement; quelques bâtimens, soit anglais, soit hollandais, qui se montraient de loin en loin, n'avaient que faiblement remédié au mal, lorsque Gustave-Adolphe monta sur le trône, vers le commencement du seizième siècle.

Cette erreur capitale fut sentie par ce dernier, qui, les premières années de son règne, réussit à ranimer les travaux champêtres, à faire mieux exploiter les mines et à encourager différentes manufactures. Il se forma des compagnies pour l'Asie et pour les Indes occidentales; les côtes de l'Amérique septentrionale virent jetter les fondemens passagers d'une colonie, et le pavillon suédois se montra dans tous les parages de l'Europe.

Charles XI, monté sur le trône en 1660, s'empara

habilement d'une idée féconde en grands résultats sur la prospérité d'une puissance maritime. Il apperçut qu'une navigation prospère pouvait sensiblement améliorer la position de la Suède, parce qu'elle se trouvait à la source des matières premières de la construction, parce qu'elle pouvait exercer son expérience nautique sur plusieurs mers; parce que l'habitant était doué d'une supériorité de courage qui devait mettre le pilote et le matelot à l'épreuve des hasards d'une longue et périlleuse navigation.

Tous ces avantages bien appréciés, Charles XI favorisa, dès 1667, une pêcherie de hareng près Gothembourg, où quelques Anglais avaient déjà obtenu le privilège de s'établir. Dans cette même année, un vaisseau de guerre suédois visita, pour la première fois, avec succès, la Méditerranée. On se rappelle le traité de neutralité, conclu en 1693, entre le Danemarck et la Suède, pour maintenir, par la réunion de leurs forces, la sûreté et la liberté de leur navigation. Mais ce même Charles XI jetta, par une disposition législative, les véritables fondemens de son système maritime. Les Hollandais et les Lubeckois furent écartés au moyen d'encouragemens donnés à la navigation nationale, sous le titre de *franchise entière*, et *demi franchise*: la première, en faveur de tous les navires de plus de cent tonneaux, construits en Suède, appartenans à des négocians de cette nation; la seconde, applicable aux bâtimens de moins de cent tonneaux, de semblable construction et de même propriété.

L'esprit chevaleresque de Charles XII put bien suspendre les effets d'une si bonne loi; sa frénésie pour les conquêtes ne parvint que trop à épuiser et à dépeupler les contrées qu'il aurait dû gouverner. De nombreuses émigrations, de fatiguantes réquisitions militaires, conjurèrent contre la prospérité de la Suède, avec les opérations désastreuses qui anéantirent tout commerce. C'est par une de ces fausses combinaisons, que fut livré, en 1705, à une compagnie, le monopole de la vente du brai et du goudron, article immense, base des transactions commerciales extérieures. La cherté excessive de ces matières, devint la conséquence de *l'exclusif;* et les étrangers, accoutumés jusques-là à s'approvisionner dans le nord, cherchèrent sérieusement à les obtenir du sol de l'Amérique.

Mais enfin, de grands malheurs apprirent aux Suédois qu'ils ne devaient réparer leur longue persévérance à détruire, que par une fervente ardeur à favoriser toute sorte de reproduction; les états de ce royaume acquirent une grande influence sous les successeurs de Charles XII, et se pénétrèrent de ce principe, qu'une navigation exclusive devait être, pour les Suédois, le premier mobile de leur fortune et de leur puissance maritime.

Il importe aux progrès de la science économique, de consigner ici un fait qui se trouve dans un mémoire officiel, rédigé en 1741, lors du projet d'une convention provisoire de commerce entre la Suède et la France; c'est que trois seuls vaisseaux marchands furent

furent les uniques débris restés de la marine commerciale à la mort de Charles XII.

Voilà donc, avec le *mémoratif* de quelques fragmens d'un ACTE DE NAVIGATION, le faible capital légué aux Suédois, pour réparer leurs pertes et pour établir un système de politique maritime qui les fasse participer aux mêmes avantages que les autres Européens.

La Suède ayant renoncé, par son traité de 1720 avec le Danemarck, à ses prétentions sur le péage du Sund, et à toute immunité pour ses propres vaisseaux, dut s'attendre à ne jamais obtenir la suprématie dans la mer Baltique. Pour acquérir une sorte d'équivalent, les états perfectionnèrent les vues de Charles XI, et à cet effet publièrent, en 1724, la loi célèbre connue sous le nom de PLACARD DES PRODUCTIONS, qui fut confirmée comme ACTE DE NAVIGATION, dans la diète de 1772. En vertu de cette loi, les vaisseaux étrangers ne peuvent porter en Suède que les productions de leur pays, et ils ne sont pas admis à les transporter d'un port à un autre de ce royaume. Cette circulation entre les ports de Suède, des marchandises étrangères, s'opère par des bâtimens suédois; disposition tellement efficace, que, suivant le mémoire officiel déjà cité, vingt années s'étaient à peine écoulées, qu'on comptait déjà trois cents vaisseaux marchands dans les ports de Suède.

Ces premiers succès furent cependant contrariés par la guerre malheureuse de 1741, avec la Russie, où la Suède perdit une partie de la Finlande; guerre qui ne fut terminée que par le traité d'Abo, en 1743. Mais vers la même époque, un évènement imprévu vint fortifier les effets de l'acte de navigation : le hareng reparut en 1740, sur les côtes de Suède, et l'exploitation de cette pêche offrit à ses navigateurs un moyen considérable d'échanges avec toutes les nations européennes, puisqu'on évalue aujourd'hui cette exportation à 200 mille barils.

Les ports de la Méditerrannée offrirent ensuite un débouché en Italie, assez utile à la Suède. Depuis longtemps, une même situation politique avec la Porte, qui faisait redouter un ennemi commun dans un voisin ambitieux, rapprochait naturellement ces deux puissances. Aussi, la cour de Stockolm profita-t-elle de la bonne volonté du Divan, pour se lier avec lui par deux traités de navigation, de commerce et d'alliance, conclus en 1737 et 1739, renouvellés et confirmés depuis en 1789, sous le sultan Selim. La Suède, par cette même voie, se concilia encore les puissances barbaresques d'Alger, de Tunis et de Tripoly, et la Porte fut garante de leurs traités de paix et de commerce des années 1726, 1736 et 1737. Une autre convention de commerce de 1742, avec la Sicile, complelta les avantages obtenus pour la navigation suédoise, dans la Méditerranée. Peu après, en 1757, fut effectuée la suppression de la compagnie du Levant ; ce qui procura au commerce particulier, toute la latitude possible pour étendre avec sûreté ses spéculations dans le midi de l'Europe.

La France accorda en 1741, l'exemption du droit

de fret de 50 sous par tonneau, aux navires Suédois, arrivant dans ses ports. Cet avantage réel ne fut rien moins que balancé par l'article de cette convention, qui donne aux négocians français, pour entrepôt dans la mer Baltique, le port de Wismar, qu'on ne peut approcher à plus de deux lieues, tant à cause des bas-fonds, que du peu de soin qu'on a eu de ce port.

Ce défaut de compensation subsistait cependant depuis plus de 40 années, lorsque l'indépendance américaine, ayant provoqué dans toute l'Europe de nouvelles combinaisons, la Suède, par une seconde convention de 1784, consentit à substituer pour la France, au port de Wismar, l'entrepôt de Gothembourg dans la mer du Nord, et obtint en retour la propriété de l'île Saint-Barthélemi, colonie de l'Amérique, dont le cabinet de Stockolm a paru vouloir faire un point central pour le commerce interlope que ses navires exerceraient sur les productions des autres colonies européennes.

Toujours attentive aux moyens d'étendre sa navigation, cette puissance obtint, dès l'année 1783, du congrès des États-Unis de l'Amérique, par un traité spécial, différentes clauses qui assuraient dans le nouveau monde, la liberté, la sûreté, et la facilité de la navigation suédoise.

Pour lier tout ce système par une combinaison générale, il fut créé, au mois d'octobre 1786, une compagnie des Indes occidentales : elle se proposait de rendre florissant, par des armemens dans les ports de Stockolm et de Gothembourg, où les navires sont tenus de retourner, non-seulement le commerce de l'île St.-Barthelemi, cédée à la Suède par la France, mais aussi celui de toutes les îles qui sont censées faire partie des Indes Occidentales, dans l'Amérique septentrionale; enfin, cette compagnie devait fréquenter la côte d'Afrique, particulièrement celle d'Angole.

Quant au commerce des Indes orientales, la compagnie Asiatique, établie dans ce siècle, par octroi de l'année 1731, se consolida en 1753, époque où les associés se déterminèrent à former un corps permanent. En 1766, leur privilège fut renouvellé pour 20 ans. Avant le premier janvier 1778, il était parti 21 vaisseaux, tous pour la Chine, dont dix-sept de retour, avaient apporté 22 millions 600 mille livres pesant de thés pour alimenter la contrebande sur les côtes d'Angleterre. Les navires suédois, comme les danois, glanent dans les mers d'Asie, ce champ vaste que les anglais exploitent en grand. Ceux-ci trouvent dans leur intérêt privé, des motifs pour faire revenir les produits de leur fortune ou certaines parties de leurs spéculations, sous *voiles empruntées*, en les entreposant dans les principaux ports étrangers de l'Europe.

Enfin, toutes ces dispositions, favorisées par quelques heureuses circonstances, ont tellement établi la puissance maritime de la Suède, dans ce siècle, qu'avant sa dernière guerre avec la Russie, terminée par deux traités de paix et d'alliance, conclus en 1790 et 1791, sur 766 bâtimens de toute nation qui exploitaient annuellement le commerce extérieur, tant de la Suède que de la Poméranie, on comptait six cent-soixante-quinze navires suédois. Il ne faut pas oublier de placer dans cette analyse, la sollicitude du gouvernement pour maintenir la neutralité de son pavillon par différens actes politiques des années 1780, 1793, et 1794, publiés à l'occasion de la guerre présente, et de celle antérieure, relative à l'indépendance des États-Unis d'Amérique.

Les forces maritimes de la Suède, au moment de notre révolution, consistaient en 27 vaisseaux de ligne de 74 à 50 canons, 12 frégates de 38 à 20 canons, et 40 galères, non-compris les chaloupes et cutters. Le tout armé de 3000 canons, et monté du nombre possible de 13 à 18 mille matelots.

CHAPITRE XVII.

La Russie.

Nous voici enfin parvenus à la partie du système économique moderne le plus extraordinaire, et peut-être le plus extravagant qu'ait enfanté, chez aucun peuple, le génie de l'imitation.

L'empire de Russie, le plus vaste de notre hémisphère, s'étend, d'occident en orient, l'espace de plus de 2000 lieues communes de France, et il a plus de 800 lieues, du sud au nord, dans sa plus grande largeur. Il confine à la Pologne et à la mer Glaciale; il touche à la Suède et à la Chine. Ses limites immenses étaient si peu connues dans le siècle passé, dit Voltaire, « que, lorsqu'en 1689, nous apprîmes que les
» Chinois et les Russes étaient en guerre, et que
» l'empereur *Cam-hi*, d'un côté, et, de l'autre, les
» czars *Ivan* et *Pierre* envoyaient, pour terminer
» leurs différends, une ambassade à trois cents lieues
» de Pékin, sur les limites des deux empires, nous
» traitâmes d'abord cet événement de fable ».

Par quelle révolution, l'empire russe domine-t-il aujourd'hui sur ces Tartares de la Crimée, dont il recevait la loi pendant les treizième et quatorzième siècles, qui le dévastaient dans le seizième, et auxquels il payait encore dans le dix-septième (en 1685), un tribut annuel de cent mille roubles, pour le rachat de ses sujets, qu'ils emmenaient esclaves ? Par quels ressorts, pour ainsi dire, magiques, la Russie est-elle devenue, à la fin du dix-huitième siècle, une des puissances les plus prépondérantes dans la politique européenne ? Enfin, par quels moyens assez vigoureux de système maritime, la cour de Pétersbourg, en butant perpétuellement vers Constantinople, menace-t-elle de changer, encore une fois, les communications des Européens avec l'Asie ?

Pour bien apprécier les commencemens, les efforts et les succès de la Russie, dans la carrière navale, il faut parcourir les principales pages de son histoire moderne, analyser ses institutions politiques, et apprécier sa législation économique. Cette triple connaissance nous donnera le secret de ses erreurs et de ses espérances.

L'existence politique de la Russie peut se partager en quatre grandes époques, eu égard à l'influence des gouvernans sur les gouvernés ; et cette influence est décisive sur la prospérité publique, dans un état où la cour est *tout*, et la masse du peuple *rien*.

Ces quatre grandes époques sont 1°. la Russie, depuis les temps les plus reculés, jusqu'à Pierre I*er*, vers la fin du dix-septième siècle ; 2°. la position de cet empire sous ce fondateur, pendant les vingt-cinq premières années du siècle suivant ; 3°. son état pendant 37 années sous ses successeurs, jusqu'à Catherine II ; 4°. enfin, ses accroissemens depuis 1762, sous le gouvernement de cette dernière impératrice.

Première époque. Dans les temps les plus reculés,

les Slaves-Russes trafiquaient avec les Grecs et les peuples voisins de la Baltique, par la ville de Slaveusk sur le Volkof. Dans le cinquième siècle, il s'éleva, sur les ruines de celle-ci, une nouvelle ville, sous le nom de *Novogorod*, qui, avec Kiof, devint le centre du commerce du nord. Les riches cargaisons que l'on transportait de l'Asie dans le nord de l'Inde, traversaient l'Indus, l'Oxus et la mer Caspienne, d'où une grande partie passait par la Bucharie à Astracan, et, par le Volga et d'autres rivières, à Novogorod, et ensuite dans les différens ports de la mer Baltique. L'Allemagne en retira des profits immenses, ce qui engagea les principales villes à former entre elles l'espèce d'association si connue sous le nom de la *ligue anséatique*. La partie supérieure de ce vaste pays trafiquait avec Venise; la partie inférieure domina sur la mer Baltique et l'Océan atlantique, sans aucuns concurrens. Venise, Scherdick, Novogorod, et Wisby dans l'île de Gothland, furent les entrepôts de l'Europe, comme Alexandrie était l'entrepôt général de l'Afrique.

Cet état de prospérité disparut, lorsque les Portugais tracèrent une nouvelle route dans les Indes, en doublant le cap de Bonne-Espérance; et les villes anséatiques reçurent un autre échec considérable, par la destruction de Novogorod, qu'ordonna Jean-Basile, vers le milieu du quinzième siècle. «*Novogorod*,
» dit un auteur moderne, dont la richesse avait don-
» né lieu à cette manière de parler proverbiale,
» *Qu'est-ce qui résistera à Dieu et à Novogorod?*

» vit éteindre ; en un instant, sa gloire avec son
» opulence ».

Plusieurs princes russes parurent attentifs, dès le
dixième siècle, aux affaires de commerce. Le temps
et la barbarie ont épargné deux traités : l'un de paix,
conclu en 912 entre Oley, grand prince de Russie,
et l'empereur grec Léon ; et l'autre, de paix et de
commerce de l'année 945, entre Igor, grand prince
de Russie, et les empereurs grecs Roman, Constantin et Stéphan.

Mais un grand duc de Russie ayant partagé, dans
le onzième siècle, ses états entre ses douze fils, leur
mésintelligence facilita les conquêtes des Tartares, qui
commencèrent à pénétrer dans toute la Russie. Le
commerce direct de cet empire avec la Grèce subsista jusqu'à cette époque en 1226. Le guerrier Bœti
ruina les principales villes de la Russie ; renversa
Kier ou Kiof, ce grand entrepôt des marchandises
grecques : il appesantit son joug sur les princes, dont
il fit des vassaux, et sur le peuple qui y demeura attaché, jusqu'au règne d'Ivan Basilowits. La bravoure
et le génie de ce dernier affranchirent son pays de
cette domination, devenue insupportable. Ivan recouvra toute la Russie, dont il se rendit maître absolu.

Une période remarquable du commerce moderne
de ce pays, commence sous ce Jean Basilowits, qui
chassa les Tartares, conquit sur eux les royaumes de
Cosan et d'Astrakan, établit des communications
entre les Russes, les Arméniens et les Indiens, et se

repentit d'avoir détruit la ville de Novogorod, dont il avait redouté l'influence, parce qu'elle balançait, par son ascendant, l'autorité du gouvernement.

La Russie était dans cet état, et le grand-duc se trouvait dans ces dispositions pacifiques, lorsque, vers le milieu du seizième siècle (en 1653), un pilote vénitien, au service d'Edouard VI, roi d'Angleterre, entreprit, avec trois vaisseaux, le voyage vers le nord : un s'en retourna, le second périt, et le troisième, conduit par Richard *Chancelor*, aborda heureusement à Archangel, dans la mer Blanche. Les pêcheurs qui l'habitaient, à qui le navire avait semblé un monstre sur l'eau, prirent la fuite ; les Anglais, par leurs instances, et à force de signes, les rassurèrent. La peuplade arriva en foule pour admirer ces étrangers. On dépêcha un courier à Moskou, qui rapporta l'ordre d'amener à la cour ce capitaine. Le Czar, pour récompenser la généreuse entreprise des Anglais, et leur en témoigner sa satisfaction, leur accorda authentiquement des priviléges particuliers pour eux et leurs successeurs. Ces priviléges portaient, « 1°. que les Anglais auraient l'entrée libre
» dans tous les états du Czar; qu'ils pourraient, à l'a-
» venir, y trafiquer avec toutes les nations, sans payer
» aucuns droits pour leurs vaisseaux, ni pour leurs
» marchandises, et sans être astreints à demander
» aucune homologation aux gouvernemens et aux
» chanceliers; 2°. qu'ils resteraient toujours sous les
» ordres immédiats de ceux que la compagnie nom-
» merait à cet effet; et que celui qui refuserait d'obéir

» à la sentence rendue par elle, leur serait, comme
» rebelle, remis par les Russes ».

Les troubles qui agitèrent la Russie, sur la fin du seizième siècle, et au commencement du dix-septième, par l'effet des usurpations des faux Démétrius, qui voulaient se substituer sur le trône, au jeune prince de ce nom, assassiné, en 1597, par le tyran Boris Godonou, ne rallentirent pas l'ardeur des Anglais, dans leurs nouveaux établissemens. Ils tentèrent même, dès 1558, de s'ouvrir, par la Russie et la Perse, un passage aux Indes; mais les guerres civiles qui déchiraient cet empire, jointes à d'autres inconvéniens, les forcèrent de revenir sur leurs pas.

Ils se maintinrent seuls en possession du commerce de Russie, jusqu'en 1602, qu'ils eurent pour concurrens les Hollandais, qui, par leur intelligence et leur activité, purent se flatter d'emporter bientôt la balance.

En effet, la mort de Charles Ier. fut le prétexte ou la cause dont se servit le czar Michelowits pour chasser d'abord les Anglais de sa cour; ensuite, sur les instances qu'ils firent, et sur ce qu'ils se défendirent positivement d'avoir participé à cette mort, le Czar se contenta de leur retirer leurs privilèges, et de les soumettre à payer les mêmes droits que les autres nations.

Dans ce commencement du dix-septième siècle, l'ancien commerce de Novogorod fut rétabli, par Boris Godonou, en faveur des villes anséatiques, qui obtinrent, en 1603, de nouvelles lettres-patentes; ce qui donna de nouveaux concurrens aux Anglais. Mais bientôt ce même Boris ouvrit les ports d'Archangel et Moskou, indistinctement à toutes les nations.

Une assemblée des principaux boyards, tenue en 1613, mit fin aux troubles intérieurs de la Russie, en élevant au trône un jeune homme de 15 ans, Michel Romano, grand-père de Pierre I*er*, fils de l'archevêque de Rostou, seigneur puissant, et alors ambassadeur en Pologne.

C'est, sans doute, une circonstance à remarquer pour la Russie, que ce choix du fils d'un ecclésiastique et d'un ambassadeur, dont l'éducation, sous ce double rapport, devait le rendre plus propre, qu'aucun autre prince, aux affaires du gouvernement. Son autorité même devait encore s'accroître de tout l'ascendant qu'inspire le sacerdoce chez un peuple religieux. En effet, ce fut le père qui gouverna sous le nom du fils.

La Russie prit dès-lors une position fixe; la Pologne et la Suède, qui se disputaient la couronne, se déterminèrent à une pacification. Romano, depuis, régna paisiblement, et ne fit, dit Voltaire, « aucun » changement, propre ni à corrompre, ni à perfec» tionner l'administration. Il mourut en 1645 ».

Son fils Alexis Michelowitz monte sur le trône à l'âge de seize ans. Il réprime des séditions sanglantes, élevées dans le gouvernement d'Astrakan. Cette partie de ses états devient, par ses soins, une foire générale des marchandises européennes et asiatiques. Il fait une guerre heuseuse contre la Pologne, et malheureuse contre la Suède ; il veut former une ligue de tous les princes chrétiens contre les Turcs qui menacent la Pologne et les états du Czar. La France seule se refuse à cette confédération, à cause de son union avec la Porte. Il conçoit le projet de construire et d'entretenir des flottes dans les mers Noire et Caspienne, et d'appeler, de la Hollande, des constructeurs capables d'instruire ses sujets dans la marine. David Butler y construit le premier vaisseau, qui fut appelé *l'Aigle*. Alexis fait rédiger un code de commerce.

Le commencement des liaisons de la Russie avec la Chine, remonte à l'année 1653. Un envoyé de Russie arrive à Pékin, en 1656, sous Alexis. Cet envoyé, ne voulant pas se soumettre aux usages du pays, n'est point admis à l'audience de l'empereur, et est reconduit aux frontières avec ses présens : le seul fruit de ce voyage fut la connaissance de la route. L'année 1670 fut l'époque de la première et grande caravanne de marchands de Sibérie, qui pénétrèrent jusqu'à Pékin, par le pays des Calmoucks. Ces communications furent interrompues, en 1675, par des hostilités ; et Alexis envoya inutilement un ambassadeur à l'empereur de la Chine. Ce ne fut qu'en 1691, que les limites des deux empires furent déterminées par un traité de cette année. Alexis était mort dès l'année 1677, laissant à Pierre Ier., son fils, des germes d'ambition commerciale et maritime à recueillir et à développer. Né en 1672, Pierre ne monta sur le trône qu'en 1689, après avoir relégué, dans un couvent, la princesse Sophie qui avait usurpé, quelques années, la suprême puissance.

Nous allons voir, dans la SECONDE ÉPOQUE, quels développemens Pierre Ier. sut donner aux élémens de grandeur qu'avaient préparés à son empire, les deux règnes précédens.

L'Europe était encore, sur la fin du dix-septième siècle, remplie de la renommée des courageux efforts que les Hollandais avaient faits, d'abord contre les forces de la maison d'Autriche-espagnole, ensuite contre les forces réunies des Anglais et des Français. Cette lutte des trois marines les plus redoutables qui aient jamais existé, et dont l'avantage parut rester à la puissance, qui avait de plus faibles moyens naturels, donna, par-tout, une haute idée de la domination des mers, et en fit sentir toute l'importance.

Pierre Ier. réduit, sous le gouvernement usurpateur de la princesse Sophie, à un rôle absolument passif, passait la plus grande partie de son temps dans la société des étrangers qui habitaient Moskou. Son ame ardente s'alimentait du récit des hauts faits des Européens, jusqu'alors si étrangers aux Russes. La nouveauté de semblables tableaux leur faisait prendre, dans l'imagination active de Pierre, le caractère du merveilleux, et le préparait à l'enthousiasme pour l'art nautique, dont le simple mécanisme, observé pour la première fois, paraît tenir de la magie.

Ces dispositions se développèrent encore davantage dans la maison de plaisance d'Ismaelof, à la vue d'une petite chaloupe, construite par les soins d'Alexis son père; et ce fut cette première impression qui détermina le plan politique que Pierre a suivi constamment toute sa vie, celui de faire, de la Russie, à force d'art et de persévérance, une puissance maritime.

Il fut sans doute entretenu et affermi dans ses idées, plus brillantes que solides, par le génevois Lefort, son conseiller intime, qui après avoir vu Marseille, la Hollande, Archangel, et s'être introduit à Moskou auprès du Czar, ne pouvait qu'augmenter les goûts dominans de ce prince, en lui donnant perpétuellement des leçons d'imitation de la politique européenne.

La prise d'*Asoph* sur les Turcs, en 1696, accrut sa confiance; il voulut, en y creusant un port, capable de contenir les plus gros vaisseaux, se rendre maître du détroit de Coffa, et préparer tout pour former une flotte de neuf vaisseaux de 60 canons, et de quarante-un bâtimens de 30 à 50. Il fit faire, par les Cosaques, de ces bateaux légers, auxquels ils sont accoutumés, et qui peuvent côtoyer aisément les rivages de la Crimée. Son projet, dit Voltaire, était de chasser, pour jamais, les Tartares et les Turcs de la Crimée, et d'établir ensuite un grand commerce avec la Perse, par la Géorgie. Mais une lettre, connue depuis, écrite par le maréchal Munich à l'impératrice Catherine, le 20 septembre 1762, ne laisse aucun doute que Pierre n'eût des projets de conquêtes bien plus étendus. Le passage suivant l'an-

nonce d'une manière positive : « Je suis, dit ce ma-
» réchal à l'impératrice, en état de démontrer que
» Pierre le Grand, pendant trente années, c'est-à-
» dire, depuis 1695 qu'il fit le premier siège d'Asoph,
» jusqu'à sa mort, arrivée en 1725, a eu principale-
» ment en vue de CONQUÉRIR CONSTANTINOPLE, de
» chasser de l'Europe les infidèles, turcs et tar-
» tares, et de rétablir ainsi la monarchie grecque. Je
» pourrais même dresser le plan de cette vaste et im-
» portante entreprise........ Comme j'ai pénétré
» le premier jusqu'au centre de cette ancienne ré-
» gion (la Crimée), je connais à fond toutes les diffi-
» cultés qui accompagnent cette expédition, et tous
» les moyens de les surmonter » (*).

Pour conduire avec succès une telle entreprise, il
fallait des hommes expérimentés, et la Russie n'avait
que des nobles et des serfs. Pierre choisit, parmi les
premiers, soixante élèves, dont il envoya vingt en
Italie (principalement à Venise), et quarante en Hollande, pour y apprendre la marine, la construction

(*) Cette lettre est imprimée, tome 2, p. 24 et suivantes de
l'*Histoire raisonnée du commerce de la Russie*, par *Jean-
Benoît Scherer*, employé au bureau des affaires étrangères. Il
ajoute même à ces détails, *qu'au milieu de la dernière guerre
avec la Porte*, (*l'auteur écrivait en* 1783) *l'on comptait si
fermement en Russie, sur la prise prochaine de Constantinople*, que la cour des monnaies, à la forteresse de St. Petersbo-
roug, avait reçu l'ordre de frapper une médaille qui représen-
tait d'un côté, *le buste de S. M. I.*; et de l'autre, CONSTAN-
TINOPLE *et les sept tours écrasées par la foudre*.

des

des galères, la fabrique et la manœuvre des grands vaisseaux.

Mais ces moyens étaient trop lents pour la bouillante activité de Pierre 1ᵉʳ. Il partit lui-même, en 1697, pour Amsterdam : par ce coup de politique, il hâta le développement et l'emploi de ses ressources. Pierre, en demeurant au milieu des Hollandais, obtint de leur vanité la faculté de transplanter, dans ses états, des ouvriers devenus ses compagnons. L'intérêt de la république aurait mis obstacle à leur émigration, si Pierre n'eût pas honoré, en quelque sorte l'art nautique, *gloire immortelle de la Hollande*, en jouant la comédie d'un humble apprentissage dans ce pays. Il fut de là en Angleterre, et, par d'autres motifs de politique, obtint des Anglais, monopoleurs du commerce de la Russie, d'emmener les ouvriers qu'il desirait.

Pierre, de retour avec des étrangers expérimentés, étendit ses vues maritimes; il négocia d'abord avec la Suède, pour la cession d'un port sur la Baltique, et ne réussit pas : mais ses armes en effectuèrent la conquête sur Charles XII.

Le caractère chevaleresque de ce héros du nord, qui s'égarait dans les plaines immenses de la Pologne, en négligeant la défense de ses propres états, servit merveilleusement les desseins du Czar, qui s'assurait, dès les premières années de ce siècle, de la Livonie, de l'Ingrie et de l'Estonie, et fondait Pétersbourg dans des marais. Il y transporta sa cour, et plaça ainsi sa capitale à l'une des extrémités de son vaste empire. Les Suédois essayèrent inutilement, en 1705, de détruire avec leur flotte cette ville naissante.

Le Czar, pour utiliser ses succès maritimes, entreprit de réunir, par des canaux, la mer Baltique, la mer Caspienne et le Pont-Euxin. Mais ce projet fut suspendu, lorsqu'en 1711, après la bataille de Pruth, Pierre fut privé de toute communication avec la mer Noire, par la restitution d'Asoph, qu'il fit forcément à la Porte, en vertu du traité de paix de cette année.

Ainsi furent anéantis, pour l'empire russe, ces établissemens maritimes vers le midi, dont la perspective avait contribué, sans doute, à jetter Pierre premier dans la carrière navale. Ce plan gigantesque d'agrandissement, quoique dévoilé, ne pouvait être entièrement abandonné par la cour de Pétersbourg; il flattait trop et son orgueil et son ambition : aussi la poursuite de ce système a-t-elle été, jusqu'à nos jours, la base de sa politique.

Toutes les entreprises faites postérieurement par le Czar, tous les succès qu'il obtint, furent autant de moyens préparatoires pour faciliter un jour à ses successeurs l'exécution de ce grand dessein.

En 1713, il s'empare des côtes de la Finlande, et l'année suivante, de toute cette province. Satisfait des accroissemens maritimes qu'il en obtenait, et de la position de ses états, il entreprend, en 1716, un nouveau voyage en Europe. Arrivé en France, il y est accueilli, fêté, offre sa médiation pour la paix du nord, et minute un traité de commerce entre la France et la Russie. Sa présence et ses promesses déterminent un grand nombre d'artistes et d'entrepreneurs à le suivre à son retour dans son empire.

En 1717, il conclut un accord avec la ville de Dantzick, qui, à cette époque, jouissait encore d'une sorte de prépondérance maritime. En 1718, s'élèvent à Pétersbourg une foule d'établissemens utiles ; cette ville s'embellit et s'agrandit chaque jour davantage. Moulins à grains, à poudre, à scie; corderies ; poids et mesures déterminées; prix des denrées fixés ; fabriques d'armes; manufactures de glaces, de toiles, de tapisseries de haute lisse; filières d'or et d'argent; en un mot, toutes sortes d'entreprises et d'imitations des usages et des arts européens sont tentés par Pierre Ier, qui, à l'aide des étrangers, et à force d'argent et de persévérance, réussit à rassembler au milieu de sa cour, l'abrégé, s'il est permis de le dire, de tous les genres d'industrie qui animent et enrichissent les peuples de France, d'Angleterre et de Hollande. A l'exemple de ces trois nations commerçantes, Pierre rend une ordonnance en 1724, pour soumettre à des combinaisons et des calculs politiques le tarif des douanes de son empire.

Il ne tarda pas à recueillir le fruit de ses travaux: il vit 200 *vaisseaux étrangers* fréquenter Pétersbourg. Pour continuer d'enrichir, par des dépouilles, cette ville, appelée depuis comme Versailles, *un favori sans mérite,* il retira au port *d'Archangel* les anciens privilèges dont il jouissait. Sa prédilection pour celui de Pétersbourg avait cependant un objet réel de politique. Comme il en avait fait la résidence de sa cour, il prétendait y faire naître l'émulation dans la jeune noblesse, par le spectacle du grand mouvement qu'offre un port qui ne pouvait jamais être bien fréquenté que par les étrangers. Pétersbourg, dit l'ingénieux Algarotti, *est la fenêtre par laquelle la Russie découvre l'Europe.*

La paix avec la Suède, conclue à Newstadt en 1721, lui donna le loisir de se livrer à une nouvelle expédition maritime sur la mer Caspienne, dans l'objet de faire passer par ses états le commerce de la Perse et d'une partie de l'Inde. Cette expédition a été vantée par le célèbre historien du Czar; mais il paraît par la relation naïve de ce voyage, imprimée à Londres en 1782, et faite par l'ingénieur Bruce, qui y fut employé, que Pierre n'avait à bord de sa flotte, ni boussole, ni pilote.

Voici comme il s'exprime :

« Le 18 juillet 1722, notre armée s'embarqua à
» Astracan, à bord de 250 galères, accompagnées de
» 35 vaisseaux pour le transport des munitions et des
» malades. Notre infanterie consistait en trente-trois
» mille hommes de vieilles troupes aguerries, qui
» avaient fait toutes les campagnes de la longue guerre
» contre la Suède; outre sept mille dragons, 20 mille
» Cosaques et 40 mille Tartares Calmouks, qui mar-
» chaient par terre pour ravager la province *d'An-*
» *dreof.* Dans l'après-midi du 23, notre division per-
» dit de vue l'amiral, ce qui nous donna assez d'in-
» quiétude, *parce que nous n'avions à bord, ni pi-*
» *lote, ni boussole; à la vérité, toute la flotte éprou-*
» *vait le même inconvénient* ».

Près la ville de Derbent, un ambassadeur turc signifia à Pierre que son maître voyait avec déplaisir ses progrès dans la Perse. Ne voulant pas entrer en guerre avec la Porte, le Czar se retira en 1723. Après avoir perdu plus du tiers de son armée, et avoir vu engloutir près d'Astracan, les bâtimens qui lui apportaient des recrues et des munitions, Pierre rentra en triomphe à Moskou.

Ses essais pour fonder un commerce par terre avec la Chine, ne furent pas plus décisifs. En 1694, pour cimenter son union avec l'empereur, il lui envoya une ambassade qui obtint, en 1698, par l'issue des négociations, un entrepôt et une habitation pour les marchands russes à Pekin. Des excès commis par ces derniers, obligèrent, en 1719, le Czar à faire passer à Pékin de nouveaux envoyés, qui donnèrent satisfaction et conclurent un accommodement. Les Russes en furent encore chassés en 1722 : leurs affaires avec les Chinois étaient dans cet état, lorsque Pierre mourut, en 1725.

Aucun homme illustre, chez les modernes, n'a été plus que le czar Pierre, l'objet de la louange et du blâme. Son célèbre historien, ou plutôt son panégyriste, a élevé un monument honorable à sa mémoire. Mais des observateurs moins enthousiastes, Rousseau, le comte Algarotti et Mirabeau, ont apprécié avec plus de rigueur les institutions du Czar; et leur sévérité semble avoir fait descendre Pierre Ier du rang qui lui avait été assigné, comme réformateur et législateur d'un grand peuple.

Voltaire avoue lui-même, presqu'à chaque page de son histoire de Russie, qu'il écrit ou d'après le journal de Pierre, ou sur les manuscrits de Lefort, ou sur d'autres mémoires envoyés de Pétersbourg. Il n'est pas étonnant qu'il ait puisé, dans des pièces originales de ce genre, l'admiration que leurs auteurs ont voulu inspirer à la postérité, en lui rappelant le souvenir de tant d'évènemens extraordinaires, de tant d'obstacles presque insurmontables, et cependant vaincus. Tous les contemporains de Voltaire devaient d'ailleurs célébrer le nom fameux de Pierre Ier, qui s'était montré pacificateur sur le théâtre du nord. en opposition avec le génie conquérant de Charles XII, et au moment où plus d'un héros tenait, de ce côté, l'Europe attentive.

Je me bornerai à tâcher de pénétrer le secret du mérite de Pierre dans le point de politique maritime qui fait l'objet de la présente analyse.

Tout le systême de ce prince se réduit à l'emploi de moyens brusques pour civiliser la noblesse de son empire : nul avantage essentiel n'en résultait pour la masse du peuple, composé de paysans serfs qui voyaient accroître la somme de leurs travaux, sans pouvoir alléger le poids de leur servitude. Pierre, dont l'ame ardente était pressée de jouir du fruit de ses nouvelles institutions, cherchait l'éclat et la célérité. Son principal objet fut de frapper, par un grand spectacle, les sens de ses courtisans, pour leur donner une impulsion favorable à ses vues. De-là, son application constante à se créer une marine, dont l'appareil majestueux augmentait les partisans de ses réformes, et forçait au silence leurs détracteurs. Il excitait encore l'émulation de la jeune noblesse, en répétant souvent, « que la condition d'un amiral » d'Angleterre était au-dessus de celle d'un Czar ».

Pierre Ier. ayant ainsi créé une sorte d'esprit public, le seul dont fussent capables les chefs ou boyards d'une nation presqu'à demi barbare, fit servir cet enthousiasme pour ses succès maritimes, à des projets d'agrandissement dans des contrées plus favorisées par la nature du climat.

Il n'est pas douteux que les guerres désastreuses que les Turcs firent aux Russes, antérieurement à ce règne, n'aient nourri dans le cœur des nobles Moscovites, de l'aversion pour un tel voisinage. Il en résulta une sorte de haine nationale, dont Alexis, le père du Czar, donne la mesure, par la ligue qu'il provoquait en Europe, contre les Ottomans, la terreur du nord dans le dix-septième siècle. Ces passions violentes durent faire naître en Russie, non-seulement le désir d'être débarrassé de ces odieux rivaux, mais encore le projet de les chasser de Constantinople, et de les y remplacer.

On a vu que le bisayeul de Pierre, était un archevêque, et de plus, ambassadeur en Pologne, dans un temps où cette cour, une des plus brillantes et des plus éclairées de l'Europe, opposait une cavalerie nombreuse et aguerrie aux incursions des turcs en Allemagne. Le père Romano dut puiser à cette double école du sacerdoce, et de la politique polonaise, la haine du nom ottoman, et donner en conséquence, des instructions à son fils, qui furent transmises d'abord à son premier successeur, Alexis, et parvinrent ensuite, par tradition, à Pierre premier.

A peine est-il sur le trône, qu'il assiège et prend Asoph, dès 1695, dans l'espérance, dit le maréchal de Munich, d'aller un jour régner à Constantinople.

Ainsi, cette fièvre ardente de Pierre, pour la création d'une marine Russe, s'explique par la nature des projets qu'il méditait pour détrôner le sultan, et transplanter ainsi la cour russe, des glaces de Moskou ou de Pétersbourg, sous les climats fortunés de l'ancienne Bysance.

Dans ce système, Pierre n'est autre chose qu'un conquérant qui, combinant ses moyens d'attaque, prépare à l'avance de nouveaux instrumens de victoires, au lieu de fondre à l'improviste sur l'ennemi avec de grandes armées, comme firent les turcs ou scythes, lorsqu'ils envahirent et détruisirent l'empire Grec.

La perte de la bataille de Pruth lui fit sentir, sans le décourager, qu'il fallait renoncer pour long-temps à l'espoir de reléguer les turcs en Asie; mais l'impulsion était donnée : Pierre continua d'étendre ses nouvelles institutions maritimes et politiques, persuadé sans doute qu'en accroissant continuellement ses forces militaires, de quelque nature qu'elles fussent, tandis que la Porte voyait journellement s'affaiblir l'ancienne réputation de ses armes, il en naîtrait des avantages certains pour l'empire russe, dont ses successeurs sauraient bien profiter.

Le système maritime de la Russie fut ainsi, par sa nature, depuis sa création jusqu'à la mort de Pierre premier, un système de marine absolument militaire et essentiellement conquérante. Nous allons voir ce que ce système deviendra dans les deux époques suivantes.

La troisième époque de l'état politique moderne de la Russie, comprend un espace d'environ 37 années, depuis la mort du czar Pierre, jusqu'au règne de l'impératrice Catherine II.

Dans cet intervalle, dit Voltaire, « le palais a eu » des révolutions, l'état n'en a éprouvé aucune. La » splendeur de l'empire russe s'est augmentée sous » Catherine première. Il a triomphé des turcs et des » Suédois sous Anne Petrowna; il a conquis la Prusse » sous Élisabeth, et une partie de la Poméranie ; il a » joui d'abord de la paix, et a vu fleurir les arts » sous Catherine II. »

Une des premières opérations importantes d'économie commerciale adoptée par les successeurs de Pierre, fut la révision, en 1728, du tarif de 1724, promulgué par le Czar, et un règlement volumineux en quatre-vingt-dix-neuf articles, établi en 1729, pour la marine, dans tout l'empire russe.

Le commerce de la Chine fixa également l'attention de la cour de Pétersbourg. Les négociations entamées sous Pierre Ier, furent reprises par une ambassade envoyée à Pékin en 1728. Un traité du 14 octobre de la même année, détermina de nouvelles limites. Nous remarquerons que quoique la cour de Russie eût obtenu le droit d'envoyer une caravanne tous les trois ans, on n'en compte cependant que six de 1728 à 1755. Quelques années après l'envoi de cette dernière, il s'éleva de nouvelles plaintes des Chinois, sur les fourberies des Russes. Les deux empires étaient sur le point d'une rupture, lorsqu'Élisabeth mourut.

Sous son règne, les Anglais obtinrent, en Russie, tous les avantages commerciaux que leur avait enlevés la concurrence des autres nations, sous les règnes précédens. Cette impératrice leur accorda, en 1742 et en 1755, le renouvellement du traité de commerce qu'ils avaient conclu en 1734, avec la czarine Anne Pétrowna. Pour leur faciliter tous les moyens d'étendre leurs opérations, les privilèges retirés par Pierre Ier, au port d'Archangel, lui furent restitués en 1752.

Ces ambitieux insulaires firent de nouvelles tentatives pour établir un commerce direct avec la Perse, par la Russie. Les deux empires s'étaient liés par deux traités de paix et d'amitié des années 1729 et 1732, après s'être déchirés par des guerres meurtrières pour la Russie, qui, dit-on, y perdit plus de 130 mille hommes, depuis 1722, jusqu'en 1732. Les Anglais crurent donc le moment favorable pour le succès de leurs entreprises.

En conséquence, l'Anglais Elton équipa, en 1742, un excellent vaisseau, avec une riche cargaison. Il fut tellement accueilli, qu'il devint amiral de Perse, ce qui donna des inquiétudes à la cour de Pétersbourg. Ces craintes la portèrent, en 1746, à défendre aux Anglais la navigation de la mer Caspienne.

Tous ces soins ne détournèrent pas les successeurs de Pierre des moyens d'assurer la paix avec leurs voisins d'Europe, en terminant des guerres avantageuses, par des traités de paix plus profitables encore, tels que celui de 1740, avec la Prusse, et le traité d'Abo, conclu en 1743, avec la Suède. L'exécution du projet favori de la Russie, contre le Turc, projet en quelque sorte légué par le Czar, ne fut pas oubliée. Des prétentions respectives de limites allumèrent, entre la cour de Pétersbourg et celle de Constantinople une guerre sanglante qui ne fut terminée que par le traité de Bellegrade, en 1739. Il ne procura aucuns avantages marqués à la Russie.

On estime que cette guerre lui coûta, pendant les cinq années de sa durée, plus de 200,000 soldats, indépendamment de dix à douze mille matelots formés dans les campagnes d'instruction sur la mer Baltique, et qui périrent dans la mer d'Asoph, où le gouvernement les envoya pour monter de petites flottes qu'il armait contre les Turcs.

Mais ce sont là de faibles sacrifices en hommes et en capitaux, en comparaison des pertes de même nature, que la Russie a essuyées postérieurement, en cherchant a réaliser les plans conçus par Pierre premier, pour s'emparer de Constantinople.

Nous allons rappeler comment un projet aussi extraordinaire, est devenu vraisemblable, dans la qua-

TRIÈME ÉPOQUE, depuis l'avénement de Catherine II, en 1762.

Deux idées-mères paraissent avoir dominé cette impératrice, dans toute sa politique. La première lui a été transmise, en quelque sorte, par droit de succession : c'est celle de remplacer le Turc et à Constantinople et dans la Méditerranée. En effet, Catherine est devenue maîtresse absolue de l'empire russe, au mois de juillet 1762, et nous avons vu, par la lettre dont nous avons déjà parlé, que, dès le mois de septembre suivant, le maréchal Munich, un des principaux acteurs sous Elisabeth, dans la guerre des Turcs, terminée par la paix de Bellegrade, flattait son *auguste souveraine de l'espoir, de la possibilité, de la facilité même*, de conquérir la Crimée. Ce projet était donc devenu la base de la politique de la cour de Russie ; c'était, en quelque sorte, un plan national, dont il n'était pas au pouvoir de Catherine de s'écarter, si elle voulait captiver la bienveillance de la noblesse russe, et des grands propriétaires fonciers ou industrieux, qui se flattaient, les uns, de voir transporter sous le climat fortuné de Constantinople, les plaisirs de la cour ; les autres, de parvenir à transplanter le centre de leur industrie, ou le principe de leurs richesses sur les eaux paisibles, et presque toujours navigables, de la Méditerranée. L'impératrice avait trop besoin de ménager cette disposition des esprits, pour abandonner un plan, qui remplissait d'exaltation et d'enthousiasme tout ce qu'il y avait en Russie d'être pensans ou sentans avec énergie, et qui se pressaient autour du trône. Le caractère de Catherine la portait aux entreprises hardies, et elle ne se dissimulait pas que, pour faire marcher, vers un grand but, la masse des volontés dans un grand empire, il fallait offrir à la divergence des idées un point de réunion, qui eût pour objet, tout-à-la-fois, la gloire et la prospérité nationale. C'est avec ce talisman que Pierre, au commencement du dix-huitième siècle, avait montré à l'Europe la noblesse et le négoce cheminant à grands pas vers la civilisation, chez un peuple jusques là enseveli sous les glaces d'Archangel et dans les déserts de la Sibérie.

La seconde idée politique, qui s'empara de l'ame vigoureuse de Catherine II, ne se développa qu'à l'époque de la guerre américaine. Les principales puissances maritimes ayant pris part à cette grande cause, celles qui restèrent neutres, particulièrement dans le nord, cherchèrent à faire tout le commerce de l'Europe, et se liguèrent pour protéger la liberté des mers. Catherine donna, en 1780, l'impulsion à ces actes de neutralité, qui furent envisagées différemment par les puissances belligérantes (*). La part que prit le

(*) Cette *neutralité armée* était dirigée contre l'Angleterre, qui en était très-mécontente, et le cabinet de Versailles était l'instigateur. Mais tel fut le peu de succès de la ligue entre la Russie, le Danemarck et la Suède, soutenue de l'union de la France, avec l'Espagne et la Hollande, que l'Angleterre eut l'adresse de ne donner que des réponses évasives. Elle le fit par celle du mois de juillet, à la déclaration de S. M. Suédoise, et

pavillon russe dans la navigation générale, lui fit partager l'émulation des autres nations maritimes, lors de la pacification de 1783. Toutes redoublèrent d'ardeur dans leurs spéculations commerciales, et l'impératrice publia un grand nombre d'actes diplomatiques, et de dispositions législatives, qui tendaient à favoriser celles de ses sujets. Ainsi, toute la politique de son règne, relativement à la perfection du système maritime et politique de la Russie, fut de réaliser les conquêtes projettées par le Czar Pierre, et de préparer les Russes à en recueillir les fruits, en donnant la plus grande extension possible à leur commerce actif et passif, soit avec les Européens, soit avec les peuples d'Asie, limitrophes de son empire.

La courte durée du règne de Pierre III avait suffi pour assurer la tranquillité de la Russie, du côté de la Prusse, au moyen de la paix de 1762, que l'enthousiasme de cet empereur, pour Frédéric, le porta à lui offrir aussitôt la mort d'Elisabeth. Cette paix

par une convention du 4 juillet de la même année, avec le Danemarck, explicative de leur traité de commerce de 1670.

L'empereur, les rois de Prusse, de Portugal et de Naples adoptèrent en 1781, 1782 et 1783, le même système, qui, en définitif, aurait dû obtenir l'assentiment général, parce qu'il tendait à protéger la navigation des bâtimens neutres, et à faciliter, par-là, les transactions commerciales des puissances belligérantes.

fut suivie d'un traité d'alliance, conclu, en 1764, entre la Prusse et la Russie, prélude de cet accord qui régna bientôt entre les deux puissances, lorsqu'elles se concertèrent, en 1769, pour le premier partage de la Pologne, qui fut définitivement consommé par l'acte de cession de la diète de 1773.

Quelques discussions de limites ou de prétentions territoriales furent réglées en 1762, avec la Courlande, d'après une précédente convention de 1736, et ces deux actes en amenèrent un troisième de l'année 1783.

D'un autre côté, par le traité Kaïnardji, du 21 juillet 1774, Catherine II obtint de la Porte la liberté de navigation dans la mer Noire; mais ce n'était qu'une pierre d'attente pour obtenir ou conquérir de nouveaux avantages : car elle savait que son commerce, dans la mer Noire, ne serait profitable, qu'autant qu'elle serait maîtresse des points de communication avec la Méditerranée. Les hostilités recommencèrent donc bientôt dans cette vue, et un second traité de 1783, portant cession à la Russie, de la Crimée qu'elle avait envahie, détruisit la plupart des obstacles qui s'opposaient à ce que les ports qu'elle possédait, depuis la précédente paix, dans la mer d'Asoph et sur la mer Noire, devinssent le centre des échanges du nord et du midi. Une nouvelle tentative, de la part de la Russie, sur les possessions turques, amena la pacification de Jassy, confirmative de toutes les concessions précédentes, et du privilége acquis à la Russie, de naviguer librement dans toutes les mers turques. Cette faculté fut commentée fort au long dans des traités et conventions de commerce conclus entre les deux empires, après la cessation des hostilités, aux trois dernières époques de 1774 à 1792.

L'impératrice, fière, en quelque sorte, de l'acquisition de nouveaux domaines commerciaux et maritimes, sembla vouloir se débarrasser du monopole que les Anglais exerçaient en Russie.

Le traité de commerce de 1766 non-seulement assurait à la Grande-Bretagne d'anciens priviléges, mais lui accordait encore de nouveaux avantages pour vingt années. Le moment de son expiration, en 1786, fut saisi par Catherine, pour établir une concurrence nouvelle dans ses états. Elle refusa constamment de renouveller son traité avec l'Angleterre, aux termes de celui de 1766, et elle en fit un particulier avec la France, basé sur l'intérêt réciproque des deux nations, qui, depuis près de deux siècles, recherchaient des liaisons directes, sans pouvoir se réunir, par les obstacles qu'y apportait la cour de Londres, l'ennemi commun. La révolution française fit dévier la Russie de ses véritables principes, et l'Angleterre obtint, en 1793, le renouvellement du traité de commerce de 1766, tandis que la France vit prohiber tout son commerce dans cet empire.

L'ardeur de la cour de Pétersbourg à poursuivre des succès commerciaux et maritimes, après la pacification générale de 1783, fut telle, qu'elle fit des

traités

traités de commerce avec les principales nations commerçantes. Le Danemarck et la Russie s'étaient unis dès 1782, en consolidant un traité provisionnel de 1767. L'Autriche obtint aussi un traité en 1785. Les Deux-Siciles s'en procurèrent un particulier en 1787, et le Portugal signa le sien en 1788. La Pologne, et la ville de Dantzick en particulier, se procurèrent par intervalles, en 1784 et en 1793, quelques bons offices, plus ou moins sincères, de la Russie; mais en 1795, l'une et l'autre disparurent entièrement de la carte politique de l'Europe.

Les observateurs remarquent que les succès de la Russie sur la mer Noire, lui ont coûté treize cent mille hommes, en moins de vingt années, et un grand nombre de matelots, ou plutôt de paysans serfs, qui, comme dit Mirabeau, ont ordre de devenir matelots. La Czarine en fit passer, en 1773, cinq mille à Tagaunok, et en 1784, dix mille qui devaient en même temps devenir agriculteurs.

Le commerce le plus varié, le plus étendu et le plus riche de la Russie, est celui de la mer Baltique, dont le port de Pétersbourg est l'entrepôt principal.

La marine marchande de la Russie pour les grands trajets de mer, n'y montait, en 1775, qu'à 15 ou 16 vaisseaux, dont les deux tiers destinés pour Bordeaux et la Hollande: ces bâtimens sont de 200 tonneaux. Les deux tiers des matelots doivent être russes suivant les réglemens; mais le capitaine et le pilote sont comunément étrangers.

Des négocians étrangers sont les propriétaires de

P

ces navires qu'ils chargent pour leur compte. Il est difficile d'apprécier avec exactitude ce que le fret leur coûte, attendu qu'ils sont dans la nécessité d'entretenir les équipages pendant le cours de l'année. Le fret leur revient plus cher qu'aux Hollandais, aux Danois et aux Suédois. Il est vrai, ajoute Leclerc, qu'ils sont amplement dédommagés par les priviléges que les ordonnances de Pierre Ier. et de l'impératrice Anne leur ont accordés.

Toutes les fois que la cargaison du vaisseau est prouvée appartenir à un négociant, il ne paie que le quart des droits de sortie, et les trois quarts des droits d'entrée; au lieu de cent vingt-cinq kopeks de douane que les étrangers paient pour chaque rixdaler, les commerçans russes ne paient que quatre-vingt-dix kopeks, ce qui fait une différence de trente-cinq kopeks sur chaque rixdaler. Ils ont obtenu, le 27 septembre 1782, une remise de moitié pour les droits de sortie.

Les étrangers réclamèrent, en 1774, contre les priviléges exclusifs dont jouissaient les Anglais dans leur commerce en Russie, et principalement dans le mode de paiement des droits de douane; mais ils n'obtinrent alors aucune satisfaction. Cependant, depuis la pacification de 1783, ainsi qu'on l'a vu, la Russie adopta des principes de concurrence plus conformes à ses intérêts, soit en refusant de renouveler avec l'Angleterre son traité de commerce sur le même pied que celui de 1766, soit enfin en établissant des relations directes avec les principales puissances maritimes de l'Europe.

Ce nouvel ordre de choses paraît avoir été favorable à la marine russe; car on estimait, en 1784, à quatre-ving-un bâtimens, le nombre des navires appartenans à des négocians russes, d'après un relevé fait à la douane de Cronstadt et de Pétesbourg. Il en résulte, qu'en 1785, il est entré six cens trente-neuf navires; savoir, trois cens quarante-neuf anglais, quarante quatre russes, et deux cens quarante-six autres bâtimens de toutes nations, dont seulement quatre français et neuf espagnols.

Le cabotage entre les provinces maritimes occupe deux cents galiottes de vingt à trente tonneaux, et servant annuellement d'allège aux vaisseaux étrangers.

Pour faire fructifier ses nouvelles acquisitions vers la mer Noire, Catherine II publia un édit le 21 février 1784, qui *permet à tous étrangers de tous pays et de toutes nations, un commerce libre et illimité, tant par mer que par terre, dans les différentes contrées, sur la mer Noire, qui viennent d'être annexées à l'empire russe*, leur assurant spécialement les ports de KERSON, KATHARINOSLAF, SEBASTOPOLIE (autrefois appelée Aktior), et THÉODOSIE (Kafa), *tous deux dans la province de Taurique, où ils peuvent résider et jouir des mêmes immunités et priviléges civils et religieux qui leur sont accordés à Pétersbourg et à Archangel*.

Par toutes ces combinaisons, calquées sur la politique commerciale des autres européens, Catherine II est parvenue, à force d'art, à créer un système maritime dont nous allons sonder la consistance, en analysant ses parties élémentaires.

Les forces maritimes de la Russie, au moment de la révolution française, consistaient, (en 1791), y compris sa marine sur la mer Noire, en 67 vaisseaux de ligne de 110 à 66 canons; 36 frégates de 44 à 28 canons, et 700 autres bâtimens de toute grandeur, comme cutters, brulots, chaloupes, prames et navires à rames : le tout armé de 8 à 9000 canons, et monté de 21,000 matelots.

Les désavantages de la Russie sont immenses, et presque insurmontables dans la carrière de la navigation. Le territoire de cet empire est presque sans bornes : séparé par des forêts considérables, divisé par de vastes déserts, coupé par des rivières, des fleuves et des canaux glacés 6 à 7 mois ; baigné par quatre mers, non-compris celle du Kamchatka, où la marine russe reste prisonnière presque la moitié de l'année ; sans pêches, sans cabotage intérieur ni extérieur ; sans matelots, puisque les transports les plus actifs se font par traineaux durant les longs hivers ; comment avec tant de privations nautiques, obtenir des établissemens maritimes durables, et, pour ainsi dire, générateurs les uns des autres ?

Le climat, la nature du pays, et l'état même des personnes, forment, comme l'on a vu par-tout ce qui précède, une chaîne d'obstacles qu'une politique extraordinaire et soutenue par la persévérance d'un siècle entier, a entrepris de surmonter. Les étrangers ont été constamment appelés comme auxiliaires pour l'exécution du plan de marine, conçu par Pierre, et suivi par ses successeurs. Le gouvernement russe ne pouvait pas espérer des nationaux, toute l'ardeur qu'il desirait exciter pour la navigation, puisqu'indépendamment de ce qu'il n'existait pas pour le peuple, de véritable école navale, ce peuple courbé sous la servitude, ne pouvait élever ses idées au-dessus de la glèbe, à laquelle il était perpétuellement attaché. Il suffit pour sentir tout le poids de cette privation d'esprit public, dans la masse des habitans en Russie, de se rappeller que sur une population totale, estimée au plus bas ; à 14 millions d'ames, en 1764, avant les trois dernières guerres avec le turc, il y avait 12 millions de serfs, 60 mille nobles, 100 mille moines ou prêtres, etc.

Aussi, toute l'efficacité des efforts faits par la Russie, pour se créer une marine militaire, a consisté dans l'art de consommer des hommes, en leur donnant une direction forcée par la puissance despotique de son gouvernement. On estime à 2 millions cette consommation d'hommes dans ce siècle, causée par les guerres contre les turcs. Ces guerres, comme on a vu, ont leur source dans le desir de satisfaire la haine nationale, et de remplacer dans une région plus fortunée, un ennemi qu'on espérait de reléguer plus loin.

Catherine II s'est servie habilement, pour ce double but, de tous les moyens qui lui ont été légués par ses prédécesseurs, et en a créé de nouveaux, tant par la supériorité de ses négociations et de ses alliances, que par l'adoption et l'application à son empire, des lois modernes économiques. L'esprit d'imitation est venu à son secours, comme il avait dominé dans les institutions de Pierre premier. Or les autres européens ayant eu du succès, dans la promulgation de semblables institutions, il était naturel que le gouvernement russe, qui cherchait à s'aider des leçons de l'expérience, en poursuivant le plan vaste d'hostilité qu'il avait conçu, prit pour modèle les Hollandais et les Anglais, ses heureux devanciers dans la carrière navale.

Ce plan nous est dévoilé dès son origine, par la lettre du maréchal de Munich, contemporain de Pierre premier. Il n'est pas, dans l'objet de la présente analyse, de chercher si Pierre ou Catherine auraient dû sacrifier ces sentimens de haine nationale et de convoitise, à l'égard de la Porte, à un meilleur plan de gouvernement pour le bonheur des Russes. Mais on apperçoit évidemment que cette ardeur de vengeance et de cupidité une fois excitée et nourrie par tout ce qu'avait d'encourageant l'exemple des autres peuples, le système de marine militaire adopté par la Russie, comme moyen de conquête, devenait un lévier puissant dans des mains habiles ; sur-tout en le dirigeant contre la nation turque, dont les institutions depuis long-temps stationnaires, et par cela seul rétrogrades, rendaient de jour en jour plus impuissante, sa tactique sur mer et sur terre.

Les pertes en hommes et en argent, faites par la Russie, lui seront rendues au centuple, si elle obtient a proie qu'elle poursuit depuis si long-temps.

Le dix-neuvième siècle verra sans doute le dénouement de cette tragédie politique : mais on sera obligé de conclure, pour le moment, que la Russie s'est trouvée dans le dix-huitième, par la nature des choses, par la force des circonstances, en état de guerre presque inévitable contre le Turc ; si l'on considère que celui-ci, en s'emparant de l'empire grec, a déplacé un allié de la Moscovie, par d'anciens traités, et dès le 10e. siècle. La Russie avait donc des vengeances à exercer, une haine nationale et religieuse à assouvir, un bel héritage à espérer. C'en est assez sans doute, dans les passions des hommes, pour y nourrir de vastes projets de conquêtes.

Enfin, tout ce qui précède prouve que la cour de Pétersbourg a mis au nombre de ses moyens possibles de succès, la création, à quelque prix que ce fût, d'un *système maritime*, purement militaire; *système* jugé *extravagant*, en ce qu'il est contrarié par la nature du climat, du pays, et par l'état des personnes; mais système regardé seulement comme extraordinaire, d'après son but. Ce système serait, sans doute, bientôt dissous, s'il n'était point alimenté par l'esprit de conquête, qui, ainsi que le fanatisme religieux ou politique, n'épargne ni l'argent, ni les hommes.

CHAPITRE XVIII.

Les États-Unis de l'Amérique.

Des Anglais, persécutés dans leur patrie, pour leurs opinions civiles et religieuses, se réfugièrent, comme l'on sait, sur les côtes de l'Amérique septentrionale, vers le milieu du dix-septième siècle, et devinrent, sinon les premiers, au moins les plus utiles fondateurs de ces colonies florissantes que la métropole a perdues de nos jours, par excès d'orgueil et de cupidité. Actuellement indépendantes, et constituées sous le nom d'États-Unis d'Amérique, elles comprennent treize états particuliers, dont les cinq situés vers le Nord, sont : *Newhampshire, Massachusset, Rhode-Island, Connecticut, et New-Yorck* ; quatre au centre, *New-Jersey,* la *Pensilvanie,* la *Delaware* et le *Maryland* ; enfin, quatre autres vers le Sud, *la Virginie, les deux Carolines et la Géorgie.*

Les anciennes colonies anglaises n'ont pas toutes été fondées par les soins du gouvernement britannique ; mais comme le remarque judicieusement un mémoire officiel que nous ferons servir à la plus grande précision de cette analyse, le cabinet britannique n'a pas tardé à leur appliquer à *toutes*, les principes qui ont dirigé les européens dans l'établissement de leurs colonies. Il a voulu que l'Angleterre exerçât le double monopole, de vendre exclusivement ses propres marchandises aux colons, et d'en tirer seule les denrées et matières premières. L'agriculture est donc le seul genre d'industrie que le gouvernement anglais ait encouragé.

La Nouvelle-Angleterre, qui comprenait les états de *Newhampshire, Massachusset, Rhode-Island* et *Connecticut*, doit ses pêcheries et sa navigation à la force des choses plutôt qu'à la bonne volonté de la mère-patrie. Leur climat ne leur permettait aucune de ces cultures favorites dont le commerce anglais pouvait tirer avantage. Rivaux de la Grande-Bretagne, dans plusieurs de leurs objets d'échange, ils ont excité de bonne heure sa jalousie. Si cependant les constructions des colonies ont été protégées, c'est parce qu'elles employaient les voiles, les agrès, les fers de la mère-patrie, et que leurs bâtimens vendus aux négocians britanniques, augmentaient les moyens de la navigation nationale. Si les Antilles anglaises leur ont été ouvertes, si l'exportation directe de quelques objets a été permise au Sud du Cap-Finistère, c'est que la consommation des marchandises anglaises s'accroissant rapidement dans les colonies, avec l'aisance et la population, il fallait leur donner les moyens de s'acquitter.

Les colonies au Sud de la Nouvelle-Angleterre, étaient l'objet de la prédilection de la métropole, parce que leurs efforts se tournaient davantage vers l'agriculture.

La marine des Anglo-Américains, avant leur indépendance, était donc, pour ainsi dire, une *succur-*

sale de l'Angleterre; et ses colonies continentales ne pouvaient avoir pour son extension aucun système de conduite, que celui que la jalousie de la métropole leur voulait permettre, soit dans l'objet d'étendre pour elle-même ses moyens de prospérité, soit pour empêcher que des tentatives de la part de celles qui étaient essentiellement navigatrices, ne vinssent lui enlever une branche précieuse d'industrie.

Quoiqu'il en soit, les avantages que la nature des choses assurait dans la marine, aux peuples des États-Unis, avant leur indépendance, leurs tentatives et leurs succès mêmes tolérés par des motifs d'intérêt de la part de l'Angleterre, avaient procuré à ces colonies une existence maritime particulière et inconnue aux autres établissemens européens dans les Indes occidentales.

On estime, dans le mémoire officiel dont nous avons déjà parlé, que sur six mille six cens bâtimens mesurant à peu-près quatre cens soixante mille tonneaux, qui sortaient peu avant la guerre de tous les ports des États-Unis, il y avait environ cinq mille deux cens navires américains jaugeant deux cens cinquante mille tonneaux, contre quatorze cents bâtimens anglais jaugeant deux cens dix mille tonneaux. Il faut observer que cette notion étant le résultat général du mouvement de la navigation, ne donne qu'un simple apperçu co-rélatif de la richesse maritime et respective de la colonie et de la métropole : le nombre absolu des bâtimens de part et d'autre, n'a pu être constaté.

D'autres calculs appuyés, les uns sur des bases positives, les autres sur des données hypothétiques, mais raisonnées, font monter à environ vingt mille tonneaux la masse des constructions américaines en navires de toutes grandeurs.

Tels étaient les succès des peuples des Etats-Unis, dans la marine, lorsqu'ils se séparèrent de l'Angleterre par leur acte d'indépendance du 4 juillet 1776. Les hostilités déjà commencées, prirent dès-lors un caractère permanent et terrible. La guerre devenue générale, les Américains peuplèrent tous les parages du nouveau continent de leurs corsaires qui désolaient le commerce anglais. Ces corsaires pris étaient remplacés par d'autres navires mis aussitôt sur les chantiers. Cette ardeur d'attaquer, et de réparer les pertes maritimes par une activité incroyable, dut confirmer les Anglo-Américains dans l'estime qu'ils avaient déjà conçue pour cette navigation, dont ils avaient soigné les commencemens, malgré les obstacles et la jalousie de la Grande-Bretagne.

Il était naturel de penser que dès la cessation des hostilités, la navigation américaine prendrait un essor dont elle n'avait pû être susceptible, sous l'influence du monopole britannique, et au milieu des dangers d'une guerre sanglante.

Nous allons voir à travers combien d'écueils les peuples des Etats-Unis de l'Amérique ont fondé et dirigé leur système politico-maritime, depuis la pacification générale de 1783, époque où leur indépendance a été reconnue par l'Angleterre, et en même-temps de toute l'Europe. Alors seulement, ils ont pu se livrer, suivant leur propre intérêt, aux conceptions propres à leur assurer de grands succès dans la navigation.

De la diversité d'intérêts entre les états navigateurs et ceux qui ne l'étaient pas, naquit la disparité des mesures que prirent toutes les législatures dans le cours des années 1784, 1785 et 1786. Les états de la *Nouvelle-Angleterre*, excités à des moyens extrêmes par les plaintes de leurs négocians, défendirent que les bâtimens anglais pussent rien charger chez eux, et les accablèrent de droits. Le *Massachusset* et le *Newhampshire*, entr'autres, ne laissèrent ouverts à tous les étrangers, que quatre ports, sans égard pour les traités avec différentes nations. Ils sollicitèrent tous les états à les imiter; ils firent leurs efforts pour engager le congrès à recommander un acte de navigation rigoureux; et si ce sénat avait eu alors les pouvoirs qu'il obtint en 1787, leur influence dans ce temps de fermentation, aurait peut-être prévalu.

Les états du centre, plus modérés, mais aussi peu d'accord entre eux, imposèrent, les uns, de plus forts droits sur les bâtimens et les marchandises anglaises, les autres, sur les bâtimens et marchandises en général. Parmi les états du sud, la *Géorgie* ne fit rien, ou plutôt menacée par les négocians anglais, d'être abandonnée aux ressources de ses co-états pour le transport de ses denrées, elle suspendit immédiatement un acte qu'elle avait voulu passer. La *Caroline du sud* se borna à augmenter un peu les droits de tonnage pour les étrangers; la *Caroline du nord* et la *Virginie* les augmentèrent considérablement. Le *Delaware* et le *New-Jersey*, d'un autre côté, déclarèrent leurs ports francs, dans la vue d'attirer le commerce chez eux.

Avec cette incohérence de moyens, les états de la Nouvelle-Angleterre ne purent persévérer longtemps dans leurs principes exclusifs; ils reconnurent que leur politique était pénétrée, qu'ils ne seraient pas secondés, que leurs co-états tiraient avantage de leur levée de bouclier, qu'il y avait enfin, dans le reste de l'Union, plus d'humeur contre l'Angleterre, que de bonne volonté pour eux; et ils révoquèrent leurs actes précédens.

Les états navigateurs, en effet, étaient encore loin de pouvoir faire tout le commerce de transport, et bien moins celui des autres états. Il était possible d'écarter les étrangers, mais impossible de s'en passer. Les attaques dirigées contre les Anglais, retombaient sur l'agriculture du pays. Ni les puissances du nord, ni les Hollandais, ni les Français ne sont venus les remplacer dans les ports américains : aussi ont-ils continué de conserver une partie considérable du commerce de transport des États-Unis; et ils ont été plus ménagés, parce qu'ils étaient plus nécessaires. Il n'est resté de toutes les lois passées alors, sur le fait de la navigation, qu'une attention assez générale à favoriser les bâtimens nationaux, en imposant de plus forts droits sur les vaisseaux des puissances liées avec les États-Unis, par des traités de commerce, et en les portant à un taux encore plus élevé sur les bâtimens des puissances avec lesquelles ils n'ont aucune convention.

Cette lutte d'intérêts entre les différens états, cette mobilité dans leurs dispositions législatives, cette opposition à ce qui peut les rallier à un centre d'avantages communs dans la carrière du commerce et de leur navigation, ont dû mettre une égale incertitude dans les moyens diplomatiques, en contrariant l'exécution des divers traités conclus, entre le congrès et plusieurs puissances de l'Europe, depuis l'indépendance ou la pacification générale de 1783.

Les États-Unis et la France s'étaient liés, dès 1778, par un traité de commerce; et de nouveaux avantages leur furent assurés, dans leurs relations respectives, par l'arrêt du conseil-d'état de France, du mois de septembre 1787. En outre, les produits de leur pêche de la baleine furent traités favorablement par différentes stipulations de l'année 1788.

D'un autre côté, les républiques américaines avaient conclu des traités de commerce, en 1782, avec la Hollande; en 1783, avec la Suède; et en 1785, avec la Prusse; enfin, un traité d'amitié et de commerce avec l'empereur de Maroc, en 1787. Leur envoyé à Alger n'a pu réussir, en 1786, sur le fondement que les *États-Unis* n'avaient point encore obtenu de traité de la Porte : mais, depuis, il fut signé une convention avec cette régence, le 5 septembre 1795. Le congrès avait recherché, vers le même temps, de semblables liaisons avec le Portugal et l'Angleterre. Les tentatives qu'il avait faites vis-à-vis de cette dernière puissance, échouèrent complettement en 1788; mais la négociation a été reprise, et terminée par un traité d'amitié, de commerce et de navigation, du mois de novembre 1794.

Des intérêts qui se croisaient ou se heurtaient, ne furent pas les seules causes de l'inefficacité des traités conclus, et du peu de succès des négociations pour former de nouveaux liens. L'absence de tout gouvernement central exécutif, avant la nouvelle constitution, paralysait ou contrariait trop ouvertement les relations commerciales européennes, pour que les nations contractantes pussent donner confiance aux concessions accordées au nom des Treize États-Unis de l'Amérique.

En effet, continue notre observateur, l'ancien acte de confédération avait placé les États-Unis dans une situation singulière vis-à-vis des puissances étrangères. Aucun d'eux n'avait la liberté de négocier séparément avec elles : ils y avaient renoncé ; et le conseil fédéral en avait seul le droit. Mais ce droit était illusoire, parce que l'exécution des traités dépendait entièrement de l'intérêt de chacun des treize souverains. Le conseil fédéral ne pouvait prendre au-dehors *aucun engagement, relativement au commerce, qui empêchât les législatures d'établir sur les étrangers les mêmes charges auxquelles leurs propres citoyens étaient soumis.* Il ne pouvait *prohiber l'importation ni l'exportation d'aucunes mar-*

chandises. Il pouvait enfin tout recevoir, mais ne pouvait rien accorder. Il était restreint à des arrangemens de commerce très-généraux avec les cours étrangères, et son pouvoir se bornait là. Celui des législatures restait dans toute sa force; si elles s'écartaient des termes stipulés, le congrès ne pouvait, en conséquence des plaintes des puissances contractantes, que rappeler ses engagemens aux états, et recommander qu'ils s'y conformassent. Le sort ordinaire de ces recommandations est connu.

Le traité de paix avec l'Angleterre n'a jamais été complettement exécuté, de part ni d'autre. On a vu la seule clause presque du traité de commerce avec la France, qui porte sur le commerce respectif, c'est-à-dire, celle relative au droit du fret, interprétée au désavantage des bâtimens français, dans la plupart des états; la Hollande et la Suède ont eu à se plaindre de violations pareilles, et le congrès a toujours inutilement représenté le danger de ce manque de foi publique. Il aurait fallu, en quelque sorte, que les puissances étrangères prissent sur elles de sévir contre les états réfractaires. Il n'y avait plus d'autres moyens de faire respecter les traités; ceux qu'elles contractaient avec le congrès étaient sans effet, et elles ne pouvaient encore en contracter de séparés avec chaque état, par ménagement pour l'ombre de l'Union. Aussi cette situation, enfin connue en Europe, a arrêté toutes les négociations du congrès, et est une des causes principales de la seconde révolution.

La

La constitution de 1788 donne au président des États-Unis, le pouvoir de faire des traités, du consentement des deux tiers du sénat. Le congrès doit régler, exclusivement, dans toute l'Union, le commerce avec les nations étrangères, et celui des états entre eux, ou avec les hordes sauvages. La même autorité souveraine, qui, par l'organe de deux de ses branches, prendra des engagemens au-dehors, est absolument chargée de leur exécution au-dedans.

Antérieurement, les tribunaux de chaque état ne prenaient connaissance des traités ou conventions, ratifiés par le congrès, au nom des États-Unis, qu'autant que la législature locale avait passé un acte, qui en confirmait les dispositions. Dans ce dernier cas même, ils en interprétaient les clauses suivant leurs lumières, et il n'y avait pas d'appel de leurs décisions au corps fédéral. Les particuliers étrangers n'avaient aucune défense légale contre les injustices des états, ou des citoyens protégés par des lois iniques. La constitution actuelle investit de pouvoirs judiciaires une cour suprême, et plusieurs cours inférieures. Parmi les objets, qui sont de leur ressort, elles doivent juger définitivement, suivant la loi et l'équité, toutes les réclamations fondées sur les traités ou conventions ; tous les cas d'amirauté et de jurisdiction maritime; toutes les controverses entre un étranger et un citoyen, ou un État et les États-Unis. Les traités et conventions sont déclarés des loix suprêmes dans toute l'Union : il leur suffit d'être publiés par le congrès, pour abroger toutes les dispositions contraires dans les différens États, et astreindre les tribunaux de ces États à y conformer leurs jugemens.

Les variations, si désolantes pour le commerce, des lois différentes de chaque État sur les importations; ces prohibitions établies et supprimées tour-à-tour; ces tarifs continuellement retouchés; cette hausse et baisse constante des droits locaux, qui dérangeait sans cesse les calculs du négociant, ont enfin eu un terme. Le congrès a seul le pouvoir d'établir et de percevoir les droits d'entrée dans toute l'Union; ils doivent être les mêmes dans chaque État; les bâtimens expédiés pour un port et relâchant dans un autre, ne seront pas tenus à les y acquitter; aucun état ne pourra, sans le consentement du congrès, lever des droits quelconques sur l'entrée et la sortie des marchandises, ni sur les bâtimens, au-delà de ce qui sera absolument nécessaire pour les frais d'exécution des lois d'inspection et de police des ports, et le surplus des droits sera versé dans le trésor de l'Union.

Cette convention, dans laquelle ont été fixés des intérêts si majeurs, fut formée à Philadelphie, au mois de mai 1787. Chaque session du congrès doit perfectionner les vues générales qui ont été adoptées par cet acte mémorable. La première session commencée en mars, et terminée au mois de septembre 1789, a déja vu rendre les lois fondamentales du système politico-maritime des États Unis d'Amérique.

La principale loi, intitulée : *Acte pour imposer un droit sur les productions, denrées et marchandises importées dans les États-Unis*, est combinée à l'avantage de la construction et de la navigation des bâtimens américains.

Depuis le milieu du dernier siècle que leurs ancêtres ont abandonné l'Angleterre, jusqu'au moment de la nouvelle constitution, en 1788, les anglo-américains ont constamment développé les germes de cette fortune maritime qui a donné une si grande prépondérance à leur *mère-patrie*. Ni la faiblesse de leurs premiers établissemens, ni les obstacles enfantés par la jalousie de l'Angleterre, ni les vexations de cette métropole, dans les derniers jours de son mécontentement, ni les hasards ruineux d'une guerre longue et sanglante, ni l'incertitude de ses premiers pas dans la conduite de leur commerce extérieur, rien n'a pu détourner le peuple américain de jetter enfin les fondemens stables d'un système maritime bien combiné; et il le sera d'autant mieux, que la force des exemples reçus de la Grande-Bretagne, unie aux leçons de sa propre expérience, a pu faire arriver ces peuples dégagés de préjugés et d'entraves, aux meilleurs résultats connus jusqu'à présent, des autres européens.

Cependant ce système ne sera bien consolidé, que lorsqu'ils seront enfin libres de toute inquiétude du côté des sauvages qui pressent leur territoire, fatiguent et ruinent même continuellement les habitations éloignées. Alors, seulement, ils pourront consacrer une partie considérable des dépenses publiques, à équiper des frégates (*) pour protéger leur commerce, sur-tout dans les mers d'Italie, où les pirates de Tunis et d'Alger molestent leur pavillon, enlèvent leurs navires, et réduisent en esclavage leurs malheureux compatriotes. On a vu que le congrès n'a pu parvenir, qu'à force de persévérance, à traiter avec le Dey d'Alger. Les américains accusent quelques réfugiés, qu'ils prétendent être avoués seulement par le ministère anglais, des manœuvres qui les excluent des marchés de l'Italie et du sud de la France, où ils pourraient avoir des liaisons très-profitables.

Un des traits les plus frappans de cette analyse, c'est l'influence qu'a reçue de sa première éducation européenne, dans l'adoption de son système d'amélioration et de prospérité, ce peuple encore agricole et déjà ardent à poursuivre les avantages d'un commerce maritime étendu. L'ascendant du commerce

---

(*) Voici, suivant les nouvelles publiques du 30 pluviôse, an 4ᵉ, une circonstance qui pourrait hâter l'instant de la création, dans les *États-Unis*, de cette force publique maritime. « On prétend que la négociation entre l'Espagne et l'Amérique,
» à laquelle le président (Washington) a fait allusion dans son
» discours au congrès, regarde principalement la navigation du
» Mississipi et la construction des vaisseaux de ligne, deux
» avantages dont les Américains ont été privés, aux termes du
» traité dicté par la France et l'Espagne, en 1783. Cette né-
» gociation vient d'être terminée à Madrid, et l'on a déja en-
» voyé le nouveau traité qui en a été la suite, pour recevoir
» l'approbation du congrès. On assure que l'Espagne a cédé le
» premier de ces deux points ».

sur la liberté et l'indépendance des modernes, sera donc proclamé un jour dans tout le nouveau monde, par la force de cet exemple; et les destinées glorieuses du genre humain, y reposeront alors, comme dans l'Europe moderne, sur l'exercice de nos facultés intellectuelles qui se partageront en ramifications innombrables.

CHAPITRE XIX.

La France.

Il ne faut pas chercher en France de traces d'aucun système économique, avant le commencement du dix-septième siècle. Ce système qui fut *agricole* sous le ministère de Sully, *manufacturier* sous l'administration de Colbert, est devenu essentiellement *colonial* sous Louis XV; mais dans aucun temps, il ne fut sérieusement *maritime*. Un pays vaste, riche en productions, inépuisable d'hommes, touchant aux trois grandes mers qui voient circuler tout le commerce du monde, devait atteindre le plus haut dégré de prospérité, en combinant dans un même plan, la science *agricole*, la faculté *manufacturière*, les ressources *coloniales*, et la *puissance maritime*, ces quatre élémens de la force essentielle et comparative des nations modernes.

Qui ne sait comment ces germes de fécondité ont été étouffés en France par le génie fiscal qui y a constamment inspiré les plans d'administration, et paralysé ainsi tout œuvre de bien public? Qu'espérer au surplus d'un peuple, dont toute l'histoire politique, jusqu'au moment de la révolution, peut se réduire à ce peu de paroles pleines de sens d'un penseur moderne?

« Ces peuples (les français,) dociles au joug et faciles
» à satisfaire, ont eu une valeur romanesque sous

» des *rois chevaliers* ; des idées guerrières sous des
» princes ambitieux et conquérans; un caractère nul
» et énervé sous d'indolens monarques: on ne trouve
» dans leur histoire aucune époque où ils aient eu
» des idées véritables du bonheur public, et d'une
» liberté civile qu'ils connaissaient assez peu pour ne
» l'avoir jamais définie ni sentie. De-là, leur enthou-
» siasme continuel, et le défaut de ce qu'on appelle
» à *Londres* ESPRIT PUBLIC; expression vuide de sens
» à Paris, et qui y serait applicable tout au plus aux
» effets du zèle éventuel d'un lieutenant de police «.

Comment cet *esprit public* pouvait - il germer au sein d'un million d'hommes rassemblés dans un centre commun, afin d'admirer perpétuellement et de plus près, un maître dont tout l'embarras ou les soins paternels dans le gouvernement, se bornaient à nourrir, à bon marché, le peuple nombreux et soumis de *sa bonne ville de Paris*? Comment cet amour de la patrie pouvait-il se communiquer de la capitale dans les provinces, lorsque tous les échos *titrés, salariés, pensionnés*, célébraient à l'envi les bienfaits de *leur souverain*, qui ne voyait la France que dans les quatre lieues de rayon qui circonscrivaient sa cour ? On connait ce refrain chéri de la tourbe des flatteurs qui se disaient : *Le peuple de la terre sachant le mieux aimer ses rois ;* refrain sans cesse répété sur les théâtres, et dans les ouvrages de goût, de science et de politique. Comment pouvait-on soupçonner l'existence d'une patrie, dans une ville où les occupations habituelles n'étaient point essentiellement productives pour le corps social ? Les plaisirs mêmes ne pouvaient pas y être animés par le mouvement que produit, dans une ville maritime, l'abord des étrangers, la fréquentation des marins de tous les pays, l'entrée et la sortie de toutes sortes de productions prises dans chaque contrée du globe, et apportées à travers un million de hasards? Ce spectacle, et le récit journalier d'aventures variées, frappant les sens du peuple, le portent à la réflexion, étendent ses idées, fortifient le courage de celui qui raconte, enflamment le cœur du précepteur et de l'élève, et créent ainsi pour tous deux, au milieu de ces leçons multipliées, une éducation pratique, dont tout l'avantage est pour leur commune patrie.

Comment, dis-je, aurait-on pu trouver dans Paris, de ces scènes instructives ? Jusqu'à présent, un petit nombre d'hommes y a cultivé, avec succès, les lettres, les arts et les sciences physiques, mathématiques, morales et politiques ; mais les fruits de toutes ces études, sont, on le répète, perdus pour la masse du peuple ; son imagination manque d'objet pour en utiliser la direction, et lui créer une expérience qui le fasse vivre au-de-là de lui-même, dans les intérêts de son semblable ? Disons plus, et disons-le hardiment : la culture exclusive des arts utiles et d'agrément, sans l'exercice d'occupations productives à l'état, tend à isoler les spéculatifs ou les sybarites qui s'y livrent; à leur façonner, pour ainsi dire, un entendement, une habitude de sentir et de jouir qui ne les rapproche par aucun lien des classes actives. De-là, l'insouciance, le mépris, et peut-être même la défiance les uns des autres. La France, à la fin du dix-huitième siècle, offre un fatal exemple de ces dernières vérités. L'urbanité, les grâces et le goût des parisiens, n'étaient-ils pas en quelque sorte, autant d'expressions proverbiales avant la révolution ? Eh bien ! à peine les grands intérêts de la patrie sont-ils apperçus pour la première fois, que Paris devient un arène de gladiateurs, au lieu d'une assemblée de citoyens. Il semble que tout-à-coup notre propre sol ait vomi des hordes de barbares, dont on ne soupçonnait même pas l'existence ; elles inondent nos temples, nos théâtres, nos promenades, nos foyers, nos places publiques; par-tout on voit les traces d'un peuple qui UNIT LA FÉROCITÉ DE L'HOMME SAUVAGE AVEC TOUS LES MOYENS DE NUIRE DE L'HOMME CIVILISÉ.

On trouvera sans doute ces réflexions sévères : mais elles devaient entrer dans le tableau de la France, puisque les provinces se sont toujours modelées sur la capitale; et on les excusera, si l'on considère qu'on ne peut appliquer de remèdes, qu'en sondant douloureusement les plaies. D'ailleurs, c'est moins notre faute, que le résultat des longues et fatales erreurs de l'ancien gouvernement, dont tout l'art se réduisait à régner sur la cour, à faire dominer l'esprit de celle-ci dans Paris, et à contenir les habitans des provinces par l'imitation des mœurs, de ce qu'on appellait alors dans la capitale, *la bonne compagnie*.

Au surplus, cet ordre de choses n'aurait pas eu des effets aussi funestes pour la France, si sa position eût toujours exigé que les esprits y fussent constamment tenus éveillés, et prêts à s'opposer à tout projet d'envahissement et de domination de la part des nations voisines.

Dans des temps éloignés, Paris était accessible à la crainte de l'ennemi. Avant et pendant le dixième siècle, ses habitans avaient sans cesse à redouter les incursions des Normands : mais ces temps d'alarmes ont fait place à la sécurité la plus parfaite, sur-tout depuis la prise de Calais, vers le milieu du seizième siècle. Dès lors on vit cesser les guerres longues et cruelles entre les Anglais et les Français, qui s'entr'égorgeaient sur les côtes de la Normandie et de la Guienne, et qui, pour mieux se nuire, infestèrent long-temps de leurs corsaires, la navigation de la Seine. Paris pouvait, à ces époques reculées, prendre une part active et un intérêt direct aux évènemens maritimes; la terreur pouvait lui imprimer plus profondément la haine nationale contre l'Angleterre, et la force de cette passion le porter à des choses utiles à la patrie. Mais depuis que les germes de la discorde ont été transplantés dans un nouveau monde, depuis que le théâtre de carnage a été dressé sur l'immensité des mers qui baignent les quatre parties du globe, l'insouciant parisien ne réfléchit guère qu'un combat naval, que telle ou telle branche du commerce maritime, doivent influer sur sa destinée, sur-tout l'administration prenant constamment le soin de l'entretenir dans cette indolence apathique, pour la gloire de l'état et sa prospérité.

Ajoutons encore que la tradition des dommages éprouvés par nos ancêtres, lors des incursions maritimes, tant de la part des Normands que des Anglais, s'est entièrement perdue dans la fureur des guerres civiles ou de religion, qui ont succédé aux inimitiés, vraiment nationales, entre l'Angleterre et la France. D'un autre côté, de nouveaux projets d'ambition, adoptés par l'esprit chevaleresque de François premier, par l'irascibilité de Richelieu, et par la vanité de Louis XIV, achevèrent d'effacer toute trace de l'ancienne politique française. On ne s'occupa plus alors que de conquêtes en Italie, de rivalités ou de vengeances contre les Efpagnols, et de prépondérance dans les négociations avec l'Allemagne, tentatives audacieuses et séduisantes, qui ont fixé l'attention du gouvernement et du peuple, de la cour et de la capitale, pendant les seizième et dix-septième siècles.

La France perdait de vue, dans le tourbillon de ces nouveaux systêmes continentaux, le soin de sa défense maritime contre l'Angleterre. La domination de cette puissance étant anéantie dans nos provinces maritimes, elle essaya de se créer de nouveaux moyens de nuire à sa rivale; moyens dont les développemens heureux et rapides furent ensuite favorisés par des circonstances que sa sagacité n'avait pu prévoir, mais que son habileté sut faire tourner, insensiblement, à la gloire et à la prospérité de la Grande-Bretagne.

Alors on sentit en France la nécessité de prendre

des mesures, pour réparer cette faute primordiale, cette négligence d'un système de politique navale, adapté à notre situation, comme puissance agricole, manufacturière, coloniale et maritime. Nous allons suivre celles auxquelles le gouvernement a eu recours à différentes époques. Nous avons déjà donné des développemens sur cette matière, dans un ouvrage étendu, qui traite de toutes les parties de la richesse publique en France, au commencement et à la fin du dix-huitième siècle (*). Nous croyons qu'il serait difficile d'en suppléer l'étude, pour tout Français qui voudra connaître notre position récente, économique, et ensuite utiliser les résultats relatifs à la navigation, qui vont entrer dans la composition de la présente analyse.

« Lorsque les historiens, est-il dit dans l'ouvrage sur *la Balance du commerce de France,* nous parlent de dix-sept cents bâtimens armés, sur la fin du douzième siècle, par Philippe-Auguste, contre le roi

(*) *De la balance du commerce et des relations commerciales extérieures de la France dans toutes les parties du globe, particulièrement à la fin du règne de Louis XIV, et au moment de la révolution;* le tout appuyé de notes et tables raisonnées authentiques sur le commerce et la navigation, la population, le produit territorial et de l'industrie, le prix du bled, le numéraire, le revenu, la dépense et la dette publique de la France à ces deux époques; avec la valeur de ses importations et exportations progressives, depuis 1716, jusqu'en 1788 inclusivement. A Paris, chez Buisson, libraire-imprimeur, rue Hautefeuille, n°. 20. 2 vol. in-8°. et 1 vol. in-4°. contenant des cartes et des tableaux.

d'Angleterre; lorsqu'ils racontent l'expédition de Louis IX pour la Terre-Sainte; l'embarquement à Aigues-mortes, de soixante mille hommes; le départ de Chypre avec dix-huit cents vaisseaux, et qu'enfin, ils font mention de la descente projetée en Angleterre par Charles VI, qui avait rassemblé quinze cents bâtimens après le milieu du quatorzième siècle, on ne peut pas conclure, de ces faits, qu'il existait alors une marine française permanente ».

» Tous ces armemens étaient des *coups de force*, préparés à l'avance, et qui disparaissaient avec l'entreprise extraordinaire à laquelle ils avaient été destinés. D'ailleurs, la plupart de ces bâtimens n'étaient que des *berges de côtiers*, c'est-à-dire, de grandes chaloupes ou barques à trois mâts. Les autres, d'une plus grande capacité, avaient été empruntés aux Vénitiens, aux Génois, et aux Pisans; et même, pour l'expédition de Charles VI, aux Hollandais et aux Zélandais, qui s'enrichirent par le seul prix du fret, qu'ils se firent *sagement* payer d'avance ».

Les faibles commencemens de notre marine, soit commerciale, soit militaire, car elles sont une conséquence l'une de l'autre, ne remontent pas au-delà du règne de Louis XIV, sous le ministère de Colbert; mais son existence avait été préparée, soit par quelques dispositions sages, soit par les fautes des règnes précédens, qui firent naître l'expérience de son utilité, des calamités mêmes éprouvées par les peuples.

Avant l'acte de navigation de la Grande-Bretagne,

les peuples commerçans, ou à portée de le devenir, avaient déjà senti combien il leur importait de se soustraire à la nécessité de fréter des bâtimens étrangers. Henri II l'avait défendu aux Français, sous peine de confiscation des vaisseaux et des marchandises par sa déclaration du 8 février 1555; et Charles IX renouvella cette défense, et ordonna même qu'on ne pourrait enlever aucune denrée ni marchandise de France, qu'avec des navires appartenans à ses sujets, excepté le sel, dont l'exportation fut déclarée libre. (Déclaration du 8 février 1567.) Mais ces lois prohibitives ne pouvaient alors être mises en exécution; et, loin d'être utiles, elles devenaient nuisibles à un royaume dont le commerce était à naître, et que de sanglantes discordes allaient précipiter vers sa ruine (*).

D'autres passages du traité *de la balance du commerce* et de *l'histoire de la puissance navale de l'Angleterre*, vont nous fournir la suite des détails

(*) *Histoire des progrès de la puissance navale de l'Angleterre*, (2 vol. in-12. London, 1782.) Cette histoire contient des recherches exactes et de judicieuses réflexions sur la marine des principales puissances de l'Europe. Nous n'avons eu garde de négliger un travail aussi précieux, fait, à ce qu'il nous a paru, par un homme qui réunit les lumières de l'art, aux connaissances administratives. Si cet ouvrage n'eût pas existé, notre plan fût resté sans doute incomplet. Rien ne prouve mieux l'insouciance des Français pour ce genre de mérite, que le silence gardé dans le moment actuel, par nos écrivains, sur cet important ouvrage, qui met dans un si grand jour l'ambition et le despotisme maritime de la Grande-Bretagne.

que nous avons besoin de remettre ici sous les yeux du lecteur.

« Henri IV semble être le premier qui ait appuyé d'un système réfléchi les fondemens qu'il essaya de jeter d'une marine française contre l'opinion de son ministre et malgré les oppositions des parlemens; il ordonna, en 1602, d'exiger sur les vaisseaux étrangers, les mêmes droits d'ancrage auxquels ils avaient assujéti le nôtre. L'espérance d'obtenir une force navale disparut par la mort de ce monarque ».

« Le commerce maritime tomba dans un tel asservissement, que l'assemblée des notables de 1626 supplia le roi d'entretenir, dans ses ports et hâvres, des vaisseaux de guerre gardes-côtes, en nombre suffisant pour purger la mer des pirates qui infestaient nos côtes. Les états-généraux de 1627 furent encore plus précis en réclamant, dans leurs délibérations, une flotte annuelle de quarante-cinq vaisseaux. Sur la demande du parlement de Provence, le gouvernement se vit forcé, dans le même-temps, d'acheter sept vaisseaux en Hollande pour croiser dans la Méditerranée ».

» Le cardinal de Richelieu se fit bien nommer, à cette époque, surintendant du commerce et de la navigation (il entreprit même alors la construction de sept vaisseaux de guerre); mais son titre n'empêcha pas les Anglais, en 1627, de piller nos vaisseaux; et comme si le ridicule d'une fanfaronnade pouvait masquer toute l'impuissance du gouvernement, le premier ministre ordonna des représailles sur les navires anglais, tandis que nous n'avions pas une escadre à mettre en mer». Cependant ces efforts dûs autant au desir de réduire les protestans de la Rochelle qu'au besoin d'écarter de nos côtes l'ennemi extérieur, ne furent pas entièrement inutiles ; dans l'espace de deux ans on parvint à former une escadre de vingt-trois navires de guerre mouillés à la rade de Brest, jusqu'alors la retraite de quelques misérables pêcheurs. C'est à de pareils efforts que la France dut, sous ce règne, plusieurs victoires navales, et les avantages signalés que remportèrent, sur les espagnols, PONT-COURLAY, *général des galères*, SOURDIS, *archevêque de Bordeaux*, et le *marquis* DE BRÉZÉ.

» Le surintendant Fouquet combina de nouveaux moyens en faveur de la marine française. Il établit, en 1659, un droit de cinquante sous par chaque tonneau des bâtimens étrangers qui naviguaient dans nos ports. Ce droit était destiné à assurer la préférence aux navires français exempts de ce droit pour le transport des marchandises commercéces avec l'étranger. Cette loi maintenue et perfectionnée eût pu devenir, pour la France, l'équivalent d'un acte de navigation ».

Telle était la position de la marine française, lorsque Colbert fût chargé, en 1664, de son administration.

Toute marine ne peut-être fondée que par des matelots expérimentés et apprivoisés avec l'élément et par des vaisseaux armés. Aussi, le premier soin de de Colbert fut-il d'abord de provoquer la construction de navires marchands, et de créer des navigateurs. A cet effet, il fut accordé à tout négociant qui ferait construire en France des navires de cent à deux cens tonneaux, cinq livres de gratification par tonneau : elle fut fixée à six livres pour les vaisseaux d'un plus grand port, et à quatre livres pour les bâtimens construits dans l'étranger, mais dont la propriété serait constatée appartenir à des français, sans que les étrangers y eussent aucune part. D'un autre côté, pour amener dans nos ports l'abondance de munitions navales, et engager nos marins à les aller chercher directement et économiquement dans les mers périlleuses du Nord, il fut fixé une gratification, trop faible à la vérité, de quarante sous par chaque tonneau, à tout bâtiment français, monté par un équipage français qui partirait pour la mer Baltique, à condition de revenir à *pleine charge* avec du goudron, des matières et des bois propres à la construction.

Ces bases posées, voici quel en fut le succès. En moins de cinq ans, trente-six vaisseaux avec quinze brûlots dans la Méditerranée, quatorze vaisseaux de ligne et cinq brûlots dans l'Océan, parurent des spectacles nouveaux et inopinés. L'arsenal de Rochefort fut le premier auquel on travailla; et successivement les arsenaux de Brest et de Toulon, qui passent pour les plus beaux de l'univers, furent établis. Il n'en manquait plus qu'un, dit *Forbonnais*, le plus essentiel de tous, *à la Hogue*, dont le projet périt avec l'industrie de Colbert pour en trouver les fonds. La dépense de ce port n'excéderait pas celle de vingt vaisseaux de ligne ; son entretien serait moins coûteux, et la force de cette position équivaudrait à celle de vingt vaisseaux, lorsqu'une fois nous en aurions soixante-dix à mettre en mer.

L'esprit méthodique de Colbert pour embrasser toutes les parties de l'administration de la marine, et faire concourir toutes les combinaisons économiques à un si grand but, a passé jusqu'à nous, dans deux mémoires qu'il avait rédigés en 1670, pour son fils, le marquis de Seignelay. L'un avait pour texte ces mots : *Sur ce qu'il doit observer pendant le voyage qu'il va faire à Rochefort ;* l'autre, ceux-ci : *Instruction pour le voyage en Hollande et en Angleterre.* La conclusion de ces mémoires, était d'obtenir par toutes sortes d'efforts, ainsi que le porte le dernier paragraphe de *l'instruction*, un état de marine pour la France, composé de 120 vaisseaux de guerre, et de 74 frégates, brulots et cutters, en tout, 194 bâtimens partagés entre les cinq différens arsenaux de Toulon pour le *Levant ;* et de Rochefort, Brest, le Havre et Dunkerque, pour le *Ponent.*

On peut juger jusqu'à quel point ce but fut atteint, en se rappellant que Louis XIV avait, en 1692, 110 vaisseaux de ligne et 690 autres bâtimens de guerre, employés, sur lesquels on comptait 14 mille six cent soixante-dix canons, deux mille cinq cens officiers, et 97 mille 500 hommes d'équipage. Il ne se trouve pas, observe un ancien intendant de la marine, à

Toulon, très-expérimenté, *d'armée navale comparable à celle-là*, et je suis loin de penser que la France, à cette époque, comme au temps où nous sommes, fût en état de l'entretenir. (*)

Cette marine gigantesque de Louis XIV s'affaiblit par les désastres de la journée de la Hogue, en 1692; et quoique l'année suivante ses forces navales fussent encore portées, dans l'Océan à 71 vaisseaux de ligne, et à 29 brulots ou bâtimens légers, il est certain que si cette fatale journée ne fut pas la cause immédiate de la destruction de la marine française, elle fut au moins l'époque de la prépondérance maritime de l'Angleterre, qui ne fit que s'accroitre de plus en plus, tandis que nos forces navales allèrent toujours en déclinant. A la paix de Riswick, en 1697, elles étaient épuisées, et l'on ne pouvait plus en espérer la supériorité qu'elles avaient eue dans l'époque précédente, sur les anglais et les hollandais.

Il s'ensuit que la dernière partie du dix-septième siècle, vit naitre, briller et languir la marine française, qui, reposant sur des bases législatives très-bien combinées, était susceptible de prendre une attitude imposante, si des mesures plus soutenues, et des dispositions économiques eussent concouru à fortifier cette branche essentielle de la prospérité française.

(*) La seule armée du comte de Tourville, en 1690, était forte de 78 vaisseaux de ligne, 30 brulots et 15 galères, non compris les frégates et les bâtimens de charge ou de transport. Cette armée occupait environ 40 mille matelots.

La législation maritime embrassa d'abord trois parties fondamentales, savoir : 1°. la police ou la jurisprudence de la navigation.

2°. L'organisation de la force publique maritime.

3°. L'administration et la police des arsenaux ou les moyens de cette force publique maritime.

4°. Le développement de nouvelles combinaisons, ajouta à cette législation une autre partie résultante des liaisons d'intérêts entre les différentes nations considérées, soit séparément les unes des autres, soit respectivement entre elles. Cette dernière partie constitue le SYSTÈME MARITIME POLITIQUE DES NATIONS MODERNES, dans le siècle présent ; mais les trois premières furent entièrement créées par Colbert ou par son fils, qui mit en pratique ses instructions, et rendit cette législation célèbre parmi les peuples maritimes de l'Europe. L'ordonnance de 1681, régla la police ou la jurisprudence maritime. Celle de 1689, relative à la marine royale, constitua cette partie de la force publique, et régularisa en même temps l'emploi des moyens, en organisant l'administration et la police des arsenaux. C'est ainsi, dit l'administrateur déjà cité, (*) *qu'un homme de génie, en réglant avec ordre et simplicité, les principes et les formes de l'administration, en faisait sortir une masse de puissance qui nous étonne encore.*

Des motifs purement personnels au monarque,

(*) Il fait cette réflexion à l'occasion de l'ordonnance de 1776, qui proscrivait, après 80 ans de succès dans toute l'Europe, les institutions de Colbert.

tels que la vanité, la vengeance, la soif des conquêtes, avaient contribué à l'établissement et aux succès de la marine française, sous Louis XIV. De telles passions une fois amorties par la jouissance, par les revers et par l'âge de celui qu'elles avaient animé, la marine nationale attendit de nouvelles chances pour essayer de renaitre. Le dix-huitième siècle devint fécond en circonstances propres à mettre en activité nos forces navales ; et leur existence pouvait alors reposer sur des bases plus solides, par l'adoption en France, jusqu'au moment de la révolution, d'un *système maritime colonial.*

Pour rendre plus fructueuse la présente analyse, il faut y procéder avec méthode, et diviser en cinq grandes époques, le développement des principales causes des succès et des revers de la puissance navale de la France, jusqu'à la guerre présente. Ces cinq grandes époques comprennent, 1°. la guerre maritime de la succession espagnole, terminée par la paix d'Utrecht ; 2°. la guerre maritime, dont le prétexte ou l'occasion entre la France et l'Angleterre, fut la succession autrichienne : elle fut terminée par la paix de 1748; 3°. la guerre maritime et purement coloniale, de 1757, qui amena la paix de Paris, en 1763; 4°. la guerre maritime pour l'indépendance américaine, terminée par la paix de 1783; 5°. la guerre maritime occasionnée par la révolution française.

PREMIÈRE ÉPOQUE: *Guerre maritime de la succession espagnole, terminée par la paix d'Utrecht.*

La fin du dix-septième siècle avait vu s'éclipser les

jours brillans de la marine française. Le commencement du dix-huitième ne lui devint pas plus favorable ; elle fut à peu près écrasée sous les efforts combinés des flottes anglaises et hollandaises, principalement par les échecs décisifs qu'elle essuya devant Gibraltar, en 1704, en voulant reprendre cette forteresse. Nos armemens de Brest et Toulon, réunis dans la Méditerranée, consistaient en 49 voiles, sans compter les frégates, brûlots, et quelques galères. Pendant le reste de la guerre, la France n'eut à la mer, que le nombre de vaisseaux suffisant pour y troubler le commerce de la Hollande et de l'Angleterre. Cette dernière puissance consolida tous ses succès, au moyen des avantages signalés qu'elle obtint par le traité d'Utrecht. L'acquisition de Gibraltar, la fermeture du port de Dunkerque, la possession, pour ainsi dire, exclusive de la pêche de Terre-Neuve, le partage dans les riches gallions du Pérou et du Mexique, par la fourniture des noirs aux colonies espagnoles, et par la tolérance d'un vaisseau chargé de marchandises anglaises: telles furent les espèces de *primes* que reçut l'ambition anglaise, à cette époque, pour l'encourager à tout oser dans la suite, en attaquant l'indépendance des autres européens, sur les mers des quatre parties du globe.

Cette situation délabrée de la marine française, n'était pas propre à assurer la prospérité de sa navigation et de son cabotage. Il paraît, d'après les recherches consignées dans le traité *de la balance du commerce*, qu'à la mort de Louis XIV, en 1716, l'une et l'autre consistaient en 700 bâtimens, chacun de 100 à 250 tonneaux, employés dans toutes les mers d'Europe, et même sur nos côtes, indépendamment de 100 navires occupés au commerce des Indes occidentales; la pêche de la baleine, grandement déchue, n'employait plus que douze à quinze bâtimens. Nous allons voir ce que devinrent ces faibles débris dans la seconde époque de la puissance navale de la France.

DEUXIÈME ÉPOQUE : *Guerre maritime à l'occasion de la succession autrichienne, terminée par la paix d'Aix-la-Chapelle, en 1748.*

Cette époque est mémorable, parce qu'elle comprend des évènemens qui concoururent à imprimer aux esprits de la capitale, un mouvement utile au commerce maritime. C'est un phénomène dans les mœurs de cette grande cité, que l'intérêt qu'elle prit aux spéculations lointaines, d'où naquit pour la France, un véritable système colonial. Comme tout en France se conduit par imitation, ainsi que nous l'avons déjà observé, aussitôt que le régent eut adopté les plans de finances de l'écossais Law, toute la cour se disputa les actions de la compagnie des Indes; alors il fut du bon air à la cour, de calculer; nos ancêtres se mirent à calculer aussi : mais ils s'y adonnèrent toujours en parisiens, non encore éprouvés par l'expérience et le malheur. Ils échangèrent leur or contre les brouillards du Mississipi.

Quoiqu'il en soit, la cupidité trompée de la multitude, l'audace heureuse de quelques intrigans, l'agitation que firent naître tour-à-tour l'espérance et la crainte, fixèrent l'attention publique et celle des particuliers sur des contrées éloignées. Les capitaux disponibles furent dirigés vers ce nouveau genre de prospérité. Les malheureux qu'avait faits LE SYS-TÈME, ramassèrent les débris de leur fortune, pour aller réparer leurs désastres à la source même qui les avait fait naître. Une émulation générale, une rivalité productive s'emparèrent des habitans de nos villes maritimes; ils expédièrent à l'envi, des bâtimens pour nos établissemens d'Amérique, dont la prospérité ne devint réellement sensible, que plusieurs années après la chûte de la banque. Cet évènement décida du système économique qu'adopta le gouvernement. La plupart de ceux qui furent portés aux premières places de l'administration, étant en quelque sorte lancés à ces postes importans, du centre des sociétés brillantes de Paris, plutôt qu'arrachés de leurs cabinets au milieu des méditations de l'homme d'état, répétèrent fidèlement le refrain *de l'utilité des colonies;* sans s'embarrasser si la position de la France, comme puissance agricole et manufacturière, n'exigeait pas de combiner dans un plan général, tous les principes de prospérité. Le défaut de lumières et d'observations, leur fit commettre fautes sur fautes. Ils ne s'apperçurent pas, qu'en faisant reposer toute la puissance maritime de la France, uniquement sur son système colonial, ils affaiblissaient ses anciens moyens de défense contre le colosse britannique, et qu'ils substituaient un commerce à la vérité lucratif, mais sans résultat pour l'expérience nautique, aux écoles périlleuses, mais instructives, qu'auraient trouvées nos matelots dans les travaux pénibles et hasardeux de la pêche de la baleine, et les tentatives pour se créer un commerce et une navigation dans les mers du Nord (*).

Si l'on veut se convaincre de toute l'indolence ministérielle dans la poursuite d'un vrai système maritime, il faut lire le compte rendu à Louis XV, par Maurepas, dont les deux enfances, a dit un publiciste, ont signalé le double ministère. Ce mémoire présente la situation du commerce extérieur et de la marine de France, au 3 octobre 1730. On verra, dès les premières lignes, par la manière superficielle, par la trivialité des réflexions, par le peu de dignité et de chaleur d'expression dans un si beau sujet où il s'agit des travaux annuels d'un grand peuple en relation avec toutes les nations du monde, combien ces hommes si aimables dans les boudoirs étaient déplacés au timon de l'état. Le seul fruit qu'on puisse tirer de ce mémoire, c'est d'en extraire des données positives sur notre navigation extérieure à cette époque.

On trouve dans ce mémoire, que 3,707 bâtimens, et 19,472 matelots, étaient alors employés à notre

(*) La direction imprimée dans ce siècle, à notre *navigation*, pour ainsi dire *bâtarde*, explique en très-grande partie, pourquoi le nombre de matelots *classés* a pu s'élever à environ 120 mille, sous le ministère de *Seignelay*, tandis que ce nombre n'a pas excédé 80 mille pendant l'époque la plus florissante de notre *commerce colonial*, depuis la pacification de 1783, jusqu'au moment de la révolution française.

navigation. Ce résultat paraît s'appliquer uniquement au commerce extérieur : car il est dit plus bas, que le cabotage occupe année commune, y compris la pêche du maquereau, qui, observe-t-on, n'est cependant pas considérable, 12 à 1,500 bâtimens et 6 à 7,000 matelots, indépendamment de la pêche du hareng, qui a employé en 1729, 124 bâtimens, dont le port a été de 2,990 tonneaux, montés par 2,525 matelots. Un fait infiniment précieux, c'est que la pêche de la baleine, à Saint-Jean de Luz, occupait encore, en 1730, 57 vaisseaux ; mais à la vérité, les navires étaient montés par des matelots espagnols et par des harponniers et des tonneliers de cette nation. La pêche de la morue employa cette même année, 296 navires, qui ont porté 26,007 tonneaux, et ont occupé 7489 matelots. Enfin, le commerce des îles françaises d'Amérique, employa, en 1730, 316 vaisseaux qui ont porté 39,806 tonneaux, et occupé 8,421 matelots.

Quant à la marine royale, le mémoire de Maurepas s'explique ainsi : « Votre majesté a ordonné, en
» 1728, lorsque le fonds de la marine fut réduit à
» neuf millions, que le nombre de ses vaisseaux, de-
» puis le premier rang jusqu'au sixième, serait fixé
» à 54, non compris les flûtes, barques et galiotes à
» bombes. Il y en a actuellement 51, indépendam-
» ment de quinze flûtes, barques et galiotes à bom-
» bes ». Toutes ces données sont précieuses, pour suivre, au moyen des faits, les variations de notre système maritime dans ce siècle.

Cette seconde époque est la seule, au moins, où

les vues de l'administration, si elles ont été erronées, ont eu pour principe des intentions franches et pacifiques. On sait que le cardinal Fleury, autant par caractère, que par le sentiment des besoins d'un peuple qu'avaient tourmenté, tour-à-tour, l'ambition de Louis XIV et les convulsions du SYSTÈME, s'attachait à laisser la France se refaire paisiblement dans le repos. On sait également qu'il négligea de tenir la marine royale sur un pied respectable, moins encore par motif d'économie, que dans l'intention de ne pas réveiller la jalousie querelleuse de la Grande-Bretagne. Cette politique nous devint peut-être fatale par la suite des évènemens; mais toujours est-il certain que, depuis 1713 jusqu'en 1740, espace de 27 ans, la France ayant été exempte des calamités d'une guerre maritime, son commerce colonial prit un essor tel qu'il était difficile de l'espérer; et nous aurons occasion de remarquer, par les rapprochemens que nous ferons de cette époque avec la quatrième (*celle du moment de la révolution*), que sous les vingt années du ministère du cardinal Fleury, ce commerce fit des progrès plus rapides que dans les soixante années qui suivirent son administration.

L'ambition des Belle-Isle, et leurs plans prônés par l'intérêt militaire, ou par un enthousiasme irréfléchi, plans plutôt tolérés, à force d'importunités, qu'adoptés par le premier ministre, jettèrent la France dans une guerre continentale, dont le but était de faire changer de maître à l'empire, mais qui détruisit tous les effets de la prudence de ce Nestor pacifique, en nous compromettant vis-à-vis l'Angleterre. La

France n'eut pas, dans cette guerre maritime, plus de trente-cinq vaisseaux de ligne. Le combat naval *de Finistère*, en 1746, et la rencontre que fit l'ennemi au mois d'octobre 1747, de nos sept derniers vaisseaux, qui escortaient les flottes françaises marchandes, allant aux îles de l'Amérique, nous réduisirent, (dit Voltaire, siècle de Louis XV), par la prise de six vaisseaux sur ces sept, à un seul. Heureusement que nos victoires dans les Pays-Bas, et nos succès dans les Indes orientales déterminèrent à la paix, l'Angleterre elle-même, qui d'ailleurs ne pouvait plus rien ajouter aux triomphes de ses flottes.

Troisième époque. *La guerre maritime-coloniale de 1756, terminée par la paix de Paris en 1763.*

Cette guerre fut essentiellement coloniale, parce que non-seulement elle prit naissance dans des prétentions respectives en Amérique et aux Indes, mais encore parce que la politique anglaise avait préparé, de loin, des germes de discorde qui pussent, selon les circonstances, amener, dans cette partie du monde, une rupture utile à ses vues d'agrandissement. La guerre précédente, allumée, en 1739, entre l'Angleterre et l'Espagne, avait eu pour cause la convoitise de la Grande-Bretagne, excitée par la perspective d'un riche commerce interlope au Pérou et au Mexique; celle-ci eut pour objet de nous chasser du Canada. Le ministère de Londres prit goût à ce nouveau système d'envahissement, dont les résultats flattaient la cupidité des Anglais, et confirmaient leurs prétentions à exploiter seuls le domaine commercial et maritime du monde entier.

L'état dans lequel la marine de France venait d'être réduite, par les malheurs de la dernière guerre, rendait alors (en 1755) son rétablissement difficile, observe l'auteur de *la Puissance navale de l'Angleterre*. L'on ne comptait dans tous les ports de ce royaume que soixante-trois vaisseaux de ligne, parmi lesquels trois étaient hors de service, trois venaient d'être pris, huit avaient besoin d'être mis en refonte, et quatre seulement étaient sur les chantiers. Pour équiper ou armer les quarante-cinq autres, dont plusieurs ne pouvaient se passer de radoubs considérables, on n'avait ni matière, ni agrès, ni les apparaux nécessaires, ni même de l'artillerie. La disette de bois de construction se faisait tellement sentir, qu'on n'espérait pas si tôt augmenter ces forces navales. D'ailleurs, on était bien éloigné de prendre des mesures pour combattre les ennemis à armes égales. « *J'ignore même*, disait alors le maréchal de » Noailles, *si l'on a un projet fixe et bien médité.* » *On ne pense à rien; on désaprouve même ceux* » *qui se donnent la peine de penser quelque chose.*»

Cette honteuse torpeur fut fatale à notre commerce. Les prises de nos navires, par les Anglais, montaient déjà, avant la déclaration de guerre, à 15,000 matelots, et plus de 300 bâtimens, dont 185 étaient richement chargés, et d'un port considérable, et les autres, de simples caboteurs ou des pêcheurs de Terre-Neuve. Leur valeur totale fut estimée trente millions tournois. Les premières années de la guerre répondirent à ce préliminaire, et ne furent pas moins funestes au commerce de France. Nos pertes montaient, vers la fin de 1757, à cinq cent dix navires, expédiés des principaux ports pour nos colonies.

Le combat de Mahon fut, pour la France, la seule action heureuse de la guerre; mais un fait incroyable, c'est qu'après différens désastres, éprouvés par nos flottes, le ministre de la marine *Berryer*, au lieu de se livrer à tout le zèle d'un patriotisme éclairé, pour réparer nos défaites, ne trouvant plus aucune ressource aux malheurs qui accablaient la marine française, dont il dirigeait si mal les opérations, crut qu'elle ne pouvait plus se relever, et fit mettre en vente tous les agrès et les approvisionnemens maritimes. (*Hist. de la puissance navale de l'Angleterre.* (*).

Le peu de vaisseaux qui restait, fut livré à des armateurs particuliers. Par là, les colonies et les côtes se trouvèrent sans défense. Les unes ne tardèrent pas à subir les lois du vainqueur, et les autres continuèrent d'être insultées impunément.

La prise de Québec ne laissa à la France aucun espoir de conserver le Canada ; la levée du siège de Madras, la mauvaise conduite de Lally, et les com-

---

(*) On cite d'autres traits caractéristiques de ce ministre Berryer. *Il fit rendre une ordonnance qui déclarait qu'aucun gouverneur ou administrateur des colonies, ne pourrait, ni être créole, ni posséder des biens dans les colonies, ni même s'y marier. Presque le même jour, il fait nommer gouverneur-général à la Martinique, M. de la Touche le Vassor, né et marié dans cette île, y ayant des biens avec sa famille.*

bats malheureux de l'escadre française, sous les ordres de M. d'Aché, annonçaient la ruine totale de la compagnie des Indes et de ses comptoirs. Ceux de l'Afrique avaient été facilement enlevés. La Guadeloupe s'était soumise; et le ministère britannique ne retardait la conquête assurée des autres îles du vent, que pour faire quelques nouvelles tentatives sur les côtes de France.

Enfin, dans le cours de cette guerre, les Français perdirent 37 vaisseaux de ligne et 56 frégates. Dix-huit de ces premiers bâtimens, et trente-sept de ces derniers avaient été pris; les autres s'étaient brisés ou avaient péri par les flammes. Les efforts généreux que venaient de faire plusieurs provinces et les principaux corps de l'état, en donnant au roi la valeur de dix-sept vaisseaux de ligne, ne suffisaient pas pour réparer ces pertes. D'ailleurs, il fallait beaucoup de temps pour construire de pareils navires, et le besoin en était urgent. On manquait de matelots; la plûpart étaient renfermés dans les dures prisons de l'Angleterre, ou obligés de servir dans ses armées navales. Observons que, sur ces dix-sept vaisseaux, six de 74 et de 54 canons, furent travaillés tellement à la hâte, et en si mauvais bois, qu'ils n'ont presque été d'aucune utilité.

Dans cette situation pénible, l'Espagne vint à notre secours, un peu tard sans doute, mais malheureusement assez tôt pour que sa marine essuyât pareillement des échecs; et l'Angleterre n'en fut que plus fière et plus exigeante dans les négociations. Elle tenait opiniâtrement à nous interdire toute pêche à Terre-Neuve, parce que cette industrie alimentait les classes de notre marine. Enfin, le cabinet de Londres consentit, par le traité de Paris de 1763, à réduire les Français à la pêche sédentaire dans les établissemens fixes de l'île St. Pierre, et des deux petites îles de Miquelon, qu'il ne leur fut pas même permis de fortifier.

QUATRIÈME ÉPOQUE. *Guerre maritime pour l'indépendance américaine, terminée par la paix de 1783.*

La paix de 1763 fut l'apogée de la fortune maritime et coloniale de l'Angleterre. Ses grands succès furent dès-lors des principes de décadence qui ne tardèrent pas à se manifester par l'agitation des esprits, dans les treize états fédérés depuis pour leur indépendance. Soit que le ministère français prévît qu'il ferait expier bientôt à la Grande-Bretagne les humiliations qu'elle lui avait prodiguées dans la guerre de 1756; soit que l'orgueil national, ou plutôt que l'amour-propre de Choiseuil fût personnellement affecté des hauteurs du cabinet de Londres, dans les négociations pour la paix de 1763: toujours est-il certain que c'est la seule époque de ce siècle à laquelle on s'occupa, en temps de paix, du rétablissement de la marine française.

Un préjugé contre ce ministèrise, favorisé peut-être par la clientelle de celui qui le remplaça, semblait avoir accrédité l'opinion qu'un article secret du traité de 1763, avait limité nos forces maritimes.

Deux

Deux lettres des ducs de Choiseuil et de Praslin, du 17 décembre 1779, au comte de Vergennes, non-seulement démentent le fait, mais encore la dernière indique l'état de la marine en 1769. « Quand j'ai quitté ce département, dit Praslin, la France avait déja 64 vaisseaux, (à peu-près 60 mille matelots) indépendamment des navires qui étaient sur les chantiers; toutes les matières nécessaires pour en construire dix ou douze de plus, et environ 50 grosses frégates ou corvettes ».

Cette opinion est adoptée par l'auteur aussi instruit que judicieux, de l'histoire de la puissance navale de l'Angleterre. Il ajoute que le nombre des vaisseaux dont était composée la marine française, sans y comprendre les frégates, flûtes, corvettes, etc., montait à quatre-vingt-quatre à la fin de la campagne de l'année 1781, pendant laquelle il y en avait eu 71 à la mer. Vingt-quatre seulement étaient le reste de ceux qui avaient survécu, s'il est permis de le dire, aux désastres de la guerre de 1756.

Les évènemens sont trop récens, pour qu'il soit besoin de retracer les succès ou les échecs éprouvés par nos forces navales dans la guerre de l'indépendance américaine. Le résultat de cette lutte maritime fut heureux pour la France, puisqu'elle parvint à diminuer considérablement le domaine colonial de l'Angleterre; à nous réintégrer dans la pêche de Terre-Neuve, base de notre marine, et à nous délivrer de l'humiliation d'un commissaire anglais, observateur à Dunkerque, de tous nos mouvemens maritimes.

S

Mais les faits postérieurs feront douter si cette perte ne prépara pas de nouveaux triomphes à la marine anglaise, qui eut alors incontestablement la gloire de combattre les forces navales réunies de trois puissances maritimes du premier ordre ; celles de la France, de l'Espagne et de la Hollande. Une autre réflexion, non moins importante, parce qu'elle résulte de notre position, unique dans ce siècle, vis-à-vis l'Angleterre : c'est que la guerre maritime pour l'indépendance américaine, est la première où une diversion continentale ne vint pas partager, en faveur de la Grande-Bretagne, nos moyens de défense. *La conséquence de tous ces faits, est la nécessité de montrer a l'Europe, la marine anglaise, comme un colosse menaçant et redoutable par sa propre force, qui même, sans secours continentaux, peut triompher de toute confédération maritime, si haine éternelle a sa tyrannie, n'est unanimement jurée par toutes les nations intéressées a la liberté des mers.*

Cinquième époque. *Guerre maritime occasionnée par la révolution française.*

Les sept années de pleine paix, qui s'écoulèrent depuis le traité de 1783 jusqu'à la fin de 1789, époque de la révolution française, offrent le tableau de la plus grande activité de notre commerce dans le dix-huitième siècle.

D'après les calculs insérés dans l'ouvrage de *la balance du commerce,* il existait en France plus de

1,000 bâtimens de 250 tonneaux, l'un dans l'autre, employés aux seuls voyages de long cours, tant aux Indes orientales et occidentales, qu'aux pêches de la morue et de la baleine.

Au moment de la révolution, suivant un compte rendu public, en 1792, par la convention nationale, et qui se rapporte à l'année moyenne des trois antérieures à celle de 1790, le commerce des iles de l'Amérique et des côtes d'Afrique, employait 700 bâtimens de 250 mille tonneaux :

Celui d'Asie, occupait 59 bâtimens de 26,267 tonneaux.

Les pêches de la morue, à Terre-Neuve, occupaient 372 navires, jaugeant 41,711 tonneaux, indépendamment de 59 navires du port de 3,516 tonneaux, occupés à Dunkerque, à la pêche de la morue en Islande et Ithlande.

Les pêches du hareng et du maquereau employaient 700 bâtimens du port de 14,000 tonneaux.

Celle de la baleine à Dunkerque, a occupé jusqu'à 15 bâtimens jaugeant 3,696 tonneaux.

Enfin, d'après l'exécution de l'acte de navigation française, du premier vendémiaire, an 2, le résultat de notre marine marchande, c'est qu'il a été enregistré pendant les trois ans écoulés depuis cette époque, 6 mille navires de toute contenance indiqués ci-après.

On peut se rappeller, que vers le milieu du siècle, le nombre de bâtimens employés à notre navigation extérieure et cabotage, était, suivant le mémoire de

Maurepas, de 5,780 bâtimens. (*) Aujourd'hui, notre marine marchande n'étant que de 6 mille navires, dont moitié au-dessous de 30 tonneaux; (**), il ne

(*) Voici ce résultat.

Navigation extérieure.............	3707	
Cabotage et pêche du maquereau.....	1300	
Pêche du hareng.................	124	
—— de la baleine................	37	TOTAL 5,780.
—— de la morue.................	296	
Isles d'Amérique.................	316	

(**) La loi du 21 vendémiaire, an 2ᵉ, prescrit un mode de *francisation* pour tous les bâtimens nationaux; voici le résultat des enregistremens faits dans toutes les douanes de la république, (non compris les départemens réunis) pendant les trois années écoulées depuis le mois de vendémiaire, an 2ᵉ, jusqu'au 1ᵉʳ du même mois de l'an 5ᵉ.

INDICATION du nombre DE MATS.	NOMBRE DES BATIMENS.					TOTAUX GÉNÉRAUX.
	de 30 tx. et au dessous.	de 100 tx. et au dessous.	de 200 tx. et au dessous.	de 400 tx. et au dessous.	au-dessus de 400 tonx.	
Sans mât.	331	60	12	3		
1 mât.	1,621	1,062	115	1		
2 mâts.	1,329	754	382	75	1	6,028
3 mâts.	70	21	21	114	54	
4 mâts.			2			
TOTAUX.	3,351	1,897	532	193	55	
INDICATION du nombre DES PONTS.						
Sans pont.	2,475	288	44	3	1	
1 pont.	876	1,588	285	13		
2 ponts.		21	203	177	39	6,028
3 ponts.					15	
TOTAUX.	3,351	1,897	532	193	55	

semblerait résulter dans le nombre de navires marchands, aucune augmentation depuis un siècle. Cependant, l'accroissement est de fait de plus de moitié, relativement à la navigation de nos colonies, portée dans le mémoire de Maurepas, seulement à 316 navires, tandis qu'elle est au moment de la révolution, de 700 navires. L'augmentation est pareillement effective sur la pêche de la morue, comprise pour 296 navires, dans le mémoire de Maurepas, et portée sur les états de *la balance du commerce*, à 372 bâtimens.

Quoiqu'il en soit, cette progression, depuis la pacification de 1783, dans nos pêches lointaines, la meilleure école de matelots, semblait devoir nous mettre à portée de déployer, dans la guerre présente, des forces navales redoutables contre la Grande-Bretagne. On jugera de nos efforts, par le tableau de ces forces maritimes présenté par le ministre de la

La totalité des *francisations*, pendant trois années, n'excède pas SIX MILLE VINGT-HUIT BATIMENS : mais il faut observer que la guerre maritime paralyse notre navigation lointaine, et diminue même considérablement celle sur nos côtes; de manière qu'un grand nombre de navires français restent dans l'inaction, et pourissent peut-être dans nos ports. Cette remarque a principalement son application pour les bâtimens au-dessus de 200 tonneaux, dont le nombre ne s'élève, dans l'état de l'autre part, qu'à 248 navires. La navigation dans les mers d'Europe et des colonies françaises, employait, avant la révolution, plus de 2000 bâtimens nationaux. On peut présumer avec fondement, qu'à la paix, le nombre *de six mille navires* sera double.

marine Monges, le 23 septembre 1792, à la convention nationale.

La république, dit-il, fait flotter sur toutes les mers, 102 pavillons tricolores, savoir : 21 gros vaisseaux, 30 frégates, 18 corvettes, 24 avisos, 2 chaloupes canonnières, 10 flûtes ou gabarres.

Indépendamment de ces armemens, la république a dans ses grands ports, 53 vaisseaux construits, dont 34 en état d'être armés, et 19 susceptibles de réparations, radoubs ou refontes plus ou moins considérables.

Sur sept vaisseaux en construction, trois vont être lancés à l'eau.

La république a dans ses ports quarante-une frégates construites, dont vingt-quatre sont en état d'être armées, et dix-sept ont besoin de réparations, plus ou moins fortes. Elle en a sur les chantiers six, dont une sera mise à l'eau à la fin de l'année. Il faut, pour armer tous les vaisseaux de la république, 10,250 canons de différens calibres ; les ports en renferment 9147, le déficit est de 1103.

Les forces maritimes de la France consistaient, suivant un état circonstancié, publié en 1789, en 81 vaisseaux de ligne, de 118 à 64 canons ; en 69 frégates de 40 à 30 canons ; en 141 autres bâtimens ; tels que corvettes, flûtes, avisos ; le tout armé de 13 à 14,000 pièces de canon, et monté par le nombre possible de 78 mille matelots.

Il résulte de tous ces développemens, 1°. que les moyens de défense maritime de la France, dans le

dix-huitième siècle, n'ont jamais approché de ceux mis en activité à la fin du siècle dernier, par Louis XIV ; 2°. que le *maximum* des efforts de ce monarque a été, en 1692, de 110 vaisseaux de ligne, de 14,670 canons, et que notre plus grande puissance a été en 1781, le déploiement de 71 vaisseaux à la mer ; 3°. que dans les guerres maritimes précédentes, nous avons restreint nos forces navales à 35 vaisseaux de ligne, sous le cardinal Fleury ; et à 45, susceptibles d'être armés, dans la guerre coloniale de 1756. Nos forces effectives avaient monté jusqu'à 50 voiles dans la guerre de la succession espagnole. Quant *à la guerre présente*, notre ministre de la marine a été forcé de confier à toute l'Europe, que nous n'avions, en 1792, que trente-quatre navires en état d'être armés, non compris les vingt-un en activité. D'un autre côté, le message du directoire du 9 messidor, an 4 (27 juin 1796, vieux style), s'exprime ainsi : « Les représentans qui ont des cor-
» respondances dans nos ports, ne peuvent ignorer
» que quarante-trois vaisseaux et frégates sont ac-
» tuellement en mer ; que cent cinquante corvettes
» et bâtimens légers protègent nos côtes et notre ca-
» botage ; que quatre-vingts navires sont équipés
» pour transporter les approvisionnemens nécessai-
» res à nos armées, et que des convois considérables
» ont passé aux colonies ». En définitif, toute cette énumération ne présente que la moitié du nombre existant il y a un siècle. 4°. que notre marine, presqu'à toutes les époques de ce siècle, se trouvant anéan-

tie, a été renouvellée en entier, non pas simplement au commencement de la mésintelligence entre les cabinets, mais même à l'instant de l'attaque et des combats. 5°. Que les approvisionnemens, en munitions navales, ont manqué généralement, et qu'un ministre, au milieu de la guerre la plus désastreuse, celle de 1756, a donné le scandale, qui, certes, ne fût pas resté impuni à Londres, de vendre les magasins de la marine, par la grande raison politique, que *n'ayant plus de vaisseaux, nous n'avions plus besoin de munitions* : ce qui est mieux prouvé, c'est que, dans toutes les hypothèses, un semblable ministre était un fléau pour la nation; 6°. qu'envain la navigation marchande, et sur-tout les pêches françaises et le commerce colonial, ont pris quelque extension dans ce siècle, et nous ont mis dans le cas de ne pas manquer de marins, puisque leur utile emploi a été constamment négligé par l'incertitude des plans ministériels ; qu'on regrettait la dépense, destinée à entretenir notre marine en temps de paix, et que ces vues mesquines ont forcé à la renouveller quatre fois, en entier, dans nos cinq guerres maritimes du dix-huitième siècle.

C'en est assez sans doute pour caractériser, sur-le-champ, le genre de système maritime qui, pendant cette période, a dominé constamment dans le conseil de nos rois. Les évènemens ont flotté, pour ainsi dire, au hasard; et ce hasard a produit un changement dans les combinaisons du commerce, sans direction fixe et soutenue vers le plan de défense que recommandait impérieusement notre situation vis-à-vis l'Angleterre, dès le commencement du siècle. Notre système maritime devait être vigoureusement *défensif* contre le système *hostile* de la Grande-Bretagne. Il fallait, pour cela, mettre en activité notre marine marchande en temps de paix ; tenir la marine militaire constamment en haleine ; en réparer les pertes avec persévérance, lors des échecs causés, plus encore par la mauvaise fortune, que par les fautes de l'administration (*) Il fallait solliciter l'union efficace de notre marine, ainsi ordonnée, avec celle des alliés, intéressés, comme nous, à repousser toute usurpation maritime. Il fallait encore encourager nos navigateurs, de toutes les classes, à des entreprises savantes, périlleuses et honorables, et ne pas laisser s'éteindre la race, jadis célèbre, de nos intrépides marins. Il fallait que la renommée de leurs exploits vînt, comme au siècle des Duquesne, des Tourville, des Jean-Bart, des Duguay-Trouin, réveiller l'insouciance parisienne, et la faire ressouvenir de l'existence d'une marine française. Alors, peut-être, ces récits chevaleresques circulant, de la cour dans les cercles, auraient créé une sorte d'esprit public, propre à suppléer, en quelque sorte, au spectacle de

---

(*) Sous le ministre de la marine *de Boynes*, (de 1769 à 1774) le port de Toulon a été quelquefois réduit à 36,000 livres par mois, pour la dépense de vingt-un vaisseaux de ligne, ou de 400 *corps flottans*. Cependant, Toulon était le port favorisé ; l'intendant étant frère du ministre.

ces grandes expéditions, qui ne peuvent frapper les yeux ni l'imagination des habitans de la capitale.

C'est-là le principe de nos désavantages sur mer, dans le dix-huitième siècle. Il est en effet remarquable, que de toutes les puissances maritimes du premier et du second ordre, la France et l'Espagne sont les seules dont les capitales ne soient pas ports de mer. Madrid, ainsi qu'on l'a déjà observé, à l'article Espagne, n'éprouve pas, de cette situation méditerranée, un si grand préjudice que Paris, parce que, dans la première de ces villes, le faste de la représentation espagnole se déploie avec pompe, et rappelle sans cesse, par un spectacle imposant, toute l'importance du gouvernement des deux Indes concentré à Madrid. Un ministre de la marine n'eut pas osé donner l'ordre de vendre les approvisionnemens restés dans les magasins nationaux, comme il est arrivé à un ministre français, pendant les désastres de la guerre de 1756. Les contemporains doivent se rappeller, qu'à cette même époque, nos escadres, dans les quatre parties du monde, étaient battues, dispersées et englouties, et que jamais Paris ne fut si brillant qu'au milieu de ces ruines qui paraissaient lui être absolument étrangères. Tout l'intérêt des habitans faits pour donner le branle à l'opinion publique, s'absorbait dans les applaudissemens de théâtre, où ils couraient assidûment prodiguer l'encens le plus enivrant et le mieux mérité sans doute, aux chefs d'œuvres de notre premier poète national, un des meilleurs citoyens, puisqu'il fut 60 ans passionné pour la gloire de son pays.

Que n'a-t-il pu, avec les ressources de sa brillante imagination, électriser l'âme engourdie de ses compatriotes, et les porter à des efforts héroïques contre l'anglais, dominateur des mers ! C'est ainsi qu'autrefois Athènes dut son salut aux conseils persuasifs, donnés par Thémistocle, de confier à l'Océan tout ce que les athéniens avaient de plus cher, leurs femmes, leurs enfans, leurs dieux pénates, et de s'y enfermer eux-mêmes, dans des *murailles de bois*, pour y braver l'orgueil et la vengeance de Xercès. Cette *idée-mère*, décida de la fortune maritime de cette république, et de la supériorité qu'elle obtint par la suite dans la carrière navale. Ce peuple était bien aussi léger, aussi avide de toutes sortes de nouveautés que le parisien ; mais les évènemens créèrent chez lui une sorte d'expérience capable de rallier tous les esprits vers les opérations maritimes, qui assuraient la sûreté et l'indépendance de la cité.

Paris et la France entière, doivent desirer de ces traits de génie. Seuls, ils pourraient imprimer à sa grande population un genre d'activité jusqu'alors inconnu, et l'exciter à des efforts extraordinaires pour ruiner le despotisme maritime des anglais. *Paris*, *ville maritime !* non pas entièrement dans le sens de Londres et d'Amsterdam, mais, comme jadis *Anvers*, entrepôt vaste, communiquant à toutes les mers, aboutissant à toutes les contrées de l'Europe, par un sytème général de navigation intérieure : telle est la grande pensée qui doit affermir sur des bases inébranlables, la liberté française.

L'utilité de la réunion de la Belgique, à l'ancien territoire français, qui a fait l'objet d'un dissentiment, parce que l'esprit de faction est toujours aveugle, ne peut former une question, si on envisage que c'est le seul moyen de régénérer *Paris*, le centre du gouvernement français, et avec lui, toutes les parties de la république. En effet, *Paris*, par cette aggrégation des anciens pays-bas autrichiens, se trouvera situé plus au centre de la France, et deviendra conséquemment le point le plus naturel de communications entre toutes les parties de notre territoire (*)..

(*) Cette réunion de la Belgique à la France, est tellement liée à l'intérêt national, et avantageuse à PARIS, que ce projet a germé, il y a plus d'un siècle et demi, dans la tête d'un de nos plus grands politiques, LE CARDINAL DE RICHELIEU. Nous transcrivons le passage suivant, extrait de l'*Histoire du traité de Westphalie*, pour satisfaire ceux auprès de qui une puissante autorité vaut mieux encore que mille bonnes raisons.

« Dès l'an 1635, la France avait fait, avec les Provinces-
» Unies, un traité par lequel les deux puissances convenaient
» du partage qu'elles feraient entr'elles, de tous les Pays-Bas,
» après qu'elles en auraient entièrement chassé les Espagnols.
» Le Brabant, Malines et Anvers devaient demeurer à la répu-
» blique. Tout le reste devait être le partage des Français. *Le*
» *cardinal de Richelieu* avait formé ce grand projet; *le car-*
» *dinal Mazarin*, qui se trouvait chargé de l'exécution, (en
» 1646) ne le perdit jamais de vue, et quelque difficile que fût
» l'entreprise, il se flattait d'y réussir ».

Le *cardinal Mazarin* envoya, à ce sujet, un mémoire aux plénipotentiaires de France à Munster, dans lequel il propo-

Que deviendrait cette ville, si un plan fécond en spéculations actives et industrieuses, ne ralliait pas tous les habitans vers le rétablissement de la fortune publique? Les principales sources qui l'alimentaient, sont à jamais perdues. Le luxe de la cour, les fortunes des financiers, les dépenses des grands propriétaires, les tributs du fisc au profit des rentiers, tous ces élémens d'un commerce uniquement de consommation, ont disparu. L'imagination mobile des parisiens, ne trouvant à s'exercer que sur les idées métaphisiques de gouvernement, et la cupidité leur faisant entrevoir comme seuls moyens de fortune, la participation aux affaires publiques, ceux qui auront des prétentions et des espérances, se partageront toujours en différentes factions, toutes servies par une nombreuse clientelle, qui s'entrechoqueront aux

---

sait aux Espagnols « de leur céder la Catalogne et le Roussillon,
» en échange des Pays-Bas et de la Franche-Comté, soit par
» mariage ou autrement. Il établit avec complaisance les grands
» avantages que la France en devait retirer pour le dehors et
» pour le dedans du royaume, et perçant dans l'avenir pour
» goûter par avance les fruits *d'une si heureuse politique*, il
» voyait déjà en idée, PARIS DEVENU LE CENTRE DU
» ROYAUME, *la France arrondie de toute part, et défendue par*
» *des frontières impénétrables, les mécontens et les factieux*
» *contenus dans la soumission, par le défaut d'asyle; l'An-*
» *gleterre dans l'impuissance de nuire; les Provinces-Unies*
» *dans la nécessité de garder de grands ménagemens, et peut-*
» *être bientôt réduites, par leurs divisions intestines, à se sou-*
» *mettre à la domination française* ». (Mémoire du cardinal
Mazarin, aux plénipotentiaires, du 20 janvier 1646.)

jours des élections, et perpétueront ainsi périodiquement, les déchiremens du corps politique. Donnons donc un puissant aliment, mais essentiellement productif, à cette activité des esprits, à ce besoin de réparer nos pertes dont brûlent les hommes industrieux ; que toutes mesures à cet égard ne soient pas partielles, mais grandes et fécondes en opérations secondaires d'utilité publique. *Paris, ville maritime!* que ce soit *à la paix* le cri de ralliement universel, et qu'elle le devienne par l'effet d'un plan unique, dont le gouvernement fera les premières avances. Alors, tous les genres d'amélioration viendront d'euxmêmes se groupper, pour ainsi dire, à ce type primordial, le fortifier, et renouveller toute la face de la France.

On le répète : les anciennes sources de la prospérité française sont ou perdues ou taries. Le commerce colonial semble frappé à mort par l'effet de la révolution, qui vient d'affranchir les cultivateurs africains, et a dispersé les chefs d'ateliers dans nos îles d'Amérique. Cette fortune coloniale reposait sur des bases si monstrueuses, qu'une fois écroulée, il sera très-difficile, quand nous n'aurions pas adopté nos principes philantropiques, de la réédifier. Il faut donc que le gouvernement substitue une nouvelle politique commerciale, à ce système de colonies, qui d'ailleurs n'était pas le mieux approprié à l'intérêt de la France, considérée comme puissance agricole, manufacturière et maritime.

Cette nouvelle politique doit avoir pour objet, la

nécessité d'une juste défense contre les usurpations de la nation anglaise sur toutes les mers. Il faut, par conséquent, que le lévier en soit posé près la population la plus nombreuse, et la plus capable de seconder cet esprit national par les ressources de l'éducation, de la culture des arts et des sciences, et par l'influence qu'elle exerce sur la législation comme centre du gouvernement. *Paris, ville maritime au dix-neuvième siècle!* C'est dans la possibilité de l'exécution, c'est dans les puissans efforts pour y parvenir, qu'est le salut de la république. C'est à l'aide du développement de ces grands moyens, que les principaux cabinets de l'Europe prendront confiance dans la puissance de nos ressources, et s'uniront à nos succès, pour effectuer le grand œuvre de la ruine du despotisme maritime anglais. Cette chûte restituerait à chaque peuple, la portion que la nature lui a départie dans la navigation et le commerce du monde entier.

Législateurs français, qui avez tant de fois évoqué les mânes des héros de l'antiquité, pour les prendre à témoin de la pureté de vos intentions, profitez des leçons de l'histoire. Comment les peuples fameux ont-ils successivement figuré avec gloire sur le théâtre du monde ? Presque tous, par une seule institution fondamentale, dont le germe se trouvait dans leur état politique extérieur et intérieur, et le développement dans le génie des hommes faits pour gouverner. C'est d'après ce principe fécond, que les uns, agriculteurs, les autres, conquérans; ceux-ci commerçans, ceux-là navigateurs, ont rempli leurs hautes destinées. Voyez la nature elle-même dans l'organisation de tous les êtres : elle semble n'avoir à soigner qu'une idée-mère, procréatrice de toutes les combinaisons secondaires, qui font de ses ouvrages un tout parfait, sans fatigues, sans convulsions, et en dépit de quelques mutilations partielles, qu'elle éprouve de la main des hommes. La France, dans son état actuel de politique extérieure et intérieure, a besoin de se faire un système de défense maritime. Dirigez la fermentation des esprits vers cet œuvre, vraiment national. Notre puissance agricole, manufacturière et industrielle est presque éteinte; faites renaître tous les élémens de prospérité publique de leurs propres cendres, en posant A PARIS, sur les principes qui viennent d'être développés, les fondemens de notre activité maritime. Faites que les hommes de tous les partis mettent autant d'ardeur à réédifier dans ce sens, qu'ils ont apporté de pétulance à détruire les institutions de quatorze siècles. Alors, les heureuses destinées de PARIS ET DE LA FRANCE ENTIÈRE, vous rendront, sans contradiction, l'objet de l'admiration des contemporains et de la postérité.

CHAPITRE XX.

L'Angleterre.

Quelle est cette nation qui tourmente la destinée des autres peuples, qui immole à sa cupidité des peuplades entières d'Asiatiques, et va mendier le monopole du commerce chez les zélateurs de Confucius ? Quelle est cette nation qui dépeuple, chaque année, les rives africaines, pour en transplanter sur un sol ensanglanté, des milliers de familles vouées, par elle, au labeur, au châtiment et au désespoir; qui s'approprie l'or de l'Amérique et le distribue dans les cours, pour perpétuer le carnage des Européens ? Cette nation habite-t-elle un climat éternellement sauvage ? A-t-elle encore des institutions barbares ? Ses législateurs sont-ils des hommes farouches ? Non ! Elle cultive, avec le plus grand succès, un des sols les plus fertiles; elle a élevé au plus haut dégré la pratique et la théorie de toutes les combinaisons d'un travail productif; chez elle, des hommes de génie ont surpris les plus intimes secrets de la nature; l'intrépidité de ses navigateurs a porté sa renommée jusques sur les glaces du pôle boréal; ses poëtes ont chanté les avantages de la liberté; ses orateurs et ses écrivains veillent sur son indépendance. *Le premier,* ce peuple a donné de sanglantes et inutiles leçons aux rois; *le premier*, il a réalisé, chez les modernes, l'égoïsme des républiques anciennes, dans l'amour exclusif d'une patrie. Toutes les classes de la société y sont continuellement en activité; toutes les volontés, tous les mouvemens, toutes les spéculations aboutissent à un centre d'utilité générale. C'est avec ce lévier unique, mû par des millions de bras, dirigé par quelques têtes fortement organisées vers la prospérité commune, que cette nation est parvenue, de nos jours, à se créer un genre de domination inconnue jusqu'alors, qui ne participe ni de l'esprit militaire, principe de la grandeur des Romains, ni des prestiges du fanatisme qui a fondé l'empire de Mahomet. Chez cette nation moderne, l'ardeur du butin enflamme l'émulation; les premiers succès encouragent sans cesse à de nouvelles tentatives : enfin, l'orgueil de sa prééminence lui a inspiré de tout oser, et fait aujourd'hui de son gouvernement, le régulateur des cabinets de l'Europe. Quelle est donc cette nation ?....... L'ennemie acharnée de l'empire français, L'ANGLETERRE !

L'existence maritime et politique de la Grande-Bretagne se partage en deux grandes périodes. La première comprend les commencemens de sa marine, ses vicissitudes et ses accroissemens, jusqu'à la fin du dix-septième siècle : la seconde période embrasse l'historique de sa fortune maritime dans le siècle qui est maintenant près d'expirer.

Première période. *De l'existence maritime de la Grande-Bretagne, jusqu'à la fin du 17ᵉ. siècle.*

Cette première période se divise naturellement en trois époques remarquables : 1°. les temps les plus reculés, jusqu'a l'année 1660, époque de la promulgation de l'acte de navigation ; 2°. depuis cet acte, jusqu'à la révolution de 1688; 3°. depuis cette révolution, jusqu'à la mort de Guillaume III, en 1702, au commencement de la guerre de la succession.

1°. *Les temps les plus reculés.*

L'Angleterre est un des pays de l'Europe qui conserve le moins de traces de ses mœurs primitives. Cette contrée, déja peuplée, dit-on, mille ans avant l'ère chrétienne, n'était encore parvenue qu'au second ou troisième dégré de civilisation, lorsqu'elle fut soumise par les Romains, sous Jules-César. Cet auteur conquérant dit, dans ses commentaires, « que les habitans de l'intérieur de l'île se bornaient, pour leur subsistance, aux produits de leurs troupeaux, tandis que ceux des côtes se la procuraient d'une manière plus abondante, à l'aide de l'agriculture ». On prétend que les contrées agricoles pouvaient employer annuellement 800 vaisseaux à exporter le surplus de leurs produits ; mais ces produits étaient enlevés par les Phéniciens, les Carthaginois, les Grecs et les Gaulois, qui leur apportaient en retour les marchandises dont ils avaient besoin.

Ces traits caractérisent la faiblesse de ces insulaires, dont la population débile, éparse, ne pût résister à des armées composées d'Allemands, de Bataves, de Gaulois et de vieilles légions romaines. La seule ressource qui eût pu les garantir de l'invasion leur manquait : ils n'avaient point de forces maritimes, observe l'auteur de l'histoire de la puissance navale de l'Angleterre. « Long-temps, dit-il, ces insulaires ne se servirent que de frêles canots d'osier, extérieurement enveloppés de cuir, et assez ressemblans à ceux dont les Groënlandais ont conservé l'usage. Toutes les fois que les Romains menacèrent les anciens Bretons des fers, ceux-ci ne pensèrent jamais à prévenir ce malheur, en armant des vaisseaux, en cas de défaite; leurs azyles étaient toujours les cavernes dont était rempli l'intérieur de leur île. Ce fut dans ces tristes retraites que les Saxons, les Juttes, les Anglais, etc., vinrent les poursuivre, après avoir impunément dévasté leurs côtes ».

Aucun peuple, en effet, n'a eu aussi long-temps une telle absence de force publique extérieure. Pendant douze siècles, les anciens Bretons furent conquis, d'abord deux fois par les Romains; cinq fois ensuite par les étrangers dont on vient de rappeler les races différentes : il faut y joindre les Danois et les Normands. Outre cette longue suite de calamités, l'Angleterre, proprement dite, fut encore déchirée du côté du nord par ses propres voisins, les anciens Écossais et les Irlandais; et la division de l'autorité en sept royaumes, c'est-à-dire *l'heptarchie* saxonne, livra encore, pendant quatre siècles, les habitans de la Grande-Bretagne à leurs propres fureurs. On ne peut mieux peindre la nullité des anciens Bretons, dans la guerre, qu'en retraçant ici le passage d'une adresse qu'ils firent aux Saxons, pour les appeler à leur secours; passage cité textuellement dans les lettres philosophiques et politiques sur l'histoire d'Angleterre, fruit des loisirs d'un membre de la chambre des pairs de ce parlement. « *Les pauvres et malheureux Bretons*, disent-ils, *presque détruits par des invasions étrangères et harassés par des incursions continuelles, vous demandent humblement du secours, très-vaillans Saxons. Nous possédons une vaste et fertile contrée: nous vous la cédons; vous y commanderez. Nous cherchons la sûreté sous l'aile de votre valeur, et nous remplirons avec joie tous les services que vous exigerez ensuite de nous* ».

Ce discours semble être fait pour des temps plus modernes; car aujourd'hui, comme alors, les Anglais tremblent à l'idée d'une invasion; aujourd'hui, comme alors, ils se mettent sous la protection armée des peuples continentaux; aujourd'hui, comme alors, ils échangent leurs services mercantiles contre le soin de veiller, pour eux, à leur sécurité : avec cette différence, que les progrès de la civilisation en Europe, leur ont créé des moyens qu'ils emploient avec orgueil, pour en imposer sur l'impuissance où ils se trouveraient encore de se défendre, s'ils étaient réduits à combattre, comme leurs ancêtres, un ennemi corps à corps.

La France cependant donna aux habitans de l'Angleterre, pendant le cours de cinq siècles, (depuis la conquête par Guillaume, duc de Normandie, en 1066, jusqu'à la perte de Calais sous Marie, vers 1558), de puissantes leçons de bravoure et de courage, dont quelques-uns de ces insulaires ne surent profiter, qu'en se réunissant aux habitans de plusieurs grandes provinces françaises, dévolues à leurs rois par héritage; c'est-à-dire, en empruntant le secours des peuples de la Guienne, de la Bretagne et de la Normandie. Il semble qu'une fois refoulés du sol français vers leur île, les Anglais aient perdu de ces qualités héroïques qui brillèrent, momentanément chez leurs ancêtres, sous le règne des Richard et des Edouard.

Jusqu'à cette époque, la fin du seizième siècle, l'Angleterre n'avait eu ni prétentions suivies, ni dispositions bien réelles pour la carrière maritime. Les chroniques rapportent qu'Edgar, l'un des rois célèbres de l'heptarchie saxonne, rassembla, au dixième siècle, le nombre prodigieux de 4,000 navires; et que tous les ans, quatre escadres, composées chacune de cent voiles, étaient armées pour croiser sur les côtes, et veiller à leur conservation. Enorgueilli de cet appareil de forces, Edgar crut être le maître de la mer et prit les titres fastueux *d'empereur, de seigneur de tous les rois de l'Océan, et de toutes les nations qu'il renferme.* Mais, observe l'historien qui rapporte ce trait, on se formera une juste idée de cette flotte, lorsqu'on saura que le plus gros vaisseau contenait à peine cinquante hommes. D'un autre côté, il ajoute que « les successeurs d'Edgar n'eurent ni les mêmes prétentions, ni les mêmes forces maritimes; et que les Anglais, attaqués postérieurement par les Danois, rassemblèrent en vain une flotte de huit cents bâtimens, qui fut dispersée par les vents. Mais ce qui est digne de remarque, c'est qu'ils payèrent à leurs vainqueurs un tribut, pour l'entretien de quarante-cinq vaisseaux armés, employés à la garde de leurs côtes. D'autres princes essayèrent de consolider l'état maritime de l'Angleterre : ce fut en vain. Toutes leurs tentatives échouèrent contre la bonne fortune de Guillaume, qui, à la tête de ses braves Normands, effectua, sans obstacle, sa descente. Les propriétaires, accablés du poids de cette conquête, qui leur donna des successeurs, furent comprimés, et la nation ne songea plus, de long-temps, au commerce ni à la navigation. Aussi l'Angleterre se trouva si dépourvue de vaisseaux, quand Richard entreprit de passer à la Terre-Sainte, qu'il fut obligé d'avoir recours aux étrangers. Ils lui fournirent la plus grande partie de cette flotte, qui, composée de cent cinquante voiles, défit celle de Saladin.

Au milieu des succès et des revers qui signalèrent l'existence maritime des Anglais, et ses projets de conquêtes sur la France, ce que les historiens font ressortir, dans leurs récits, c'est sur-tout cette jactance à se dire et à vouloir paraître les maîtres de l'Océan. On voit *Jean-sans terre* faire une ordonnance en 1200, la seconde année de son règne, pour exiger le SALUT *de tous les vaisseaux étrangers :*

enjoignant, s'ils n'obéissaient pas, à ses officiers de les y contraindre, même d'en châtier les capitaines, soit par la prison, soit par des punitions corporelles. Environ un siècle après, Edouard premier enjoint, dans une ordonnance, à ses officiers *spécialement de retenir et maintenir la sovereigneté que ses ancêtres, royes d'Engleterre, soloyent avoir en ladite mer d'Engleterre, quant à l'amendement, déclaration et interprétation des loix par eux faites à governer toutes maners, des gents passant par ladite mer.* Les évènemens postérieurs ne parurent pas justifier de si hautes prétentions. Sa marine parut le céder à celle de France, sous le règne de Charles V, et au commencement de celui de Charles VI. Ce dernier prince fit équiper deux nouvelles flottes, l'une à Tréguier et l'autre à Harfleur, et choisit, pour les commander, le connétable de Clisson et l'amiral de Vienne. Cet amiral qui connaissait, par lui-même, l'Angleterre, où il avait fait d'heureuses descentes, et porté des secours aux Ecossais, ne cessait de répéter que *les Anglais n'étaient jamais plus faibles que chez eux* (*). Des circonstances imprévues, qui se développèrent après que les Anglais furent chassés du continent, en tournant à leur avantage, masquèrent dans la suite, aux yeux des Européens, la faiblesse, pour ainsi dire *intrinsèque*, de ces insu-

(*) Sous Charles VI, l'amiral *Jean de Vienne*, accompagné de *Ferrand Sausse*, amiral DES CASTILLANS, ravagea les côtes d'Angleterre, brûla et pilla l'île de Wigt, Darmouth, Plimouth, et quantité d'autres places.

laires. Ce furent principalement les progrès des peuples modernes dans la navigation, la perfection de l'artillerie, qui organisa sur leurs côtes des citadelles foudroyantes; l'établissement de colonies lointaines, qui portèrent le théâtre des guerres européennes sur les mers des deux Indes; l'émigration, vers l'Angleterre, des Flamands, insurgés dans les Pays-Bas; enfin le mariage de la reine Marie avec Philippe II, roi d'Espagne. Toutes ces circonstances devinrent également utiles aux progrès du commerce des Anglais, sur-tout, en favorisant leurs liaisons avec les habitans des riches possessions du Pérou et du Mexique; ce qui enflamma leur cupidité, et leur ouvrit une carrière d'ambition mercantile, dans laquelle Elisabeth, qui monta sur le trône après Marie, se chargea de les diriger, pendant la dernière partie du seizième siècle.

Sous ce règne, l'Angleterre eut des succès, en se mesurant avec les principales puissances de l'Europe; et elle commença d'étendre sa renommée dans les deux hémisphères. Dracke commit des dévastations dans les possessions espagnoles de l'Amérique, tandis que d'autres amiraux désolaient les côtes de la France pour secourir les calvinistes. La Grande-Bretagne irritait aussi l'orgueil de Philippe II, en soutenant les insurgés des Pays-Bas. Ce despote arma la fameuse flotte, dite *l'invincible* ; mais l'Angleterre, par son énergie, triompha plusieurs fois de toutes les forces maritimes de la monarchie espagnole, qui ne se releva jamais bien de cette chûte.

Dès lors, la Grande-Bretagne commença de faire valoir, (sous Jacque et Charles I*ᵉʳ*.), des prétentions contre les Hollandais, tant pour la pêche du hareng, sur les côtes d'Ecosse, que pour celle de la baleine aux côtes de Groënland. Enfin, elle reconquit sur les villes anséatiques, par la suppression de leurs priviléges, le commerce de ses propres draps, en excluant ceux étrangers, dont elle avait reçu, en 1552, jusqu'à cinquante mille pièces, tandis que tous les négocians anglais en avaient à peine débité onze cents, de leurs fabriques, dans toute la Grande-Bretagne.

« A la mort d'Elisabeth (1604), dit l'auteur que
» nous prenons principalement pour guide, toute la
» puissance navale de l'Angleterre consistait en qua-
» rante-deux bâtimens de guerre de 16,935 ton-
» neaux, montés par 7,532 hommes, indépendam-
» ment de 819 canonniers. Aucun de ces bâtimens
» ne pourrait actuellement entrer en ligne. Deux seu-
» lement étaient de 1,000 tonneaux, et trois de 900,
» tous montés de 40 canons; trois autres de 800 ton-
» neaux, portaient 30 pièces d'artillerie; et le reste,
» depuis 700 tonneaux jusqu'à 20, n'aurait pu ré-
» sister à quelques-unes de nos frégates, ou même à
» nos corvettes ».

On se formera également quelque idée de l'état de prospérité de l'Angleterre, à la fin du seizième siècle, lorsque l'on saura que les calculateurs politiques anglais établissent sa population et celle du pays de Galles, à cette époque, à près de cinq millions. Un dénombrement de l'année 1377, ne porte le nombre des habitans qu'à deux millions deux cent trente mille; et la seule ville de Londres ne contenait pas alors plus de quatre-vingt-dix mille personnes de tout âge et de tout sexe. A la vérité, elle avait été dévastée, peu d'années auparavant, par la peste célèbre de cette époque; les ravages en avaient été si violens que, dans une seule année, on enterra dans *Charles-House*, plus de cinquante mille personnes. On estima que, par ce fléau, la quatrième partie du peuple périt en Europe; ce qui ferait supposer, d'après les mortalités indiquées ci-dessus, que, vers le milieu du seizième siècle, la population de Londres était de deux cent mille ames. On ajoute également qu'en 1688, la population de l'Angleterre était déjà montée au moins à cinq millions cinq cent mille ames, et celle de Londres, en particulier, à cinq cent trente mille. Ces progrès étaient dûs à la création d'une marine permanente, et d'un commerce florissant; car, antérieurement, Londres ne faisait pas même partie des cinq villes maritimes, telles que *Hastings*, *Romnex*, *Hith*, *Douvres* et *Sandwich*, qui jouissaient de plusieurs priviléges, et étaient obligées, par leur chartre, d'équiper cinquante-sept vaisseaux pour le service du roi.

2°. *Depuis l'acte de navigation.*

Aux moyens actifs mis en œuvre, pendant les règnes précédens, pour fonder la marine anglaise, nous allons voir succéder l'esprit négociatif et législatif de Cromwel, qui, parvenu au suprême pouvoir, autant par ses combinaisons, que par l'effet des chances révolutionnaires, s'appliqua à consolider la puissance navale de la Grande-Bretagne.

Le premier trait d'habileté que lui suggéra le soin même de sa propre sûreté, fut de diriger toute la ferveur de la nation pour les entreprises extraordinaires, contre la prospérité de la Hollande, dont les succès étonnans, dans la carrière maritime, étaient bien faits pour exciter la jalousie de l'Angleterre. D'abord Cromwel fit proposer aux Provinces-Unies de ne former, avec la Grande-Bretagne, qu'une même république. Il donnait à ce changement le nom de *coalition*, pour signifier que les deux états s'accroîtraient et se fortifieraient mutuellement. Le refus des Hollandais fut l'époque d'une sanglante inimitié, qui développa, de part et d'autre, des moyens surprenans d'attaque et de défense. Pendant près de trente années, trois guerres maritimes, dans lesquelles Louis XIV secourut tantôt l'Angleterre, tantôt la Hollande, et finit par concourir à écraser celle-ci, occasionnèrent des prodiges de bravoure et de courage de la part des marins hollandais et anglais; mais enfin la fortune se déclara pour ces derniers, qui virent terminer, à la paix de Nimègue, en 1678, toute rivalité entre les deux peuples. Ce fut à cette époque que la France commença de se montrer à son tour, rivale de la Grande-Bretagne sur les mers.

Pour apprécier avec quel soin et quelle habileté Cromwel conduisit les affaires maritimes de son pays, il suffit de remarquer qu'à sa mort il se trouvait une flote de cent soixante vaisseaux de soixante-deux mille cinq cens quatre-vingt-quatorze tonneaux. Charles II, qui gouverna après lui, aimait la marine dont il avait pris le goût pendant son séjour en Hollande, en même-temps qu'il y avait fortifié sa haine contre les hollandais. Il s'attacha à perfectionner cette partie : à des moyens solides, il joignit ceux que devait produire l'esprit d'enthousiasme. On peut en juger par les trois légendes des médailles qu'il fit frapper en mémoire de la victoire remportée par le duc d'Yorck sur les Hollandais en 1665. Sur l'une on lisait : *JE REVENDIQUE LA POSSESSION DES QUATRE MERS*. Sur l'autre : *L'EMPIRE EST EN NOTRE POUVOIR*. Et sur une troisième : *LA MER LUI SERA SOUMISE*.

Mais un trait de sagesse et de véritable patriotisme de Charles II, c'est que bannissant tout ressentiment contre la mémoire de Cromwel, il se hâta d'adopter le fameux acte de navigation.

L'esprit de méditation qui distingue le peuple anglais avait déjà suggéré à son gouvernement l'idée de fortifier de moyens législatifs les commencemens de son commerce et de sa navigation. Dès l'année 1381, Richard II avait prononcé le principe de l'acte de navigation dans la loi *qui défendit à tout sujet du roi d'importer ou d'exporter aucunes marchandises dans d'autres vaisseaux que ceux munis de la permission du roi*.

Elisabeth avait introduit l'usage de donner des

gratifications à ceux qui construiraient des navires de cent tonneaux. Jacques Ier. consacra aussi de grandes sommes à l'encouragement de cette importante construction. Charles Ier. accorda cinq liv. sterling par chaque tonneau à quiconque armerait un navire de deux cens tonneaux.

Cromwel, en faisant passer l'acte mémorable de navigation, par son parlement, en 1651, n'eut d'abord d'autre dessein que de se venger des Hollandais. Peut-être consulta-t-il plus, dans cette occasion, sa haine contr'eux, que le bien général de sa nation. Il ne put cependant mettre ce réglement en vigueur, à cause de la guerre d'Espagne, qui l'obligeait, malgré lui, de laisser la liberté aux négocians anglais de se servir, comme auparavant, de bâtimens hollandais. Sans leur secours, plusieurs branches, tant d'importation que d'exportation, eussent alors été interrompues. Cette raison ne subsistant plus, lorsque Charles II monta sur le trône, il se hâta de faire autoriser l'important bill dont nous parlons, et de le confirmer par un édit, l'année suivante 1661.

Il parait cependant, suivant l'auteur de la puissance navale de l'Angleterre, que cet acte fut encore plusieurs années après sa promulgation, sans être suivi avec vigueur. Le comte d'Estrades assurait, dans une lettre à Colbert, du 8 novembre 1663, qu'il n'était point encore exécuté; et quoique cet habile négociateur donnât pour raison l'économie du fret sur navires hollandais, le véritable motif était la disette de bâtimens et le manque de capitaux, qui for-

çaient alors les négocians d'Angleterre à recourir aux Hollandais. Cet écrivain ajoute : « L'effet le plus
» sensible de l'acte de navigation, fut d'augmenter
» bientôt le nombre des bâtimens marchands. Sous le
» règne de Charles I*ᵉʳ*, on n'en comptait dans ses états,
» que trois du port de 300 tonneaux, tandis qu'avant
» la mort de Charles II, on y en trouvait plus de
» quatre cents de cette force ; mais cela ne suffisait
» pas encore pour supplanter tout de suite les Hol-
» landais ». (*)

Au surplus, quel que soit le dissentiment des écrivains politiques, relativement à l'influence qu'a pu avoir l'acte de navigation sur la prospérité générale de l'Angleterre, les faits prouvent que son succès a été complet, quant aux moyens d'accroissemens de sa force publique maritime, qui en 1675 s'élevait déjà à 69,681 tonneaux, et 30,951 matelots. La marine militaire de la Grande-Bretagne avait donc triplé, en moins d'un siècle écoulé depuis la mort d'Élisabeth.

(*) Voyez les observations sur l'acte de navigation anglaise, à la suite de *la puissance navale de l'Angleterre*. Elles contiennent les réflexions les plus judicieuses sur l'influence de cette loi par rapport au *cabotage* et à la construction des navires, et relativement aux exceptions qu'il devint indispensable de faire, pour l'intérêt de la culture et du commerce des colonies. La promulgation de l'acte de navigation souleva la Caroline, la Virginie et le Maryland, trop faibles alors pour soutenir une pareille démarche.

3°. *Depuis la révolution de 1688, jusqu'à la mort de Guillaume III, en 1702.*

La Hollande, par son énergie, ses ressources économiques et sa bonne fortune, avait fait disparaître devant ses flottes, la puissance espagnole et portugaise sur l'Océan. Quel fut donc le triomphe de l'Angleterre à la paix de Nimègue, en 1678, lorsqu'elle y régla pour les Provinces Unies, que le salut serait rendu aux vaisseaux anglais dans toute l'étendue des quatre mers qui environnent les îles britanniques ? L'abaissement de la Hollande était un triple avantage remporté par la Grande-Bretagne, sur les flottes espagnoles, portugaises et hollandaises. L'orgueil de Louis XIV, excité par l'inimitié de Guillaume III, essaya dès-lors d'opposer à cette puissance une rivale redoutable, par la création d'une marine française ; mais la Grande-Bretagne en demeura encore victorieuse.

Au moment de la guerre de 1688, allumée par l'ambition de Guillaume, la force maritime anglaise était de 101,032 tonneaux ; en 1695, deux années après la victoire que les flottes britanniques remportèrent sur la France, à *la Hogue*, elle n'était encore que de 112,400 tonneaux, montée par 45 mille matelots. On observe même, que malgré la supériorité de la marine anglaise sur la nôtre, les pertes de son commerce furent énormes dans la guerre terminée par la paix de Riswick ; que dans l'hiver de 1699, on ne comptait dans la Tamise, sur les vaisseaux anglais, que 65,788 tonneaux, et il y en en avait d'étrangers, 83,238, en tout, 149 mille vingt-six tonneaux. « Les armateurs français prirent à l'Angleterre, dans cette guerre, 4,200 bâtimens marchands, évalués à trente mille livres sterlings. Les ouvriers furent sans travail; les assurances montèrent à 30 pour cent; l'intérêt s'éleva à 9 et 10 pour les marchands; et des banqueroutes journalières, qui étaient les suites inévitables de ces malheurs, affectaient vivement une nation, dont le négoce fait la richesse, et la marine, la sûreté ». Cet état déplorable, força Guillaume à écouter les cris de la nation en faveur de la paix; grande leçon dont la France aurait bien dû profiter dans la présente guerre! « *Le principal objet des ennemis de l'Angleterre*, dit l'historien de sa puissance navale, *doit être toujours d'attaquer son commerce. Le ménager, c'est prolonger la guerre et tous les maux qu'elle entraîne; l'épargner entièrement, c'est laisser à cet état toutes ses ressources, et rendre éternelles les hostilités.* Cet axiôme de notre propre sûreté, en opposition avec la doctrine de l'abbé de Mably, qui voulait que l'usage de la course fût interdit entre les nations belligérantes, n'a été malheureusement que trop méconnu des hommes publics qui ont voulu diriger la révolution française.

Quoiqu'il en soit, une politique mieux combinée de notre part, fit payer bien cher aux anglais les désastres de notre marine, à la fin du dix-septième siècle. Son tonnage marchand, pendant l'année moyenne de trois, prise de 1699 à 1701, ne s'éleva pas à plus de 112 mille 443 tonneaux, dont 97,901 tonneaux anglais, et 14 mille 541 tonneaux étrangers ; ses exportations furent estimées à 2 millions 230 mille 672 livres. Les taxes annuelles, celles de 1701 produisirent au trésor public, 3,769,375 livres sterlings. En outre, il avait été levé en 13 années, sur la population de l'Angleterre, estimée alors à 7 millions d'individus, 58,698,688 livres sterlings. Observons que, pendant six années de la guerre civile terminée par le protectorat de Cromwel, on leva en taxes, presqu'entièrement inconnues jusqu'alors, 98 millions 512 mille livres sterlings, y compris le produit des contributions : somme incroyable pour le temps et pour la population, mais qui, reversée sur la nation elle-même, anima l'industrie par une activité prodigieuse ! Ces deux dépenses réunies sous Cromwel et Guillaume, forment, monnaie actuelle, 8 milliards 417 millions tournois, payés par le peuple anglais, en moins de 20 ans. Autre fait essentiel : la dette de 43 millions sterlings, contractée dans cette guerre, et dont il restait encore 14 millions de capitaux, à la mort de Guillaume, fut moins remarquable encore par la quotité de cette dépense, que par la nouveauté de ce système de ressources qui renonce aux emprunts forcés des capitaux produits par des taxes, pour grever seulement, par *l'impôt* de l'intérêt de ces capitaux, les générations présentes et futures. Ce système a été le lévier le plus puissant qui ait contribué au déploiement des forces maritimes de la Grande-Bretagne, et aux accroissemens de son commerce et de sa navigation dans le dix-huitième siècle.

Pendant la première période que nous venons de parcourir, l'Angleterre s'est roulée des siècles sur elle-même, avant d'avoir une existence indépendante parmi les sociétés européennes. Sa population a été presqu'entièrement renouvellée par l'aggrégation de six peuples différens. A chaque invasion, les anciens habitans, pour échapper à de nouveaux oppresseurs, se sont retirés sur le Continent, ou dans les forêts d'Amérique, pour y fonder des colonies; d'autres, conduits par des chefs courageux, ont tenté de chercher au dehors un repos qui n'avait jamais constamment régné dans leur île. Six conquêtes, des guerres civiles éternelles, plusieurs règnes de terreur, principalement sous Henri VIII et Cromwel, ont livré les peuples de la Grande-Bretagne, aux agitations de l'incertitude, et leur ont donné un caractère inquiet et craintif, qu'ils conservent encore dans leurs propres foyers, et qui se manifeste de nos jours à chaque bruit d'une descente.

Il semble que la population nombreuse de l'Allemagne et de la France, menace sans cesse ces insulaires de les engloutir. Une telle situation dut tourmenter long-temps l'esprit de leurs chefs, pour se créer des moyens artificiels de défense : ils placèrent en effet, par l'organisation de flottes composées de milliers de barques, des avant-postes sur la mer pour couvrir leur territoire ; mais nous avons vu l'impuissance de cet appareil sans consistance. Un flux et reflux de victoires et de défaites, perpétuèrent jusqu'à la fin du quinzième siècle, dans ce pays, *l'inexistence*, pour ainsi dire, d'une force publique extérieure. Cependant, les esprits étaient tournés constamment vers la nécessité d'en obtenir une. Les bravades et les jactances dictées par la politique des rois de la Grande - Bretagne, pour faire croire à leurs peuples, qu'ils étaient les souverains nés de la mer, réussirent enfin à échauffer les imaginations : de-là, les germes de l'esprit national, qui n'attendait pour se développer complettement, que des circonstances plus heureuses.

A peine se furent-elles présentées, dans les seizième et dix-septième siècles, par une suite des progrès de la civilisation européenne, que l'Angleterre parvint à ruiner les marines espagnole et portugaise, à paralyser celle des Hollandais, et à triompher des forces navales de la France. L'Angleterre avait dès-lors tout fait pour sa gloire ; mais elle avait à peine commencé l'immense édifice de cette fortune commerciale et maritime, qu'elle obtint dans le siècle suivant par la triple combinaison d'un commerce qui alimente ses finances, des finances qui soudoyent sa marine, et d'une marine qui a fait constamment, dans le siècle présent, de nouvelles conquêtes à son commerce et à ses finances. Des encouragemens, distribués avec intelligence, avaient déjà manifesté les progrès de cette nation dans l'art de lier les dispositions économiques et législatives à son système d'agrandissement; mais cet art devait se perfectionner au-delà de tout exemple : c'est ce que l'on va voir dans la seconde période de l'existence maritime de ce peuple, dont la réflexion s'applique sans cesse à chercher, dans des moyens auxiliaires, un rempart à sa faiblesse intrinsèque.

DEUXIÈME PÉRIODE. *De l'existence maritime et politique de la Grande-Bretagne, pendant le dix-huitième siècle.*

Notre but étant toujours l'instruction de nos concitoyens, nous adopterons, pour cette période, la même division que celle du chapitre précédent, afin de rendre les rapprochemens plus sensibles et plus lumineux.

Les principaux moyens employés par la Grande-Bretagne, pour *consolider, perfectionner* et *utiliser* sa puissance, se rapportent aux élémens qui constituent *sa force maritime*, et aux *dispositions négociatives ou diplomatiques.*

1°. *Moyens de forces maritimes.*

Les ramifications de cette première branche embrassent les cinq grandes guerres maritimes de ce siècle : 1ere. *époque, guerre maritime de la succession espagnole, terminée par la paix d'Utrecht en* 1713; 2e. *époque, guerre maritime de la succession autrichienne, terminée par la paix d'Aix-la-Chapelle, en* 1748 ; 3e. *époque, guerre maritime et coloniale de* 1756, *terminée par la paix de Paris, en* 1763; 4e. *époque, guerre maritime pour l'indépendance américaine, terminée par la paix de* 1783; 5. *époque, guerre maritime occasionnée par la révolution française.*

Première époque. *Guerre maritime de la succession espagnole, terminée par la paix d'Utrecht, en 1713.*

La dernière partie du dix-septième siècle avait été bien favorable au développement de l'esprit maritime en Angleterre. Charles II, conduit des marches du trône à l'école nautique des Hollandais, avant de reprendre, dans son pays, la souveraine puissance; l'avènement de Guillaume III à la couronne britannique, en même temps qu'il était le chef de la force navale des Provinces-Unies; des succès brillans obtenus par les flottes britanniques: toutes ces circonstances réunies étaient de puissans véhicules pour rallier tous les travaux d'une nation à conceptions fortes, vers la carrière maritime.

Le gouvernement parvenu une fois à assurer la sécurité des Anglais, par la création d'une force navale, devint maître des moyens d'exécution. Dèslors, il fut possible aux ministres des différens partis de former, à leur gré, des plans d'agrandissement, bien sûrs d'avoir de nombreux sectateurs, toutes les fois qu'ils présenteraient des appâts séduisans à l'ambition et à l'orgueil national. Dès lors, ils ne durent pas s'embarrasser de l'opposition qu'apporteraient à leurs desseins les autres puissances de l'Europe. Les ministres de la Grande-Bretagne furent bientôt convaincus, par leurs succès, de la justesse de ce mot d'un de leurs écrivains; que *toute puissance maritime peut insulter par-tout, impunément*.

Tous les partis qui se culbutèrent, tour-à-tour,

chez cette nation, dans le cours de ce siècle, furent fidèles à ce texte ; ils ne différèrent que dans l'application, c'est-à-dire, que chacun d'eux, afin de flatter, en différens temps, l'orgueil britannique, a prêché, successivement, la guerre contre la France et l'Espagne. Aussi est-il toujours arrivé que le parti qui aspirait à dominer l'autre, préconisait la paix, lorsque son adversaire tonnait à la tribune en faveur de la guerre. De là, nécessairement, la chûte du ministère, de quelque parti qu'il fût, lorsque les calamités ramenaient le peuple anglais à des sentimens plus pacifiques. Notre révolution sera peut-être la première exception, et il n'est pas de mon sujet d'en rechercher la cause, bien sentie, sans doute, par quiconque a suivi les phases de la révolution française.

« Une nouvelle guerre, plus sanglante et plus glo-
» rieuse encore que la précédente, dit un habile po-
» litique anglais, s'alluma en 1702, dès que la reine
» Anne fut sur le trône. La Grande-Bretagne arma
» contre la France, parce que celle-ci venait de re-
» connaître le prince de Galles pour roi d'Angle-
» terre, d'Écosse et d'Irlande. Ce fut là le motif avoué ;
» mais la raison secrète et réelle fut la haine que
» toute l'Europe portait à la hauteur de Louis XIV ».
Cet écrivain aurait pu ajouter, comme premier mobile, l'espérance que conçut la nation anglaise de prendre la meilleure part dans la riche succession coloniale du dernier roi d'Espagne.

Les succès maritimes de la guerre précédente,

avaient été brillans pour l'Angleterre, mais rien moins que lucratifs. On a vu, qu'en moins de vingt années de la dernière partie du dix-septième siècle, il avait été levé, sur la nation, huit milliards quatre cent dix-sept millions tournois. Sans doute une grande partie de cette somme, en tournant au profit des sectateurs des révolutions de 1650 et de 1688, avait vivifié les canaux de la circulation intérieure ; mais une grande portion aussi avait dû s'écouler vers l'étranger, pour solder l'achat des munitions navales, propres à alimenter des flottes nombreuses. Le besoin pressant était donc d'affaiblir les effets des nouvelles déperditions de l'*agent universel* du travail, et de se ménager encore, s'il était possible, des ressources, pour réparer, en temps de paix, les pertes de cette nature. Aussi, sous ce double rapport, le trait d'habileté de la cour de Londres, fut-il son traité de commerce de 1703 avec le Portugal. Au moyen de ce pacte, l'Angleterre *arrha*, pour ainsi dire, l'or du Brésil, et se forma une sorte de *liste civile* extérieure. En effet, ces fonds furent employés à maîtriser les cabinets des principales puissances continentales, et à attiser le feu de la discorde contre la France, afin de diviser ses moyens de défense. Par là, le gouvernement britannique parvint à réunir la *puissance navale*, la *puissance pécuniaire*, et la *puissance fédérale* ; triple lévier avec lequel elle devait menacer toutes les sociétés européennes, et tenir perpétuellement en échec leurs établissemens commerciaux, dans les quatre parties du globe.

La marine anglaise avait été laissée, par Guillaume III, dans un état très-florissant. Elle consistait en 282 bâtimens, dont 130 étaient des vaisseaux de ligne, depuis le premier rang jusqu'au quatrième inclusivement. Pour les armer tous, il fallait 10,469 pièces d'artillerie, et 61,119 hommes.

L'ascendant de Marlborough et de son épouse, dans le cabinet britannique, fit porter presque tous les plans de la guerre de la succession espagnole, sur les campagnes de terre. Il en résulta peut-être quelques préjudices pour la Grande-Bretagne, mais elle en retira aussi de très-grands avantages. On dira que les fonds distribués aux alliés et à l'armée de Marlborough, purent diminuer le déploiement des forces maritimes, de manière à ne pas protéger assez efficacement le commerce des Anglais. Cependant, cette divergence de moyens n'empêcha pas la ruine, presque totale, de la marine française, quoique soutenue par la marine d'Espagne, qui reçut elle-même de furieux échecs dans la Méditerranée et en Amérique. Mais ce qui dépose en faveur de ce nouveau système de *vénalité*, c'est qu'en distribuant de l'or, à pleines mains, aux puissances continentales, l'Angleterre obtenait sur elles une prépondérance qui devait les mettre à sa dévotion ; et, de plus, en berçant les Hollandais de l'éternelle chimère d'un traité de barrières, elle détournait leur attention des affaires maritimes.

A tous ces avantages, il faut joindre ceux qui lui furent assurés par la paix d'Utrecht. Gibraltar, dans la Méditerranée, satisfit la vanité plus encore que l'utilité nationale ; la démolition du port de Dunkerque fut un trophée pour le ressentiment des négocians anglais, ruinés par les armateurs de cette ville. Les bénéfices matériels, pour la Grande-Bretagne, consistèrent, d'un côté, dans les concessions qu'elle obtint à Terre-Neuve pour la pêche de la morue; concessions inappréciables, puisque, depuis cette époque, elle forme annuellement à cette rude école des milliers de matelots; d'un autre côté, dans la faveur d'un vaisseau négrier, autorisé par le traité de l'*Assiento*. Cette dernière clause légitima, et fit fructifier, presque sans aucuns risques pour les Anglais, leurs spéculations interlopes avec les riches colonies occidentales de l'Espagne.

La folie d'Albéroni mit de nouveau aux prises, en 1718 et 1719, les flottes anglaises et espagnoles. Il n'en résulta rien de remarquable que les avantages obtenus, auprès de Messine, par les Anglais, et la disgrace d'Albéroni, qui en fut la suite.

Deuxième époque. *Guerre maritime de la succession autrichienne, terminée par la paix d'Aix-la-Chapelle, en 1748.*

Cette guerre est ainsi appelée, parce que les prétentions de diverses puissances à la succession des états de la maison d'Autriche, en fournirent le prétexte ou le motif. La mort de Charles VI, au mois d'octobre 1740, fut le signal de la ligue qui se forma contre Marie-Thérèse, sa fille unique, dont l'Angleterre entreprit la défense.

Le principe des hostilités, par rapport à l'Espagne, remonte à l'année 1739. Il avait des causes particulières dans la cupidité des marchands anglais, qui faisaient sans cesse de nouvelles tentatives pour s'emparer du commerce des Espagnols sur les côtes du Mexique. Ceux-ci les avaient fort maltraités, et ces marchands réussirent à intéresser le peuple de Londres à leur vengeance. La manière dont se fit la rupture, dépose du progrès qu'avait fait l'esprit national, relativement aux entreprises maritimes, puisque le peuple anglais força le gouvernement, qui avait fait un traité le 10 janvier 1739, avec l'Espagne, de rompre ses engagemens, et de déclarer la guerre.

Les brillans et utiles succès qu'elle valut à l'Angleterre, ne furent pas propres à modérer pour l'avenir, les prétentions de ce peuple à l'empire des mers.

L'état dans lequel était alors la marine anglaise, prouve, dit l'auteur de sa puissance navale, combien peu Georges II avait envie de faire la guerre. Avant les premières négociations, on ne comptait dans tous les ports des trois royaumes, que 90 vaisseaux de ligne, dont près de la moitié était encore sur les chantiers, ou avait besoin de grandes réparations. Un petit nombre de frégates très-faibles et quelques corvettes achevaient de porter la totalité de ces forces navales à 209 voiles. Malgré ce défaut de grands moyens à développer, la joie fut inouie à Londres, lorsque la guerre fut déclarée.

Les premiers succès furent équivoques. Les anglais prirent à la vérité, en mars 1740, *Porto-bello;* mais l'amiral Vernon fut obligé de lever le siège de

Carthagène. Le résultat de la bataille navale de Toulon, livrée le 22 février 1744, fut la dispersion des flottes combinées d'Espagne et de France, le dommage de la flotte anglaise, et la liberté de la Méditerranée, pendant quelque temps.

Mais, de 1744 à 1748, les anglais eurent les succès les plus éclatans. C'est dans cette période que l'on vit triompher à Londres, au milieu des riches prises faites sur les espagnols, l'équipage de l'amiral Anson, de retour de son voyage autour du monde. La conquête de Louisbourg, principal établissement de la pêche française, et sur-tout la nouvelle de la bataille du Finistère, remportée sur la flotte de France, avec le spectacle de 22 charriots, chargés d'or et d'argent, remplirent d'une joie inexprimable, les habitans de Londres. Les anglais avaient en 1746 et 1747, cinq flottes sur toutes les mers; ils en établissaient une sixième. Ces flottes réunies, composaient 263 vaisseaux de guerre, montés par 40 mille matelots, indépendamment des corsaires et des vaisseaux de transport. Le seul échec qu'ils essuyèrent, fut la prise de Madrass par la Bourdonnais: vers ce temps-là, commença l'influence des anglais et des français dans les affaires domestiques de l'Inde. Un monument de l'audace de ces insulaires, s'est perpétué dans la sommation qu'ils firent au roi de Naples, de leur ouvrir son port, sous peine de voir bombarder sa capitale. Cet excès leur aliéna à jamais Charles II, qui, monté depuis sur le trône d'Espagne, voua à l'Angleterre, une inimitié éternelle. La paix se fit enfin en 1748, à Aix-la-Chapelle, avec précipitation, et de manière à préparer de nouvelles causes de rupture; le motif du différend de la Grande-Bretagne avec l'Espagne, qui était relatif au vaisseau négrier, ne fut même pas réglé par ce traité, mais seulement, en 1750, par celui de *Buen - Retiro*. Quant à la *France*, les limites des territoires respectifs de l'Acadie, cédée à l'Angleterre en 1713, et du Canada, encore possession française, ne furent pas déterminées dans le traité de 1748. Cette omission devint l'occasion de la troisième guerre maritime de ce siècle.

Troisième époque. *Guerre maritime et coloniale de 1756, terminée par la paix de Paris, en 1763.*

Ce qui semble justifier l'opinion que le cabinet de Londres avait fait des réticences volontaires dans le traité d'Aix-la-Chapelle, afin de respirer quelque temps avant de faire valoir de nouvelles prétentions, c'est la conduite qu'il tint postérieurement, jusqu'à sa déclaration de la guerre de 1756.

On a vu que l'esprit public était monté au plus haut dégré à Londres, par les succès de la dernière guerre. Le ministre fut attentif, dans l'intervalle de la paix, à perfectionner la marine britannique, pour lui préparer de nouveaux triomphes; et il faut avouer que la fortune sembla le disputer à la prévoyance dans la période que nous parcourons, pour élever sans mesure la gloire et la prospérité du peuple anglais.

Ses forces de mer, avant le commencement des

hostilités, montaient à 89 vaisseaux de ligne, dont 16 à 3 ponts, 32 bâtimens de 50 canons, 91 frégates, 67 corvettes, galiottes à bombes, brulots, etc.; en tout 279 vaisseaux. Les arsenaux regorgeaient d'approvisionnemens, et les chantiers étaient couverts de bois. Tout était en activité dans les ports, où les anciens bâtimens furent bientôt réparés, et onze nouveaux vaisseaux de ligne mis en construction. Plusieurs étaient déjà sortis pour croiser, et d'autres s'armaient, sans que la France pensât sérieusement à se défendre. Le cabinet de Versailles se laissait endormir par les négociations de celui de Londres; celui-ci donnait le change sur ses véritables desseins, en paraissant vouloir arranger à l'amiable, ses prétentions sur l'Acadie et les rives de l'Oyo, lorsque véritablement ses vues se portaient sur l'anéantissement absolu de notre marine, et la destruction de notre commerce. Les efforts de l'Angleterre furent proportionnés à un si vaste complot. Depuis le 22 avril 1755, jusqu'au 30 janvier 1756, six escadres sortirent des ports de l'Angleterre, et la déclaration de guerre de la part de la France, n'est que du 9 juin de cette dernière année.

Les succès de l'Angleterre devinrent la conséquence des habiles combinaisons de son gouvernement. La conquête du Canada et la prise de Louisbourg, point central de la pêche française, à Terre-neuve; celle de la Guadeloupe et de la Martinique; la possession de tous nos comptoirs d'Afrique; et *sur les espagnols* venus trop tard au secours de la France, la prise de *la Havanne* et *de Manille*, ainsi que de 12 vaisseaux de ligne dans le port de cette dernière ville ; tels furent les désastres qui signalèrent les plus grands triomphes que jamais peuple maritime ait obtenu sur ses rivaux. Les forces navales de la France furent anéanties, et celles d'Espagne considérablement endommagées. Ajoutons que les anglais, sous le lord Clive, acquéraient dans l'Inde de riches et immenses territoires, se servaient de la terreur pour établir leur domination dans l'empire du Mogol, ruinaient, par la prise de Pondichéry, les établissemens français, et couvraient sans obstacle, la mer dans toutes les parties du globe, de leurs flottes militaires et commerciales. L'esprit national avait reçu un puissant aiguillon, par le sacrifice que la politique avait cru devoir faire de l'amiral Byng, qui fut condamné à mort, pour n'avoir pas empêché la prise de Minorque.

Par le traité de paix de 1763, non-seulement l'Angleterre conserva l'Acadie et le Canada, ainsi que Louisbourg : mais elle obtint encore, des espagnols, la cession de la Floride ; elle réduisit à quelques faibles abris de pêcheurs, la pêche française, autrefois si florissante à Terre-Neuve. En Afrique, elle conserva nos possessions sur le Sénégal, à l'exception de Gorée. La France recouvra Pondichéry, sous la condition d'être exclue de tous les établissemens sur le Gange; mais elle fut obligée de démolir toutes les fortifications de Dunkerque, du côté de la mer. Enfin, l'orgueil et la cupidité de la Grande-Bretagne, ne pouvaient plus rien souhaiter ; et tant de succès, ainsi qu'on va le voir, devinrent en effet le terme de l'accroissement de sa fortune coloniale.

Quatrième époque. *Guerre maritime pour l'indépendance américaine, terminée par la paix de 1783.*

L'Angleterre était à peine en possession d'un vaste territoire, en Amérique, que des semences de division germèrent dans ses colonies continentales. Des hommes publics, des écrivains judicieux se réunirent pour prouver que ces acquisitions seraient bientôt fatales à la puissance de la Grande-Bretagne. On s'accordait à penser que le Canada, une fois sous sa dépendance, les habitans ne seraient plus, pour les colonies anglaises, des voisins redoutables ; et cette sécurité devait relâcher le lien formé depuis un siècle, entre ces colonies et leur métropole, par le besoin d'une mutuelle défense contre les français.

On a vu, dans la première période de cette analyse, que la promulgation de l'acte de navigation avait jetté des semences de mécontentement dans ces colonies, dont les intérêts commerciaux se trouvaient subordonnés à ceux de la mère-patrie. Leur prospérité mutuelle pendant un siècle, n'avait fait que multiplier leurs différends, sur-tout par rapport à la législation commerciale, dont toutes les combinaisons consistaient, à quelques exceptions près, à réserver à l'Angleterre, le monopole des productions coloniales, et la vente exclusive des produits des manufactures britanniques. Le moment parut se présenter en 1764, pour les colonies, de rompre avec l'Angleterre, l'Angleterre, à l'occasion de l'acte du timbre; mais cet acte ayant été révoqué, le mécontentement fut contenu jusqu'en 1767, que des impôts établis principalement sur le thé, donnèrent lieu à de nouveaux griefs. Le gouvernement anglais ayant temporisé jusqu'en 1774, rompit alors lui-même ouvertement, en fermant le port de Boston; les hostilités commencèrent entre les États-Unis et la Grande-Bretagne.

Cette querelle coloniale ne devint une guerre maritime en Europe, qu'en 1778, après que la France eut reconnu l'indépendance des insurgés. La Hollande et l'Espagne se liguèrent ensuite avec la France, pour déterminer la liberté des États-Unis d'Amérique.

L'Angleterre, seule contre les trois premières puissances maritimes, eut besoin de déployer des efforts extraordinaires. Aussi, *Chalmers*, auteur anglais, remarque « que le tonnage de la marine royale était, en 1774, de 276,446 tonneaux, mais que plusieurs vaisseaux, au moment du besoin, se trouvèrent hors d'état de service. Dans les six années de guerre de 1775 à 1781, elle ajouta à cette marine 314 vaisseaux, 8,888 canons, et 146,654 tonneaux.

Depuis la guerre de la révolution de 1688, l'Angleterre n'avait pu ajouter à sa force navale, que 11,368 tonneaux; et au milieu même de sa lutte contre les colonies, la Grande-Bretagne construisit et équipa une marine supérieure à celle qu'avaient eue le roi Guillaume, la reine Anne, et même Georges Ier.

Les accidens ordinaires de la navigation, et la bonne fortune de ses ennemis, lui firent perdre plusieurs vaisseaux. Cependant, en janvier 1783, dans cette même année où le parlement avait voté 110,000 hommes pour le service de mer, la flotte était de 393 vaisseaux, montés par 104,978 hommes. (*) Telle était la force navale avec laquelle la Grande-Bretagne parvint, après de rudes combats, à l'emporter sur les flottes réunies de la France, de l'Espagne et de la Hollande. Les armateurs de Liverpool mirent en mer plus de vaisseaux que toutes les colonies révoltées n'auraient pu en équiper.

Cette lutte, pour ainsi dire, miraculeuse, de la seule force navale de l'Angleterre, contre celle des trois premières puissances maritimes de l'Europe, est d'autant plus à remarquer, que la Grande-Bretagne, assiégée par tant d'ennemis, se trouvait non-seulement privée de secours coloniaux et continentaux, comme dans les guerres précédentes, mais

---

(*) Voici quelle en était la division.

109 { 20 vaisseaux de.... 80 à 108 can., por^t. 15,372 homm.
      44 ....de.... 74 26,112
      45 ....de.... 60 à 68 24,320

18 ....de.... 50 5,468
64 frég. au-dessus de 30 13,765
51   au-dessous de 30 8,581
101 sloops de....... 18 et au-dessous.. 11,360
15 brûlots ou galiotes à bombes ......
26 vaisseaux armés, loués au commerce.

393 montés par.................. 104,978

qu'elle avait même à combattre, en Amérique, les mêmes forces qu'elle avait eues, dans tout le cours du siècle, comme auxiliaires.

Les milices, les matelots, les bois de construction, les mâtures, le fer, le cuivre, le chanvre, le goudron, etc. ressources qu'offraient jadis à leur métropole, les États-Unis, manquèrent alors aux armemens de l'Angleterre; et, pour donner quelque idée du préjudice qui devait en résulter pour sa marine, on observera que le commerce anglais, en Amérique, avant les troubles, alimentait seul 83,900 matelots; que dans la guerre de 1756, les Anglo-Américains mirent sur pied 25,000 hommes de milice, pour seconder les entreprises de l'Angleterre; et que les seules provinces septentrionales, connues sous la dénomination générale de *Nouvelle-Angleterre*, fournirent, à la même époque, 35,000 matelots. Il fallut donc que le gouvernement britannique déployât dans la guerre de l'indépendance américaine, des ressources extraordinaires, pour suppléer ses énormes pertes dans les élémens de sa force maritime. On peut juger des efforts que firent les négocians de la métropole, par l'exemple de ceux de Liverpool, qui armèrent, depuis le 26 août 1778, jusqu'au 17 avril 1779, cent vingt vaisseaux pour la course, de 10 à 30 canons, dont la plupart de 14 à 20. Ils portaient ensemble 30,787 tonneaux, 1,986 canons, et 8,764 hommes d'équipage.

Enfin l'Angleterre, lassée moins qu'exténuée, consentit, en 1783, à la paix, et reconnut l'indépendance américaine. Elle dut alors s'occuper de retrouver, dans l'adoption de nouveaux plans de commerce et de navigation, les moyens de réparer les pertes qu'elle venait de sanctionner à jamais, en plaçant, quoiqu'à regret, les treize États-Unis sur la même ligne que les sociétés européennes.

Le ministère britannique se livrait, depuis six ans, à toutes sortes de combinaisons commerciales, lorsque la révolution française commanda son attention sur un des phénomènes politiques le plus étonnant par ses principes, ses effets, ses moyens, et le plus dangereux, pour l'empire britannique, par ses conséquences.

Cinquième époque. *Guerre maritime, occasionnée par la révolution française.*

Nous sommes tous témoins que, dans le cours de la guerre présente, le champ de bataille maritime est constamment demeuré à l'Angleterre, et par l'effet de la tourmente révolutionnaire, qui nous a fait dépasser le but au lieu de l'atteindre; et par l'infidélité de l'Espagne et de la Hollande à leurs propres intérêts; et par l'indolence des puissances secondaires à s'unir, pour faire respecter leur neutralité; enfin, par la politique même du ministère anglais, qui, depuis les hostilités commencées, pour prévenir toutes tentatives de la France sur les côtes de la Grande-Bretagne, a déployé une force maritime militaire, jusqu'alors inconnue.

La force maritime anglaise s'élevait, au mois de décembre 1796, à 661 navires, dont 171 vaisseaux

ET POLITIQUE. 325

de ligne; 24 de 50 canons; 210 frég. et 256 sloops (*).

(*) Voici les détails insérés dans le Moniteur du 7 nivôse, an 5ᵉ. (27 décembre 1796, v. st.)
Londres, le 12 *décembre*. — On vient de publier l'état suivant des forces navales de l'Angleterre.

	VAISSEAUX		FRÉGATES.	SLOOPS.	TOTAL.
	DE LIGNE.	DE 50 CAN.			
Dans le port et en armement..........	52	5	38	87	162
Pour la garde, l'hôpital et les prisons ..	13	3	3		19
Dans le canal d'Angleterre et dans celui d'Irlande.........	11		30	33	74
Dans les Dunes et les mers du Nord...	10		13	20	43
Dans les iles des Indes occidentales et au passage.........	17	2	25	22	66
A la Jamaïque ...	4	1	5	6	16
En Amérique et à Terre-Neuve.....	1	1	11	9	22
Aux Indes occidentales et au passage ..	10	3	11	7	31
A la côte d'Afrique.			1		1
A la côte de Portugal, à Gibraltar et dans la Méditerranée ...	23	1	34	17	75
Total en commission	121	16	171	201	509
Et en y comprenant les autres bâtimens en radoub, en construction, etc., le total est de	171	24	210	256	661
L'état de l'ordinaire dans chaque port, est:					
A Portsmouth ...	14	2	13	21	50
Plymouth......	9	1	7	8	25
Chatham......	6	2	2	1	11
Sheerness......			4	6	10
La Rivière.....			4	17	21
TOTAL.....	29	5	30	53	117

Depuis le commencement de cette guerre, jusqu'au 31 mars dernier, les Anglais ont pris aux Français 153 vaisseaux, parmi lesquels 27 de ligne, et pas un au-dessous de 74 canons. Les Français ont pris aux Anglais 44 vaisseaux de guerre, parmi lesquels cinq de ligne.

Maintenant que nous avons parcouru toutes les époques, qui devinrent l'occasion du développement de la puissance maritime britannique, rapprochons les élémens comparatifs du progrès de cette puissance, avant et depuis ce siècle.

Pendant le 17ᵉ. siècle.

A la mort d'Élisabeth (1604) — 42 bâtim. (Aucun n'entrerait aujourd'hui en ligne.)
A la mort de Cromwel (1660) — 160 bâtim. (De ligne, inconnu.)

Pendant le 18ᵉ. siècle.

A la mort de Guillaume (1702) — 282 bât., dont 130 de ligne.
Guerre de 1739............ — 263   90
——— de 1756............ — 279   89
——— de 1775............ — 393   109
Guerre présente .... — 661   171

Quelles vérités accablantes, pour l'Europe, naissent de ces rapprochemens! Depuis moins de deux siècles, la force maritime anglaise est devenue près de seize fois plus considérable, malgré sa triple lutte contre l'Espagne, la Hollande et la France. Jamais elle n'a déployé autant de moyens que dans la guerre présente ; et cependant elle n'a eu à y combattre, et bien faiblement, que la force maritime de la France, absolument nulle. La raison de cet accroissement est qu'un double objet a occupé éminemment le cabinet britannique : la nécessité de faire des conquêtes coloniales, pour nationaliser cette guerre par des profits; et l'obligation de mettre en sûreté les côtes, afin de bannir de l'esprit des habitans toute crainte contre les tentatives de descente de la part des Français, qui, à une certaine époque, menaçaient d'inonder l'Europe entière. Les sacrifices d'aucun genre n'ont coûté aux propriétaires et aux citoyens industrieux, qui forment la saine majorité du peuple anglais, pour se garantir de ce dernier fléau révolutionnaire, qui n'était plus ni une réforme ni un changement dans le gouvernement, mais une véritable désorganisation sociale.

Au surplus, les bénéfices de la nation anglaise ont été immenses dans cette nouvelle lutte, non-seulement par l'effet de nos pertes, mais au moyen de la substitution faite par ses négociations, de ses marchandises, dans les marchés approvisionnés antérieurement par le commerce français.

A ce tableau comparatif de la force maritime anglaise, il faut ajouter le parallèle suivant de ses accroissemens de prospérité, depuis ce siècle.

Tonnage marchand. { Commenc. du 18ᵉ. siècle. 261,222 tonneaux, (1701) et 16,591 hom. de mer. Fin du 18ᵉ. siècle. (1794) 1,589,162 tonneaux, et 119,194 hom. de mer.

Exportations { .... 2,236,627 livres sterl. .... 27,270,000 liv. sterlings

Population.. { Commenc. du 18ᵉ. sièc.   7,000,000 individus.
              { Fin du 18ᵉ. siècle 8,000,000   au moins.

Dette   { .... 14,000,000 liv. sterlings.
publique.   { ....360,228,020 l. ster. au 1ᵉʳ
                                                jan. 1796.

Impôt ordin. { .... 4,516,000 liv. sterlings.
et levée   {
de guerre.   { .... 28,279,000 liv. sterlings.

Les forces maritimes de l'Angleterre, à la fin de 1788, étaient estimées, suivant un tableau publié en 1789, à 118 vaisseaux de ligne, depuis 100 canons jusqu'à 60 ; 69 frégates de 44 à 32 canons ; 64 autres bâtimens de toute grandeur, tant cutters, sloops, brûlots, etc. le tout armé de 11 à 12,000 canons, et monté du nombre possible de plus de cent mille matelots.

Bien avant la fin du dix-septième siècle, des écrivains anglais, secondant le parti de *l'opposition*, sonnaient le tocsin de la détresse sur les opérations du gouvernement. La dette publique, sur-tout, fondée sur son système d'emprunt, a fait, depuis qu'elle existe, la terreur des calculateurs politiques. Qu'est-il résulté de cet esprit de critique et de contradiction ? une plus grande ardeur pour conquérir et s'enrichir. On peut se rappeler quel fut le succès de ce déploiement des forces de l'Angleterre, qui furent constituées permanentes, au moyen des bénéfices assurés qu'elle se procura, dans ce siècle, par le monopole du commerce du Portugal, par la possession de Gibraltar, clef de la Méditerranée ; par l'étendue de sa pêche à Terre-Neuve, par l'interlope dans les colonies espagnoles, en vertu du traité de l'*Assiento* ; par l'acquisition du commerce des pelleteries du Canada et de la Floride ; enfin, par sa domination dans l'Inde, qui lui a ouvert les trésors du Mogol. Quant à la séparation de ses colonies occidentales, en résultat, l'Angleterre a été allégée des frais de garde et d'administration ; et son commerce est aussi étendu qu'avant leur scission : seulement il s'est exercé sur de nouvelles combinaisons. Cette richesse s'est accrue, dans la guerre présente, par les approvisionnemens de l'Angleterre, au-delà de toute proportion et de toute expression, tant en Espagne, qu'en Allemagne et en Italie. En versant les produits de ses manufactures, sans égard aux besoins du moment, le spéculateur anglais a pour but d'écarter, par l'abondance et le bas prix, la concurrence française, au moment où la paix sera rétablie, et de se conserver à jamais, par ce manège, ses conquêtes commerciales.

Combien donc sont chimériques toutes prédictions qui tendent à montrer la ruine de l'Angleterre, spécialement dans l'énormité de sa dette publique ! Les tableaux précédens indiquent suffisamment l'influence de cette dette sur la prospérité britannique. Ce ne sont pas les emprunts qui ruinent tout particulier ou tout état emprunteur : c'est la mauvaise combinaison ou le mauvais emploi des capitaux empruntés. Vouloir affirmer la ruine prochaine de l'Angleterre, par une progression arithmétique, c'est prédire la fin du monde, parce que tous les êtres existans sont soumis à la loi de la destruction. Loin que le système d'emprunt, par l'impôt, adopté par la nation anglaise depuis un siècle, soit un principe de destruction pour elle, ce système est essentiellement celui de sa vigueur, le complément et le lien de ses forces actives et productives; c'est l'immense levier à l'aide duquel elle a conquis sa propre sûreté, et le commerce du globe, avec le moins de sacrifices possibles de sa population.

En effet, malgré les émigrations et les dégradations qu'occasionnent, dans l'espèce humaine, les voyages, les conquêtes, le commerce lointain, on voit que la population anglaise a augmenté d'un huitième, dans ce siècle. Un fait encore plus remarquable, pour détruire toute exagération sur l'influence de la dette publique anglaise, relativement à la durée de sa prospérité; c'est que le capital de cette dette est aujourd'hui de huit milliards six cent quarante millions, dont les intérêts seuls, à trois pour cent de ce capital, équivalent à deux cent cinquante-neuf millions deux cent mille livres, lesquels intérêts seront levés forcément, chaque année, par l'impôt, sur toute la nation anglaise. Il faudra alors vingt années avant que d'avoir levé une somme de cinq milliards cent quatre-vingt-quatre millions tournois; tandis qu'en moins d'une semblable période, sous Cromwel et Guillaume, époque à laquelle le système des emprunts, ou n'était pas connu, ou n'offrait pas de grandes ressources, on leva huit milliards quatre cent dix-sept millions. Cependant l'Angleterre a toujours marché depuis, avec constance et audace, vers la prospérité. D'ailleurs, l'énormité de la dette anglaise porte en soi son remède, dans la réduction des intérêts, opérée déjà, à plusieurs périodes de ce siècle, sans violence; système de réduction qu'on peut encore perfectionner par de nouvelles combinaisons : et le subside payé à l'Autriche en produits des manufactures anglaises, est un exemple de ces innovations ingénieuses dont est capable l'esprit national. Cette dette publique est une affaire de famille qui se réglera toujours à l'amiable par le peuple anglais, tant qu'il en verra les conséquences avantageuses pour son commerce et sa puissance maritime. L'exemple de la France pourra lui être de quelque utilité pour cette réforme ; les *liquidations*, par émission de papiers, ne seront pas négligées, parce que ces remèdes opèrent par revirement, et sinon sans violence, au moins sans secousse, sur l'ensemble du corps social. Notre expérience prouve que de grands désordres dans les finances, non-seulement n'amènent pas cette désorganisation sociale, mais peuvent même s'allier avec tout système de puissance et de gloire extérieure. Est-ce seulement le gouvernement actuel que l'on désire voir renverser sous le poids de cette dette? Mais le gouvernement qui lui succéderait recevrait la mission expresse, sous peine de mort, de continuer à soutenir les heureuses destinées de l'Angleterre. Qu'a gagné l'Europe au protectorat de Cromwel; à la restauration de Charles II ; à l'avénement de Guillaume et à l'élévation de la maison d'Hanovre ? des fers ! des fers ! et toujours des fers dans la carrière maritime.

Au surplus, nos remarques n'ont pas pour objet d'encourager les larcins politiques que fait le peuple anglais au commerce et à la marine des autres nations, mais de prouver qu'on ne ruinera pas sa domination, uniquement avec des chiffres. Il ne faut pas perdre de vue que « *la conséquence de cette* » *analyse est de montrer à l'Europe la marine an-* » *glaise comme un colosse menaçant et redoutable,* » *par sa propre force, qui, même sans secours* » *continentaux, peut triompher de toute confédé-* » *ration maritime, si haine éternelle à sa tyran-* » *nie n'est unanimement jurée par toutes les na-* » *tions intéressés à la liberté des mers* ».

Nous allons démontrer que cette force maritime ne reçoit pas moins d'énergie et de consistance des moyens de négociation.

L'activité, l'industrie des Anglais, soit dans l'intérieur de leur île, soit à l'extérieur, pour animer leur population, et accroître leurs moyens de puissance; l'accord des volontés particulières avec la volonté générale, pour la sûreté et la splendeur de la nation; cette réunion du bonheur et des talens forme un spectacle dont aucun peuple n'avait donné jusqu'à présent, l'exemple à un si haut degré. Ce merveilleux concours des conceptions industrielles et des combinaisons politiques, représentera les Anglais, à la postérité, comme *les castors*, pour ainsi dire, de l'espèce humaine : puissent-ils ne pas figurer dans les fastes de l'histoire de nos mœurs, comme des lions disputant éternellement de proie avec les autres Européens, et comme des tigres acharnés au malheur des Africains et des Asiatiques!

Cette politique léonine, manifestée constamment par les négociations de l'Angleterre, déjà développées dans le chapitre particulier à chaque puissance, et que nous allons résumer, a dû rendre son gouvernement un objet de crainte et d'animosité pour les autres nations européennes ; sentimens qui peuvent un jour lui devenir funestes.

Depuis la division des vastes états de la domination autrichienne, entre les deux branches *allemande* et *espagnole*, l'Europe s'était vue soulagée du poids énorme de ce colosse de puissance, sur terre comme sur mer. Quelle qu'eût été la terreur inspirée par les armées, si long-temps victorieuses, de Louis XIV, les progrès faits en Europe, au dix-septième siècle, dans la carrière de la navigation, devenaient un obstacle de plus à son ambition; et cette circonstance devait rassurer toutes les puissances du second ordre. Un nouveau champ de bataille s'était, en quelque sorte, ouvert sur mer : il était demeuré successivement aux Portugais, aux Espagnols, aux Hollandais et aux Français. Enfin, l'Anglais, triomphateur de tous, annonçait à l'Europe, pour le dix-huitième siècle, un nouveau peuple dominateur, sous les lois impérieuses d'un commerce conquérant et monopoleur.

L'Espagne, dont la riche succession, dans les diverses parties du globe, devenait alors vacante, fut la première puissance qui s'offrit aux combinaisons de cette politique dévorante de la Grande-Bretagne.

Dès le milieu du siècle précédent, un éternel sujet de discorde subsistait entre les deux cabinets de Londres et de Madrid, pour l'exploitation des bois de Campêche, dans la baie de ce nom, en Amérique. Les démêlés ne firent que prendre de l'extension, par les concessions faites à l'Angleterre par l'Espagne, à la paix d'Utrecht. La contrebande, exercée par le vaisseau privilégié pour la traite des noirs, fut la cause qui ensanglanta les deux mondes, dans la guerre de 1739, jusqu'à la paix d'Aix-la-Chapelle, en 1748. Cet interlope subsista jusqu'en 1750, que la convention de *Buen-Retiro* y substitua une modération de droits sur les marchandises anglaises, destinées pour les Indes occidentales espagnoles. Dèslors, on dut croire au rétablissement de la concorde entre les deux peuples; mais de nouvelles prétentions, élevées sur des établissemens anglais dans la baie d'Honduras, déterminèrent la rupture de l'Espagne en 1760. La paix de 1763 fut suivie en 1771, d'une convention, relative aux îles Falkland. La guerre de l'indépendance américaine produisit une lutte nouvelle entre les deux puissances; elle fut terminée par la paix de 1783; et enfin, la médiation de la France amena, en 1790, une convention, particulière aux *îles Mosquitos*, au moment où la guerre était prête d'éclater.

Ce précis récapitule la conduite de l'Angleterre, et la présente dans son vrai jour. La richesse coloniale espagnole est le point auquel on la voit tendre, dans toute sa politique du dix-huitième siècle; *en paix*, elle dépouille le commerce de cette nation, par l'interlope; *en guerre*, elle pille ses riches cargaisons d'Amérique, et en compose des trophées, dont le spectacle bruyant anime le peuple de Londres à de nouvelles rapines : le gouvernement en retire d'immenses ressources, pour consolider sa puissance navale, et menacer perpétuellement, avec une audacieuse impunité, la liberté des mers.

Le Portugal : son traité de Methuen y a fondé, dès 1703, une liste civile à la marine de l'Angleterre, payable avec l'or du Brésil; c'est principalement cet or qui a placé, au dix-huitième siècle, la Grande-Bretagne au rang des premières nations de l'Europe, en lui procurant la puissance pécuniaire, avec laquelle elle achète des troupes et ses alliances sur le continent. « Quinze cents millions, pompés en
» 50 ans, disait le marquis de Pombal, en 1760, au
» cabinet de Londres, vous ont mis à portée de sti-
» pendier des forces de mer et de terre, lorsqu'an-
» térieurement vous n'aviez pas de quoi équiper
» vingt vaisseaux de guerre, et entretenir six ré-
» gimens ».

Les Puissances continentales, telles que les maisons d'Autriche et de Savoie, et plusieurs princes allemands, marchent à la voix sonore de l'Anglais, pour harceler les grandes puissances maritimes, qui pourraient écraser de leur masse ces ambitieux insulaires. Mais les triomphes des armées républicaines à la fin de ce siècle, présagent que dans le dix-neuvième, et peut-être avant, tous ces auxiliaires soldés se refuseront, même pour leur propre intérêt, à une politique aussi machiavélique.

L'Italie a une existence maritime nulle dans les états de *Toscane*, de *Gênes* et de *l'État ecclésiastique*. La marine de Venise languit sans aucune direction politique; et celle de Naples, à peine sortie des eaux, n'a pas encore pris l'attitude qui paraît lui convenir, à raison de la force intrinsèque de cet état.

Les puissances Barbaresques sont propices à celles des nations européennes qui alimentent le mieux leur brigandage maritime, et l'Angleterre sent parfaitement la convenance de reporter une partie de ses trésors vers la source où elle les a puisés.

L'empire Ottoman, sous l'influence redoutable d'un ennemi qui l'obsède par mer et par terre, ménage la Grande-Bretagne qui maîtrise l'Océan et la Méditerranée.

La Hollande et les villes anséatiques ont été, dans ce siècle, les comptoirs auxiliaires de l'Angleterre; et c'est très-accidentellement, et presque à regret, que les Provinces-Unies se sont trouvées armées, à certaines époques, contre le despotisme maritime de cette nation.

La Prusse a une indépendance plus réelle, à raison de son voisinage des états d'Hanovre, et de son

défaut

défaut de forces navales; mais elle en profite pour son propre compte, et pour arrondir ses possessions.

Le Danemarck et la Suède, si leur désunion ne les faisait marcher en sens inverse de leur propre intérêt, seraient un contre-poids décisif, dans les mers du nord, contre le colosse de la puissance maritime anglaise. A la source des munitions navales, dont elles sont en grande partie propriétaires, maîtresses des ports de la Baltique, ces deux puissances paralyseraient, à volonté, les flottes britanniques, si leurs tentatives étaient combinées avec les forces réunies de la France, de l'Espagne et de la Hollande; et avec des armemens en course, dirigés en Amérique par les habitans des États-Unis, contre le commerce colonial de la Grande-Bretagne.

La navigation des Danois et des Suédois prendrait une grande extension, si les Anglais étaient contenus dans leurs usurpations, et cessaient de pouvoir, contre tout droit des gens, troubler la navigation des bâtimens neutres, ainsi que le gouvernement britannique le fait dans la guerre présente, avec une audace qu'il faudra bien enfin réprimer : car, si ces procédés sont réellement intolérables, les peuples qui peuvent y mettre obstacle, doivent enfin sentir combien leur patience les déshonore, à moins qu'ils n'ajournent le jour des vengeances, pour mieux assurer le châtiment d'un ennemi, qui provoque sans cesse une guerre *à mort* entre les nations.

En faisant ainsi le tour de l'Europe, on apperçoit trois puissances maritimes, occupant le devant de la scène ; l'Angleterre et la France dans l'occident, et la Russie seule dans le nord. Les intérêts des autres nations qui sont navigatrices et propriétaires de colonies, se confondent avec ceux de la France. L'Espagne, la Hollande, le Danemarck et la Suède, peuvent, réunies à la France, opposer 260 vaisseaux de ligne, à la tyrannie britannique. Celle-ci, de son côté, possède aujourd'hui 170 vaisseaux de ligne, et peut avoir pour auxiliaires, par la conformité de vues avec la Russie, 70 autres vaisseaux de ligne, à la vérité sans matelots suffisans de la part de cette dernière puissance ; ce qui compose à toutes deux une force collective de 240 vaisseaux : force vraiment prodigieuse, puisqu'elle réunit presque les moyens maritimes de cinq autres nations. Les trop faibles puissances d'Italie, l'insouciante Venise et le Portugal, qui ne possèdent en commun qu'à peine 40 vaisseaux de ligne, sont destinés à rester neutres dans une pareille lutte. L'empire ottoman avec ses 30 vaisseaux de ligne, pourrait faire une diversion utile contre la Russie. Ainsi :

POUR L'ÉGALITÉ MARITIME.

	vaisseaux de ligne.	canons.	matelots.
La France, l'Espagne, la Hollande, le Danemarck, la Suède et l'empire Ottoman..	290	35,000	200,000

POUR LA SUPRÉMATIE DES MERS.

L'Angleterre, le Portugal, la Russie......	270	23,000	140,000

COMME SPECTATEURS NEUTRES.

Naples, Venise, etc.	40	2,000	30,000

C'est donc de 600 vaisseaux de ligne, armés de 60,000 pièces de canons, montés par 370,000 matelots, et distribués en trois grandes escadres *défensives*, *offensives* et *contemplatives*, que se compose la force maritime des Européens, à la fin du dix-huitième siècle. Dans une lutte générale, le plus grand obstacle qu'auraient à vaincre les puissances belligérantes, serait de se procurer des munitions navales et des matelots. Cette difficulté serait bien plus sensible pour l'Angleterre, ayant à combattre d'une part, le Danemarck et la Suède, qui ont les clefs des magasins du Nord, et d'autre part, se trouvant brouillée avec les États-Unis, qui pourvoiraient de ces mêmes munitions, la France, l'Espagne et la Hollande. D'un autre côté, la pénurie de marins se ferait sentir bien plus vivement encore pour les Anglais, dans une coalition maritime, si les États-Unis prenaient des mesures sévères pour qu'ils n'enrôlassent pas de force ou par adresse, comme dans la guerre présente, les matelots américains. Enfin, toutes les puissances restées neutres, et celles non susceptibles d'être armées pour entrer en lice, seraient portées, par la nature de la cause qui coaliserait les grandes puissances maritimes contre la Grande-Bretagne, à seconder de leur argent, de leurs matelots, et de tous autres moyens actifs, celles des parties belligérantes, qui combattraient pour la liberté des mers, et pour assurer à chacune la jouissance des avantages naturels, dont leur position les rend susceptibles.

Certes ! lorsque, sous le nom de Hanse anséatique, d'industrieux et timides marchands de la mer d'Allemagne, se fédérèrent au treizième siècle, au milieu de l'enthousiasme désorganisateur des croisades, au sein des fureurs anarchiques du vaste empire germanique, et en désespoir des pirateries des barbares du Nord ; ni leurs motifs n'étaient si justes et si pressans, ni leurs succès ne pouvaient leur promettre autant de gloire qu'en retirerait l'union maritime des européens contre les tyrans de leur commerce. Cependant cette Hanse teutonique, si frêle dans son origine, non-seulement parvint par sa sagesse et son courage, à se soustraire aux désordres des temps : mais elle obtint encore une telle considération politique, que plus de 80 villes entrèrent successivement dans cette fédération, et que de puissans potentats, jadis les fléaux de son commerce, sollicitèrent ensuite son alliance et sa protection.

Quoi ! ce faisceau de forces et d'indépendance, produit au treizième siècle, par quelques armateurs de Hambourg et de Lubeck, ne pourrait-il donc pas être renouvellé à la fin du dix-huitième siècle, par la ligue de républiques puissantes avec des royaumes opulens et belliqueux ? Leur union combinée serait le seul moyen de réprimer avec énergie les entreprises téméraires d'un gouvernement, qui, au milieu de tant de sociétés industrieuses, veut à force d'usurpations, tout produire, tout manufacturer, tout conquérir, et demeurer en définitif le seul importateur, le seul exportateur, l'unique navigateur.

Une semblable ligue maritime serait menaçante pour l'Angleterre, qui aurait à redouter en même-temps l'activité des courses sur ses bâtimens de commerce, les révoltes en Irlande, des descentes sur ses côtes, l'abandon du Portugal, et dès-lors, son appauvrissement de matières métalliques, la défection de ses colonies en Amérique, la ruine de ses pêcheries à Terre-Neuve, des révolutions dans l'Inde, le désordre dans ses finances, et tout à la fois, l'ébranlement de sa machine politique dans tous ses élémens constitutifs, comme dans ses parties de prospérité factice. N'est-ce pas là le sort funeste que prépare bientôt à la Grande-Bretagne, son gouvernement, lorsqu'il persiste à montrer à l'Europe, ainsi qu'il l'a fait dans tout le cours du dix-huitième siècle, « *LA MARINE ANGLAISE, COMME UN COLOSSE MENAÇANT ET REDOUTABLE PAR SA PROPRE FORCE, QUI, MÊME SANS SECOURS CONTINENTAUX, PEUT TRIOMPHER DE TOUTE CONFÉDÉRATION MARITIME, SI HAINE ÉTERNELLE A SA TYRANNIE, N'EST UNANIMEMENT JURÉE PAR TOUTES LES NATIONS INTÉRESSÉES A LA LIBERTÉ DES MERS* ».

F I N.

TABLE
DES CHAPITRES.

Chap. Ier. *L'Espagne.* page 1.
Chap. II. *Le Portugal.* 24.
Chap. III. *Les États du roi de Sardaigne.* 47.
Chap. IV. *Le Duché de Toscane.* 51.
Chap. V. *Le Royaume de Naples.* 54.
Chap. VI. *L'État ecclésiastique.* 64.
Chap. VII. *La République de Génes.* 70.
Chap. VIII. *La République de Venise.* 74.
Chap. IX. *L'Empire Ottoman.* 81.
Chap. X. *Les Nations Barbaresques.* 98.
Chap. XI. *La Hollande.* 111.
Chap. XII. *La Maison d'Autriche.* 132.
Chap. XIII. *Les villes anséatiques de Hambourg, Lubeck, Bremen, Dantzick et Rostock.* 146.
Chap. XIV. *La Prusse et États en dépendans.* 159.
Chap. XV. *Le Danemarck.* 179.
Chap. XVI. *La Suède.* 188.
Chap. XVII. *La Russie.* 198.
Chap. XVIII. *Les États-Unis de l'Amérique.* 232.
Chap. XIX. *La France.* 246.
Chap. XX. *L'Angleterre.* 289.

Principaux ouvrages qui ont concouru à la composition du SYSTÈME MARITIME ET POLITIQUE DES EUROPÉENS.

Encyclopédie méthodique, partie de l'Économie politique et diplomatique.

Histoire philosophique et politique des établissemens et du commerce des Européens, dans les deux Indes.

Conjectures raisonnées sur la situation actuelle du système politique de l'Europe, par Favier. (1793)

Nouveau voyage en Espagne, ou Tableau de l'état actuel de cette monarchie. (1788)

L'administration du marquis de Pombal, secrétaire d'état et premier ministre du roi de Portugal, Joseph Ier. (1788)

Mémoires secrets et critiques des cours, des gouvernemens et des mœurs des principaux états d'Italie, par Joseph Gorani, citoyen français. (1793.)

Tableau politique, religieux et moral de Rome, et des états ecclésiastiques, par Maurice Levêque. (1791.)

État moral, physique et politique de la maison de Savoie.(1791)

Révolutions de l'empire Ottoman, par Chénier, ancien consul-général à Maroc. (1789.)

La richesse de la Hollande, où l'on expose l'origine du commerce et de la puissance des Hollandais.

Doutes sur la liberté de l'Escault, réclamée par l'empereur; par Mirabeau. (1784.)

Mémoires pour servir à l'Histoire de Brandebourg.

Dissertations du comte de Hertzberg, ministre d'état, membre et curateur de l'académie de Berlin.

Nouveau voyage en Pologne, Russie, Suède, Danemarck, par William Coxe.

Voyage de deux Français dans le nord de l'Europe, en 1790 et 1792.

Histoire du commerce de la Russie, par Leclerc. (1786.)

Histoire raisonnée du commerce de la Russie, par Jean-Benoît Schœrer. (1788.)

Histoire de l'empire de Russie, sous Pierre-le-grand, par Voltaire.

Histoire des progrès de la puissance navale de l'Angleterre. (1782)
Analyse de la force de la Grande-Bretagne, sous le règne de Georges III, et sous les quatre règnes précédens, par Georges Chalmers. (1789.) Traduit de l'anglais.
Essai sur l'état du commerce de l'Angleterre. (1755.) Traduit de l'anglais.
Lettres philosophiques et politiques sur l'Histoire de l'Angleterre, depuis son origine jusqu'à nos jours. (1786.) Traduit de l'anglais.
Précis du siècle de Louis XV, par Voltaire.
Recherches et considérations sur les finances de France, par Forbonnais.
Mémoires de Maurepas, ministre de la marine sous Louis XV.
De la balance du commerce et des relations commerciales extérieures de la France, dans toutes les parties du globe, particulièrement à la fin du règne de Louis XIV, et au moment de la révolution. (1791.)
Mémoire concernant les impositions et droits en Europe, par Moreau de Beaumont. (Édition de 1787.)
Le grand porte-feuille politique, par M. Beaufort, employé dans les missions des cours étrangères. (1789.)
Corps universel diplomatique du droit des gens, par Dumont.
Histoire du traité de Westphalie, ou des négociations qui se firent à Munster et à Osnabrug, pour établir la paix entre toutes les puissances de l'Europe.
Recueil historique d'actes, négociations, mémoires et traités, par Rousset.
Codex juris gentium.
Recueil de principaux traités de paix, d'alliance, de trêves, neutralité, échange et commerce entre les puissances de l'Europe, par *Georges-Frédéric Martens.*
Matériaux pour la statistique et l'histoire politique moderne, rassemblés par Chrétien-Guillaume Dohm.
Le droit public de l'Europe, fondé sur les traités, par Mably.
Théorie des traités de commerce entre les nations, par Bouchaud.
Mémoires, notes et manuscrits extraits de divers dépôts publics.

F I N.

www.ingramcontent.com/pod-product-compliance
Lightning Source LLC
Chambersburg PA
CBHW020244240426
43672CB00006B/629